Große Hoffnungen – kleine Schritte
im 19. Jahrhundert

Bearbeitet von Gerhard Schäfer
Unter Mitarbeit von
Konrad Gottschick, Dieter Ising, Paul Jenkins,
Otto Kehr, Martin Polster, Martin Rößler,
Paul Sauer, Joachim Trautwein und Bernhard Zeller

Quell Verlag Stuttgart

ISBN 3-7918-2017-6

1. Auflage 1989
Umschlaggestaltung: Klaus Dempel, Stuttgart
Satz: Robert Hurler GmbH, Notzingen
Druck: Röck, Weinsberg

Inhalt

Einleitung

Mit großen Hoffnungen begann das 19. Jahrhundert. Die Entwürfe des 18. Jahrhunderts für eine bessere Gesellschaft und für eine Entwicklung der Menschheit zu ihrer idealen Bestimmung, die Hoffnungen der Frommen auf das in Kürze anbrechende Tausendjährige Friedensreich: Das alles sollte in einem neuen, der Praxis zugewandten Geist jetzt angepackt werden, das sollte sich nun tatsächlich verwirklichen. Das alte Weltbild und Lebensgefühl sollte einem anderen weichen, das in klaren Linien von der Vernunft vorgezeichnet war. Der politische Umbruch erschien als Vorbote des endgültigen und grundsätzlichen Neubaus, und die hergebrachte Kleinstaaterei ging im Sturm der Napoleonischen Kriege unter.

Württemberg erhielt am Anfang des Jahrhunderts dank seiner erzwungenen Unterstützung Napoleons einen beträchtlichen Zuwachs an Gebieten und Einwohnern, es wurde zum Königreich. Nach dem Willen von König Friedrich I. wurde der Staat von Grund auf neu organisiert, die alten Rechte der Stände wurden als Überbleibsel vergangener Zeiten mit der alten Verfassung aufgehoben, die Vorrechte der evangelischen Kirche beseitigt. Die Untertanen sollten, nicht mehr durch die Zugehörigkeit zu verschiedenen Konfessionen getrennt, nicht mehr durch Streit um politische Fragen erhitzt, fleißig an ihre Arbeit gehen und das allgemeine Wohl fördern. Die Vision dieses aufgeklärten Staates zerschlug sich noch vor 1820 in neuen politischen Kämpfen um eine Verfassung für das Königreich und in Jahren mit Mißernten und Hunger.

Pietistische Gruppen brachen auf, durch Auswanderung nach Osten sich auf die Wiederkunft des Herrn vorzubereiten oder im Land eigene Gemeinden zu gründen, die ganz auf den großen Umbruch der Zeiten abgestellt waren. Andere wollten sich durch die Predigt der Buße zu einem Leben leiten lassen, wie es ernsten Christen geziemt. Als Vorwegnahme der helfenden Liebe Gottes entstanden Rettungshäuser und Heime, geschaffen von Laien, von Männern und Frauen, die sich ans Werk wagten, wie die Not es erforderte. Sie handelten nach dem Ruf, den sie vernommen hatten; eine besondere Ausbildung brachten sie noch nicht mit. Die Äußere Mission schien die christliche Botschaft rasch bis ans Ende der Welt zu bringen: Begeisterung, Bereitschaft zum Dienst, Verzicht auf bürgerliche Sicherheit und persönliche Bedürfnisse auch hier. Es ging allein um die Verkündigung des Reiches Gottes, um die Einheit von Zeugnis und Leben. Dieser Aufbruch der Erweckkungsbewegung kam zum Erliegen, als um das Jahr 1836 das für diese Zeit nah erwartete Gottesreich nicht hereinbrechen wollte.

So begann schon bald die Zeit der kleinen Schritte. Unter König Wilhelm I. konnte Bürgerfleiß zu bescheidenem wirtschaftlichen Erfolg führen. Liberale Kräfte aber sahen sich trotz der Verfassung des Jahres 1819 in ein staatliches Überwachungssystem eingezwängt, das freiheitliche Regungen nicht duldete. Politischer Zündstoff sammelte sich an. Die Landeskirche war ebenfalls fest in dieses System eingebaut; der Pfarrer sollte als Religionslehrer die Glieder der Kirche zu treuen Untertanen erziehen. Die Kirchengenossen waren den Maßnahmen der Kirchenleitung ausgeliefert, eine Vertretung in einer Synode war nicht vorhanden. Ein erster Lichtblick war die Einführung des neuen Gesangbuchs im Jahr 1841. Es wurde von einer Kommission vorher beraten und berücksichtigte wenigstens die Stimmen aus der Pfarrerschaft. Am festgefügten Rahmen wiederum schien ein Theologe wie David Friedrich Strauß zu rütteln, der ausgehend von der Philosophie Hegels neue Dimensionen der Erkenntnis und der Ent-

wicklung aufzeigen wollte. Nicht mit so hohem Anspruch, aber mutig und bestimmt versuchte Ferdinand Christian Baur die Aufgabe aller wissenschaftlichen Theologie zu erfüllen und im Horizont seiner Zeit den Inhalt der christlichen Botschaft zu verdeutlichen. Er konnte aber mit seiner Arbeit nicht gegen die ängstliche Besorgnis ankommen, von der der Blick in die Zukunft bei vielen bestimmt war. Die andere große Hoffnung, die Blumhardt der Ältere als Ausfluß der den Menschen heilenden Liebe erlebt hatte, wurde zuerst kaum verstanden. Diese Hoffnung war nicht mehr abhängig vom Fortschritt, sie stützte sich ganz auf die Kraft Gottes.
In den beiden Jahren der versuchten Revolution 1848/1849 flammte noch einmal die Hoffnung auf, durch allgemeine Reformen neue, freiere Entwicklungsmöglichkeiten zu schaffen. Die vorher unterdrückten Kräfte des Liberalismus brachen auf und warben um Unterstützung durch die Kirche; diese hatte zu entscheiden, ob sie sich ins Schlepptau nehmen lassen durfte. Die tragenden politischen Kräfte besaßen nicht die notwendige Gestaltungskraft. Sie zersplitterten sich in radikale Richtungen. Die Revolution scheiterte. Auch Gustav Werner, der das von ihm geschaute Zeitalter der Liebe mit der modernen Welt der Industrie verbinden wollte, blieb letzten Endes auf den Versuch seines Bruderhauses beschränkt.
Mit dem Scheitern der Revolution waren die großen Hoffnungen vom Beginn des Jahrhunderts endgültig geschwunden; das gilt für das staatliche und für das kirchliche Leben. In mühsamen kleinen Schritten brachte es dann die Kirche zum Bewußtsein eines Eigendaseins, das immer mehr vom Staat unabhängig wurde. Auf allen Ebenen wurden Vertretungskörperschaften ausgebildet. Die Glieder der Kirche mußten es lernen, der ihnen zuwachsenden Verantwortung gerecht zu werden und in der Vielfalt des kirchlichen Lebens sich zurechtzufinden. Auch in der Diakonie machte die anfängliche

Begeisterung bald der Erkenntnis Platz, daß für die Arbeit vor allem Fachkräfte auszubilden waren. Die Äußere Mission hatte sich mit den Fragen des aufkommenden Kolonialismus und mit dem eindringenden verweltlichten europäischen Lebensstil auseinanderzusetzen. Immer mehr in den Vordergrund traten die Probleme der Industrialisierung, die Soziale Frage. Die wissenschaftliche Theologie hatte um ihre eigene Methode zu kämpfen und um das Verhältnis von Theologie und Frömmigkeit.

Überall ergaben sich große Arbeitsfelder; viele sahen, daß Lösungen weit entfernt waren. Es galt, die aufkommenden Probleme überhaupt zu erfassen. Wenn zum Ende des Jahrhunderts nach der Schaffung des Deutschen Kaiserreiches Anfang 1871 in Nationalismus und Großmachtpolitik noch Optimismus und Fortschrittsseligkeit sich zeigte, so handelte es sich um Strömungen, die schließlich zu den Katastrophen des 20. Jahrhunderts führten.

Aus einer solchen Überschau über den Verlauf des 19. Jahrhunderts hat der Titel für den 3. Band des Lesebuches sich ergeben. Das Jahrhundert konnte von dem, was zu seinem Beginn hochgemute Stimmung war, nur wenig verwirklichen, und aus dem, was erreicht schien, ergaben sich neue Aufgaben. Fortschritt ereignete sich nur langsam und anders, als er einst erhofft und erwünscht war. Das gilt für den Bereich des Staates und der Gesellschaft ebenso wie für die Kirche.

Unser Lesebuch muß die Geschichte der Landeskirche seit der Reformation notgedrungen in Abschnitte einteilen. Der jetzige dritte Band ist eng auf den vierten bezogen, der die erste Hälfte des 20. Jahrhunderts umfaßt. Es kommt dann zwar wieder zu einzelnen Versuchen, in großen Aufbrüchen der anstehenden Fragen Herr zu werden, aber die rasch aufeinanderfolgenden Herausforderungen erlauben auch im 20. Jahrhundert keine Lösungen, die lange Zeit dauern.

Wie schon der vierte Band bietet auch dieser dritte Texte aus verschiedenen Quellen, aus Akten, Zeitungen, Zeitschriften und zeitgenössischen Werken. Auslassungen sind durch drei Punkte gekennzeichnet, die notwendigen Erklärungen wurden in eckigen Klammern eingefügt. Die Zeichensetzung wurde den modernen Regeln angeglichen, die aus handschriftlich gefertigten Vorlagen übernommenen Texte der modernen Rechtschreibung. Bei gedruckt vorliegenden Texten wurde jedoch die alte Schreibweise beibehalten; die Atmosphäre des vergangenen Jahrhunderts sollte nicht getilgt werden.

Das Lesebuch will keine Darstellung der Geschichte der Landeskirche im 19. Jahrhundert geben; Ersatz dafür können auch die kurzen Einleitungen der Bearbeiter bei den einzelnen Kapiteln nicht sein. Die Stücke, die ausgewählt wurden, sollen den Leser einladen, sich mit wichtigen Erscheinungen des Jahrhunderts vertraut zu machen, das zwar in seiner Fragestellung oft sehr modern anmutet, aber in vielem doch unbekanntes Land ist. Wer mit den Menschen jener Zeit, mit ihren Hoffnungen und Nöten über den dargebotenen Texten in ein behutsames Gespräch eintritt, der wird spüren, wie stark auch die weit schauenden Geister in ihren Anschauungen vom Horizont des Jahrhunderts geprägt sind. Es fällt in vielen Fällen nicht schwer, vom Ende einer Entwicklung aus diese Bedingtheiten zu sehen.

Jede Generation muß in ihrem zeitbedingten Horizont ans Werk gehen. Unser Urteil über die Vorhergehenden und über unser eigenes Tun wird durch solche Erkenntnis sicherlich vorsichtiger. Das Lesebuch möchte den Mut wecken, trotzdem nicht zu verzagen und, statt auf die Erfüllung großer Hoffnungen zu warten, wenigstens in kleinen Schritten das Notwendige zu tun.

Gerhard Schäfer

Der säkulare Staat König Friedrichs und die württembergische Verfassung von 1819

Behördenaufbau. Religionsedikte. Einzug des Kirchenguts

Durch den Reichsdeputationshauptschluß von 1803 erlangte der württembergische Herzog für seine von Frankreich annektierten linksrheinischen Besitzungen großzügigen territorialen Ersatz. Aus dem durch säkularisierte geistliche Herrschaften und durch seitherige Reichsstädte erheblich vergrößerten Herzogtum wurde ein Kurfürstentum. Kurfürst Friedrich II. (1797–1816) verleibte die neuerworbenen Gebiete dem altwürttembergischen dualistischen Ständestaat nicht ein, sondern bildete aus ihnen einen eigenen absolutistisch regierten Staat: Neuwürttemberg. Im Oktober 1805 zwang Napoleon, der Kaiser der Franzosen, im Begriff, gegen die Kaisermächte Österreich und Rußland zu Felde zu ziehen, Kurfürst Friedrich in seine militärische Gefolgschaft. Die ungleiche Allianz zahlte sich aus. Im Frieden von Preßburg vom 26. Dezember 1805 mußte Österreich einen Teil seiner südwestdeutschen Territorien an Württemberg abtreten. Kurfürst Friedrich wurden die Königswürde und die vollen Souveränitätsrechte zuerkannt. Gewaltsam der Mitregierung der altwürttembergischen Stände ein Ende bereitend, dehnte er nunmehr sein absolutistisches Regiment auf das Gesamtland aus. Fortan galt nur noch sein Wille. Die Verwaltung wurde

vereinheitlicht und nach zeitgemäßen rationalistischen Gesichtspunkten straff organisiert.
Als Pfarrer und Amtmann im ritterschaftlichen Neubronn war Johann Gottfried Pahl aufgeschlossen für Fortschritt und sah die Notwendigkeit, die kleinen, politisch und wirtschaftlich nicht lebensfähigen Staaten in einem größeren Rahmen zusammenzufassen. Als im Jahr 1803 die benachbarte Reichsstadt Aalen württembergisch geworden war, schrieb er aber:

Die neue Herrschaft brachte in diese uns benachbarten Gebiete keinen Segen, und aus allen Punkten derselben vernahmen wir die Töne der getäuschten Hoffnung und des Mißvergnügens. Allerdings waren die erhobenen Klagen zum Theil ungerecht; denn es war unvermeidlich, daß die plötzliche Veränderung aller bürgerlichen Verhältnisse denen, die von ihr ergriffen wurden, unbequem und drückend sein mußte; vieles Hergebrachte wurde zerstört, was nur die gedankenlose Angewöhnung und das Vorurtheil schmerzhaft vermißten, während der aufgeklärte Verstand in der Zerstörung die Erfüllung lange unbefriedigter Ansprüche sah; auch mußte, nachdem die kleinern Gebiete, die Württemberg erworben hatte, in ein großes Ganze vereinigt worden, das bisherige sanfte Regiment des Krummstabs und die der freien Bewegung des Lebens einen offenen Spielraum gestattende reichsstädtische Verwaltung nothwendig durch ein nach allgemeinen Gesetzen und festen Normen verfahrendes Regierungssystem ersetzt werden...
Aber die württembergische Regierung kam in die neuen Lande mit Grundsätzen und Maximen und in der Anwendung derselben mit einem Verfahren, wodurch die nothwendigen Übel, die die Staatsveränderung herbeigeführt, nicht nur nicht erleichtert und gemildert, sondern mit so vielen neuen

vermehrt worden sind, daß die wohlbegründete Rede durch ganz Teutschland lief, daß unter allen Ländern, denen der Regensburger Congreß neue Herren gegeben, keinem das Loos so sehr aufs Unliebliche gefallen sei als denen, welche Württemberg zu Theil geworden.

Johann Gottfried Pahl: Denkwürdigkeiten aus meinem Leben. Tübingen 1840, S. 208 f.

Grundlegende Bedeutung für den Aufbau des neuen Staates kam dem Organisationsmanifest vom 18. März 1806 zu. An die Stelle des Geheimen Rats, der bis dahin das Bindeglied zwischen dem Landesherrn und den Landständen gebildet hatte, trat als oberste Behörde das Staatsministerium. Es bestand aus den Chefs der sechs Departements, der neugeschaffenen Fachministerien, sowie aus den vom König ernannten Mitgliedern und war das Vollzugsorgan des königlichen Willens. Das Königreich wurde verwaltungsmäßig in zwölf Kreise gegliedert, an deren Stelle 1810 zwölf Landvogteien und 1817 vier Kreise (Neckar-, Schwarzwald-, Jagst- und Donaukreis) traten. Jeder Kreis bzw. jede Landvogtei umfaßte eine Anzahl von Ober- und Stabsbeamtungen. 1808 wurde die Zahl der Oberamtsbezirke von 140 auf 65 vermindert. Hierbei wurde darauf gesehen, daß die einzelnen Bezirke nach Fläche und Bevölkerungszahl keine großen Unterschiede aufwiesen. Auch nach dem letzten Gebietszuwachs des Landes 1809/1810 blieb es bei den 65 Oberämtern (ab 1819 nach Auflösung des Oberamts Albeck 64 Oberämtern).

Auszug aus dem Organisationsmanifest vom 18. März 1806:

Friedrich von Gottes Gnaden König von Württemberg etc., etc. entbieten Unseren lieben und getreuen Dienern, Vasallen und Untertanen Unsere Königliche Gnade.

Wir finden für nötig, für die Gesamtheit Unserer, zu einem Ganzen vereinigten, alten und neuen Staaten eine durchaus gleichförmige Staatsverwaltung anzuordnen und festzusetzen, und haben daher beschlossen und beschließen wie folgt:

§ 1

Die oberste Staatsbehörde im Königreich ist das Königliche Staatsministerium. Es besteht aus den Chefs sämtlicher Departements und denjenigen Mitgliedern, welche Wir außer diesen noch zu ernennen für gut finden.

§ 2

Es sind sechs Departements: 1) das Departement der Auswärtigen Angelegenheiten, 2) das Departement des Innern, 3) das Justizdepartement, 4) das Kriegsdepartement, 5) das Finanzdepartement, 6) das Geistliche Departement.

§ 8

Zu dem Geschäftskreise des Geistlichen Departements gehört der Kultus, sowohl der evangelischen als katholischen Religion und anderer im Staate tolerierten Gemeinden, das Kuratorium der Universität, Schulen und überhaupt gelehrte und Bildungsanstalten.

§ 9

Die Chefs der Departements haben Uns den Vortrag bei Besetzung der darunter begriffenen Stellen zu machen, und zwar gemeinschaftlich je nachdem ein Amt in verschiedener Beziehung unter mehr als ein Departement gehört.

§ 62

Was die bestehenden evangelischen Seminarien betrifft, so bleibt das Theologische Stift in Tübingen unter einer zu bestimmenden zweckmäßigeren Disziplinareinrichtung. Von den Klosterschulen werden die zu Blaubeuren und Bebenhausen aufgehoben und mit den zu Denkendorf und Maulbronn vereinigt.

§ 63

II. In Ansehung der katholischen Kirche besteht, neben dem Bischof und dessen Offizialate, ein besonderer sogenannter Geistlicher Rat zu Besorgung und Wahrung der Souveränitätsrechte. Derselbe wird mit 2 weltlichen und 1 geistlichen katholischen Räten besetzt und erhält 1 Sekretär und 1 Kanzellisten.

§ 64

III. Für die Aufsicht über sämtliche Lehranstalten besonders in Beziehung auf die wissenschaftlichen Fächer, ist eine eigene Studienoberdirektion bestellt, solche besteht aus 1 Präsidenten, 2 weltlichen Räten, 1 Sekretär und 1 Kanzellisten.

Friedrich Wintterlin: Geschichte der Behördenorganisation in Württemberg. Erster Band. 1904, S. 334–346

Das alte Herzogtum Württemberg war rein evangelisch. Mit den in den Jahren 1803 bis 1810 neuerworbenen Gebieten gelangten über 400 000 Katholiken unter württembergische Landeshoheit. Die evangelische Kirche konnte nicht länger alleinige Staatskirche bleiben. Mit dem Religionsedikt vom 15. Oktober 1806 räumte König Friedrich der Evangelisch-Lutherischen, der Römisch-Katholischen und der Reformierten Konfession Gleichberechtigung im Staat ein:

Wir Friederich, von Gottes Gnaden König von Württemberg, souv[eräner] Herz[og] in Schwaben und von Teck etc., etc. Fügen hiemit zu wissen:
Um Unsern Königlichen Unterthanen, zu welcher der bisher aufgenommenen christlichen Religionsparthien sie auch gehören, eine freye und ungehinderte Religionsübung in dem ganzen Umfang Unseres Königreichs zu sichern, setzen Wir

hiemit folgende, dem Geiste des wahren Christenthums entsprechende Bestimmungen fest:

I. Jede christliche Kirche, sie gehöre zu den beyden protestantischen oder zur katholischen Confession, hat gleiche Ansprüche auf Unsern Königlichen Schutz. In dieser Gemäßheit sichern Wir jeder kirchlichen Gemeinde die Fortdauer ihrer bisherigen Religionsübung und den Genuß ihrer nach Vorschrift Unseres Gesetzes zu verwaltenden Güter und Einkünfte, so wie ihres Schulfonds, zu.

II. Wenn an einem Orte Unseres Reichs bisher nur Eine Religionsübung statt fand, die Genossen einer anderen Confession sich aber in diesem Orte so sehr vermehren, daß sie eine kirchliche Gemeinde bilden können; so werden Wir ihnen auf ihr allerunterthänigstes Ansuchen die freye Übung ihrer Religion, nach den Vorschriften ihres Cultus, in dem Innern eines Kirchengebäudes allergnädigst gestatten. Es muß jedoch der zu Einrichtung des Gottesdienstes nöthige Aufwand ohne Kosten und Beschwerniß der zu einer andern Confession gehörigen Mitglieder der Gemeinde und ihrer Fundationen aufgebracht werden können, indem Wir nie gestatten werden, daß Ein Religionstheil sich in den Mitgebrauch und Mitgenuß der Güter, Einkünfte und Stiftungen der Kirche eines andern Religionstheils eindringe.

III. Können die von der herrschenden Confession eines Orts dissentirenden Einwohner eine besondere kirchliche Gemeinde nicht bilden, so ist ihnen unbenommen, nicht nur die benachbarte Kirche ihres Cultus zu besuchen, sondern auch einen Geistlichen ihrer Confession zum häuslichen Religions- und Kinderunterricht so wie zu Administrirung der Sacramente zu sich zu berufen...

IV. Bey Besetzung aller Ämter und Stellen wird in Zukunft auf den Unterschied der christlichen Glaubensconfessionen keine Rücksicht genommen, und unter den Fähigen dem Würdigsten, er gehöre zu der katholischen oder zu einer der protestantischen Kirchen, der Vorzug gegeben werden.

V. Die Verschiedenheit des christlichen Glaubensbekenntnisses schließt in Zukunft die Königlichen Unterthanen von der Aufnahme in das Bürgerrecht eines Orts nicht mehr aus, sondern jeder Unterthan, der einer der drey christlichen Glaubensconfessionen zugethan ist, kann, wenn er die übrigen gesetzlichen Vorschriften in sich vereiniget, die Aufnahme als Bürger eines Orts und den vollen Genuß der davon abhängenden bürgerlichen Rechte erwarten.

VI. Um eine Ehe mit einer Person, die einer andern christlichen Confession zugethan ist, einzugehen, bedarf es, wenn sonst alle gesetzlichen Erfordernisse vorhanden sind, keiner Dispensation, und bey vorwaltenden Ehehindernissen verificirt die Obrigkeit des Orts, wo die Ehe geschlossen wird, die beyderseitigen Dispensationen. Die Kinder aus diesen Ehen werden, in der Regel, bis zu den Unterscheidungsjahren in der Religion des Vaters erzogen. Es ist jedoch den Eheleuten erlaubt, durch Verträge eine nach dem Geschlecht der Kinder getheilte Erziehung oder jede andere Bestimmung dißfalls festzusetzen; nur müssen, wenn der Vater der evangelischen Religion zugethan ist, die Söhne nothwendig auch in dieser Religion erzogen werden...

VII. Die zur Gültigkeit jeder Ehe erforderliche Einsegnung geschieht bey Ehen verschiedener Confessionsverwandten von dem Pfarrer des Bräutigams. Wünscht der andere Ehetheil zu seiner Gewissensberuhigung auch noch von dem Geistlichen seiner Confession eingesegnet zu werden, so hat dieses keinen Anstand.

Alle diese Verfügungen wollen Wir hiemit in der Allgemeinheit festgesetzt haben, daß sie für alle Theile Unseres Königreichs, welche kirchliche Verfassung oder Ordnung bisher daselbst statt gehabt haben möge, sowohl bey dem Civil als Militär, ohne allen Unterschied des Standes und der Personen, als gesetzliche Norm gelten sollen.

Daran geschieht Unser Königlicher Wille. Gegeben in Unserer Königlichen Residenz, Stuttgart, den 15. October 1806.

A. L. Reyscher: Sammlung der württembergischen Gesetze, Bd. 9: Kirchengesetze II. 1835, S. 68–71

Als aufgeklärter absolutistischer Monarch vertrat König Friedrich den Standpunkt:

Glauben kann jeder, was er will, gehorchen aber muß jeder.

Paul Sauer: Der schwäbische Zar. 1984, S. 352

In den Kirchen sah Friedrich Staatsorgane, in den Geistlichen Staatsbeamte. Die Kirchen waren dem staatlichen Regiment gänzlich unterworfen. Sie hatten zu tun, was der König und seine engsten Berater für gut hielten. Die Kirche bildete als Dienerin des Staates gewissermaßen dessen geistlich-moralisches Fundament. An Leben und Wandel der Geistlichen legte der König strenge Maßstäbe an. Der Aufruf an sämtliche evangelisch-lutherischen Geistlichen vom 16. Dezember 1806 macht dies deutlich:

...Wir haben zwar zu Unserm allergnädigsten Wohlgefallen wahrgenommen, daß es unter den Kirchendienern viele treue und gewissenhafte Männer giebt, die sich nicht dabei beruhigen, die ihnen vorgeschriebenen Amts-Verrichtungen wie ein Tagwerk zu versehen, sondern, eingedenk ihres wichtigen Berufs, sich ernstlich bestreben, ihre eigene Kenntnisse immer noch zu erweitern und sich dadurch fähiger zu machen, an der Besserung und Beglückung ihrer Gemein[d]en auf dem Wege der Religions-Belehrung mit Segen arbeiten zu können, und die ihre Lehre durch eigenes rechtschaffenes Leben empfehlen.

Indessen können Wir freilich nicht alle und jede Geistliche Unsers Reichs in diese Classe setzen; Wir sehen Uns vielmehr durch die von einzelnen Uns zugekommenen Nachrichten bewogen, und unter den gegenwärtigen Zeitumständen um so mehr bewogen, nicht nur die allgemeinen – in Beziehung auf Moralität, gutes Beispiel und gewissenhaft kluge Amtsführung erlassene [–] Ermahnungen ... hiemit aufs Neue einzuschärfen, sondern auch noch insbesondere folgende zwey eben so ernstlich als wohlgemeinte Erinnerungen beizufügen.

1) Die Erste betrifft die Fortsezung und Vervollkommnung der theologischen gelehrten Studien Unserer Geistlichen. Es liegt nicht nur in dem Begriff eines Lehrers der Religion überhaupt, daß er sich durch eine gründliche, zusammenhängende, ausgebreitete, aus den Quellen der biblischen Urkunden selbst geschöpfte, überall auf die lezten Gründe und Principien zurückgeführte, und nicht blos von fremder, alter oder neuer menschlicher Autorität abhängige Kenntniß der Religions-Lehren auszeichne, und daher in der Bekanntschaft mit den gelehrten Hülfsmitteln, ohne welche er nicht mit eigenen Augen sehen, fremde Meinungen nicht richtig beurtheilen, die Pflicht, alles zu prüfen und das Gute zu behalten, nicht erfüllen kann, nie stille stehe; sondern er ist auch noch ganz besonders, und mehr als je, durch die Umstände unsers Zeitalters dazu aufgefordert. Die unter allen Ständen verbreitete größere, wenn schon nicht immer ächte Aufklärung, die Ten-

denz des Zeitalters zum Neuen, die Zweifel, mit welchen nicht blos in Schriften, die nur dem Theologen zu Gesichte kommen, biblische Lehren und kirchliche Dogmen bestritten und so manche durch das Alterthum geheiligte Ansichten in Anspruch genommen werden, machen es dem Religions-Lehrer unserer Zeit mehr als je nöthig, sich um schärfere Beweise, ausgebreitetere Kenntnisse, mannigfaltigere Gelehrsamkeit zu bemühen, um theils für sich selbst (denn wie verächtlich wäre er ohne dieses?) seines Glaubens gewiß zu werden, theils bei Gelegenheiten (an denen es wenigstens in Städten nicht fehlen kann) andere durch Privat-Unterredungen über Zweifel belehren und auf richtigere Ansichten leiten, theils seine öffentlichen Religions-Vorträge den Bedürfnissen des Zeitalters gemäs einrichten...

Unsere Absicht geht dabei freilich keineswegs blos auf solche Schriften, welche eigentlich gelehrte Theologie betreffen, sondern auch auf solche, welche in die Prediger-Wissenschaften, nämlich die Homiletik, Katechetik und Pastoral-Theologie einschlagen und eben daher mit dem eigentlichen Beruf des praktischen Religions-Lehrers in der nächsten Verbindung stehen.

Die Lektüre solcher Schriften aufs Neue zu empfehlen, sehen Wir Uns schon darum bewogen, weil sie wenigstens eines der Mittel seyn würde, einen

2) andern Wunsch seiner Erfüllung näher zu bringen, der sich Uns auch bei dem heuerigen Synodus wieder von verschiedenen Seiten aufgedrungen hat, diesen nämlich, daß doch die Zahl derjenigen unter Unsern Geistlichen noch größer werden möchte, welche in ihren öffentlichen Religions-Vorträgen denen Forderungen entsprechen, die man an sie, besonders auch in Rüksicht auf das Bedürfniß der gegenwärtigen Zeit, mit Recht machen kann, deren Predigten, entfernt von trokenen, den Geist nicht befriedigenden, das Herz nicht

erwärmenden Subtilitäten und Spekulationen eben so sehr als von dunkeler, in dem reinen Evangelio nicht gegründeter Mystik, von übel angebrachter Gelehrsamkeit eben so sehr als von niedriger und die Würde der Kanzel entweihender Gemeinheit, von poetischem hochtrabendem unverständlichem Schwulst eben so sehr als von unedlen und den unverdorbenen Geschmak beleidigenden Ausdrüken, von affectirter theatralischer Declamation eben so sehr als von empfindungsloser und einschläfernder Monotonie und Kälte, die Lehren und Geschichten der Bibel, nach ihrem reinen ächten Geist aufgefaßt, praktisch fruchtbar für Herz und Leben der Zuhörer darstellen; ganz auf Beförderung einer praktischen Religion, mit weiser Rüksicht auf die Bedürfnisse gerade ihres Auditoriums und mit bedachtsamer Anwendung einer gründlichen Kenntniß des menschlichen Herzens und Lebens hinzwekend, den Verstand erleuchten und vom Herzen zum Herzen sprechend, dieses erwärmen; überdiß durch eine reine, kraftvolle, edle und dabei allgemein verständliche Sprache, durch ungezwungene Lebhaftigkeit der Deklamation, durch angenehme oder wenigstens das unangenehme so viel möglich vermeidende Pronunciation und schikliche Gestikulation sich den im Äußern und Formellen gebildeten und auf das Äußere sehenden Zuhörern zu empfehlen im Stande seyen.
Je weniger noch immer auch in den neuesten Zeiten die Klagen über Abnahme der Besuchung der Kirchen aufhören, desto dringendere Pflicht wird es für jeden Diener der Religion, wenigstens seiner Seits den gewissenhaften Fleiß darauf zu wenden, um seinen Vorträgen, nach Materie und Form, diejenige Vollkommenheit zu geben, die, wenn sie allgemeiner gefunden würde, mehr als alles Andere dazu beitragen könnte, auch dem öffentlichen Gottesdienste wieder allgemeinere Achtung zu verschaffen oder wenigstens die Vorwürfe, als wären an der Nichtachtung desselben die Prediger Schuld,

verstummen zu machen. Auch darzu also fordern Wir im Namen der Religion, deren Achtung auf jede mögliche Weise zu befördern nur dem gewissenlosen Diener derselben gleichgültig seyn kann, die Geistlichen Unsers Reichs bei ihren heiligsten Pflichten auf und empfehlen ihnen darzu besonders nicht die sklavische Nachahmung, aber desto mehr das aufmerksame Studium trefflicher Muster von Predigten...

A. L. Reyscher: Sammlung der württembergischen Gesetze, Bd. 9: Kirchengesetze II. 1835, S. 75–78

Daß auch die Kleidung der Geistlichen ihrem Stand zu entsprechen hatte, war für König Friedrich eine Selbstverständlichkeit. Bei einer Reise im Sommer 1811 mußte er nun zu seinem großen Mißfallen feststellen, daß sich evangelische Geistliche selbst in königlichen Residenzen in einem sehr unterschiedlichen, häufig weltlichen, ja unschicklichen »Aufzug« einstellten. Da ein solches äußeres Erscheinungsbild von kirchlichen Amtsträgern der ohnehin »immer mehr abnehmenden Ehrfurcht für die Religion« abträglich war, befahl er am 29. Oktober 1811:

Sämmtliche Geistliche dieser [d. h. der evangelischen] Confession ohne Unterschied, nebst den Candidaten, sollen bei kirchlichen Verrichtungen und bei feierlichen Gelegenheiten den bisher eingeführten Kirchenrok, jedoch mit einem stehenden Kragen, und auf der Brust, statt der Haften, mit Knöpfen tragen.
Nur den Feldpredigern ist, wenn sie mit den Truppen ins Feld ziehen, das Tragen kurzer Mäntel gestattet.
Der Überschlag, welcher beibehalten wird, soll etwas länger sein als bisher.
Die Prälaten, so wie der Hofkaplan, tragen den Kirchenrok von Seide; die übrigen Geistlichen von Wolle.

Zu dieser Kleidung wird ein Barret, und zwar von den Prälaten und dem Hofkaplan von Sammt, von den übrigen Geistlichen aber von Filz getragen. Die Haare dürfen nicht gekräuselt seyn, sie werden glatt getragen, am Hinterhaupte rund abgeschnitten, und reichen bis an das Ende des aufstehenden Kragens; Perüken sind zu tragen gestattet.
Zur ordinairen Kleidung ausser den geistlichen Funktionen und feierlichen Funktionen müssen entweder schwarze oder graue oder dunkelblaue Röke, bis auf die Mitte des Körpers zugeknöpft und mit vierekigten gerade herunter geschnittenen Schössen getragen werden.
An den blauen und grauen Röken müssen die Knöpfe ebenfalls schwarz seyn. Auch die Unterkleider sind schwarz.
Diese neu vorgeschriebene Kleidung, deren Kosten unbemittelten Predigern aus dem sogenannten Heiligen-Fonds zu ersezen sind, soll am eintretenden Neujahrstag durchgängig eingeführt seyn.
Sämmtlichen evangelischen Geistlichen im Königreiche wird diese allerhöchste Verordnung zur genauesten Nachachtung hiemit bekannt gemacht, und haben insbesondere die Gener[al] Superintendenten und Dekane nicht nur selbst die hier gegebene Vorschrift zu befolgen, sondern auch über der pünktlichen Beobachtung derselben von Seiten der ihnen untergeordneten Geistlichen und Candidaten mit allem Ernste zu wachen, auch von jedem Contraventionsfall Bericht an das Königl[iche] Ober-Consistorium zu erstatten.

A. L. Reyscher: Sammlung der württembergischen Gesetze, Bd. 9: Kirchengesetze II. 1835, S. 268f.

Der reiche Besitz der evangelischen Landeskirche an Ländereien und an Einkünften, das Kirchengut, wurde sofort nach der Erhebung Württembergs zum Königreich vom Staat ein-

gezogen. König Friedrich rechtfertigte diese Maßnahme damit, daß die Aufgaben in den Bereichen Schul-, Kranken- und Wohlfahrtswesen, denen die Erträge des Kirchenguts bislang gedient hatten, auf den Staat übergegangen seien. Das Königliche Dekret an das Staatsministerium vom 31. Dezember 1805, dessen Inhalt in das Generalreskript vom 2. Januar 1806 aufgenommen wurde, legte die Modalitäten für den Übergang des evangelischen Kirchenguts in die Verfügungsgewalt des Staates fest:

Da Seine Königliche Majestät verordnet haben, daß die bisher unter der Benennung Kirchenrat bestandene geistliche Kammer mit der bisherigen Rentkammer dergestalt vereinigt sein soll, daß solche beide unter der Benennung Oberfinanzdepartement nur ein und dasselbe Departement ausmachen und also die Administration gleichförmig und nach den seiner Zeit ausführlicher zu erteilenden Vorschriften geführt werden soll, so wird solches andurch den Mitgliedern des vormaligen Rentkammerkollegii zur Nachricht und dem nunmehrigen Oberfinanzdepartement zur Legitimation mit dem Anhang eröffnet, daß Seine Königliche Majestät zugleich auf das feierlichste erklären und bei Allerhöchstdero Königlichem Wort versprechen, alle auf dem bisherigen sogenannten geistlichen Gute haftende Schulden und Obliegenheiten, insofern solche kirchliche, Lehr-, Schul- oder andere gemeinnützige Armenanstalten betroffen, wie bisher auf das genaueste und pünktlichste für sich und Allerhöchstdero Nachkommen an der Regierung zu übernehmen, so daß alles, was obbenannte Gegenstände betrifft, unverweigerlich von Allerhöchstdero Oberfinanzdepartement abgeführt und abgetragen werden solle.

Friedrich Wintterlin: Geschichte der Behördenorganisation in Württemberg. Erster Band. 1904, S. 267

Die Liturgie vom Jahr 1809

Nach dem Religionsverständnis König Friedrichs war die Kirche dem Staatszweck völlig untergeordnet. Am deutlichsten zeigte sich dies, als der König 1808 eine neue Liturgie als »gesetzliche Norm« einführte, einer gottesdienstlichen Ordnung also staatlichen Gesetzescharakter beilegte. In dem Generalreskript vom 17. August 1808 ließ er verlauten:

Es ist ein schon lange von Uns gefühltes Bedürfniß, statt der bisherigen alten Liturgie eine bessere, dem Zweke der reinchristlichen Belehrung und Erbauung und der Bildung des gegenwärtigen Zeitalters angemessenere Liturgie in der evangelisch lutherischen Kirche Unseres Königreichs einzuführen.
Mehrere Rüksichten haben Uns dabei bestimmt, die Wahl der liturgischen Formulare nicht den Geistlichen selbst zu überlassen, sondern dem Grundsaze der Einheit gemäß eine besondere Liturgie als gesezliche Norm vorzuschreiben.
Wir verordnen daher, daß die gegenwärtige Liturgie, deren Formulare theils aus andern bessern liturgischen Sammlungen und Schriften mit den für zweckmäßig erachteten Veränderungen genommen, theils neu verfaßt sind, vom 1. Jan. 1809 an in allen evang. lutherischen Kirchen Unseres Königreichs ausschließend gebraucht werden soll.
Sie enthält für jede kirchliche Handlung mit Rücksicht auf die verschiedenen Stufen der religiösen und intellektuellen Bildung der Gemeinden mehrere Formulare, von welchen jeder Geistliche nach den verschiedenen Bedürfnissen seiner Zuhörer jedesmal das angemessenste wählen wird.
Unsere Absicht geht aber bei diesen liturgischen Vorschriften keineswegs dahin, weder den Fortschritten zum Bessern für immer eine Grenze dadurch zu sezen, noch den Geistlichen auf den Buchstaben dieser Formulare auch in solchen Fällen

zu beschränken, wo eine individuelle Veranlassung oder die Feier einer Religionshandlung außer der Kirche eine Beziehung auf besondere Verhältnisse nothwendig oder auch nur wünschenswerth macht. Dagegen erwarten Wir von den sämmtlichen evang. lutherischen Geistlichen Unseres Königreichs, daß sie jede willkührliche Veränderung unterlassen und überhaupt jeden Eifer anwenden werden, Unsern Absichten zu entsprechen und auch durch einen lebhaften, deutlichen Vortrag der liturg. Gebete so wie durch ein anständiges, würdevolles Benehmen bei den liturgischen Handlungen den Eindruk des Bessern in den Gemüthern der Zuhörer zu verstärken.

Gegeben Ludwigsburg, den 17. August 1808. Friederich.

Königlich Württembergisches Staats- und Regierungsblatt 1808, S. 621 f., zit. nach A. L. Reyscher: Sammlung der württembergischen Gesetze, Bd. 9: Kirchengesetze II, 1835, S. 136 f.

Die Liturgie war von dem Oberhofprediger und Oberkonsistorialrat Friedrich Gottlob Süskind (1767–1829) im Auftrag des Königs unter großem Zeitdruck erarbeitet worden. Süskind selbst empfand sein Werk als unausgereift, unbefriedigend, der grundlegenden Bedeutung, die ihm im kirchlichen Leben des Landes zukam, nicht angemessen. Sich von der kirchlichen Tradition Altwürttembergs lösend – nur wenige Formulare waren aus dem alten Kirchenbuch übernommen worden – und die Gemeindepraxis nicht berücksichtigend, beruhte die neue Liturgie hauptsächlich auf zeitgenössischen Gebetssammlungen, die Süskind im Sinn des Supranaturalismus und der württembergischen Spätaufklärung umgestaltet hatte. Sie umfaßte Formulare für die kirchlichen Amtshandlungen, für Taufe, Beichte, Abendmahl, Trauung, Konfirmation, Ordination der Prediger, enthielt Gebete für die kirch-

lichen Feste und für die Sonntage. Das Kirchenjahr, das bisher mit dem ersten Advent begonnen hatte, war dem Kalenderjahr angeglichen. Im Taufformular fehlte ein Hinweis auf den Taufbefehl Jesu; sein Anfang lautete:

Sie haben sich, von Gesinnungen eines christlichen Wohlwollens beseelt, hier versammelt, um dieses neugeborene Kind Gott, seinem Schöpfer, und Jesu, seinem Erlöser und Herrn, feierlich zu weihen. Die Handlung ist wichtig und ernsthaft, zu der Sie sich jetzt anschicken.

Gerhard Schäfer: Zu erbauen und zu erhalten das rechte Heil der Kirche. Eine Geschichte der Evangelischen Landeskirche in Württemberg. 1984, S. 207

In der Amtsinstruktion vom 9. Juni 1809 wurde unter Punkt III »Liturgie« den Geistlichen die folgende Anweisung erteilt:

Der Prediger soll eine jede Religionshandlung, sei es, daß er die Kinder zum Christentum weihe oder den jungen Christen das Gelübde der Treue gegen Gott und den Erlöser abnehme oder Neuverlobte einsegne oder Beichtenden die Sündenvergebung zueigne oder die Nachtmahlsfeier begehe oder die öffentlichen Kirchengebete vorspreche – mit sichtbarer Andacht, mit Würde und Feierlichkeit verrichten, um die Anwesenden zu gleichen religiösen Empfindungen zu erheben und in ihnen den Geist und Sinn zu wecken, welcher dem Zwecke dieser Handlungen angemessen ist; auch ist es Pflicht des Predigers, für einen würdigen, feierlichen und gefühlvollen Kirchengesang zu sorgen, da solcher zu der öffentlichen, gemeinschaftlichen Anbetung Gottes gehört, die Kirchenlieder bei jeder Gelegenheit zu erklären und ihren religiösen Gebrauch zu zeigen. Nur der unredlichste Geistliche wird seine Gemeinde bei den Religionshandlungen in Gleichgültigkeit lassen und sie, statt ihre Feierlichkeit zu erhöhen, mit Eile, Zerstreuung und Gedankenlosigkeit verrichten.

Die Liturgie fand zunächst in der evangelischen Bevölkerung eine nicht unfreundliche Aufnahme. Bürgermeister Karl Ludwig Kies in Nellingen, Stuttgarter Amts, begrüßte ihre Einführung mit einem Lobgedicht:

Voller Eifer war Aron
um Jehovens reine Lehre
Unser König auf dem Thron
fördert ähnlich Gottes Ehre.
Davon zeugt die Liturgie
selbst in unserm Bethaus
Er als Vater sorget fort,
was dem Land kann Nutzen bringen,
Er will, daß nach Gottes Wort
stets gescheh das Beten, Singen,
daß in Wahrheit und im Geist,
Gottes Ehre werd gepreist.

Gott wirkt immer mittelbar
durch die Könige auf Erden,
unter Nöten und Gefahr
soll sein Reich erweitert werden.
Unter Krieg und unter Not
fordert das der gute Gott.

Volk des Herrn, weih Deinen Dank
Gott dem allerhöchsten König
bringe Deinen Lobgesang
freudig und ganz untertänig
Wenn Dich schon ein Kummer stört,
glaube, Du wirst doch erhört.

O ein jeder Untertan
sollt mit Lust das Beten üben,
denn der König geht voran,
der uns pflegt als Freund zu lieben.
Er liebt die Religion
selbst auf seinem Königsthron...

Unterdessen bete Du
oft zu Gott für den Regenten.
Er hört Dich, wird Fried und Ruh
unsrem Vaterlande senden.
Wo ist je ein Königreich
unsrem Württemberg dann gleich!

Landeskirchliches Archiv Stuttgart: A 26 Bü 602,9

In weiten Kreisen erhoffte man sich von der neuen Liturgie, deren zeitgemäße Sprache als wohltuend empfunden wurde, dem kirchlichen Leben förderliche Impulse. Indes regte sich in pietistischen Zirkeln der Widerstand gegen diese den traditionellen Formen evangelisch-lutherischer Frömmigkeit fremde Neuerung. Anstoß wurde insbesondere am »Fehlen des Teufels« bei der Taufliturgie in der »Abrenuntiationsformel« genommen. Hier war bislang die Frage gestellt worden: »Sagest Du ab dem Teufel und all seinem Werk und Wesen?« In Winzerhausen (Dekanat Marbach) weigerte sich Pfarrer Johann Jakob Friederich, die Liturgie zu gebrauchen. Das Oberkonsistorium nahm den deshalb gemaßregelten Geistlichen in Schutz, ein Grund für König Friedrich, die Mitglieder dieser kirchlichen Zentralbehörde scharf zu tadeln:

Der König hat mit großem Mißfallen gesehen: 1. Daß das Oberkonsistorium den Pfarrer Friederich als einen gut prädizierten Mann geschildert habe, der doch Seiner Majestät schon längst als ein Mann bekannt sei, der durch Verbreitung fanatischer Grundsätze einen schädlichen Einfluß auf das Volk ausübe, Anlaß zu Emigrationen aus dem Land unter dem Vorwand, nach Neu-Jerusalem zu gehen, veranlaßt habe und schon vor mehreren Jahren abgesetzt worden wäre, wenn nicht besondere Umstände es verhindert hätten. 2. Daß das Oberkonsistorium sich in Verhandlung mit diesem Mann eingelassen habe wegen seiner Widersetzlichkeit gegen den Gebrauch der neuen Liturgie. Die abgeschmackte Ängstlichkeit des Konsistoriums wegen der Separatisten sei ganz unnötig gewesen. Es handle sich bei der Liturgie gar nicht um eine Gewissenssache. Eine auf Allerhöchsten Befehl publizierte Liturgie werde Gesetz, welchem jeder königliche Untertan sich unterwerfen müsse. Wer sich dem Gesetz nicht unterziehe, sondern widersetze, sei als Verbrecher anzusehen. 3. Das Oberkonsistorium habe sich in die Gesetzgebung gemischt auf eine Art, welche demselben als einem untergeordneten Kollegio, welches bloß über die Beobachtung der Kirchengesetze zu wachen und Abweichungen ungesäumt zu berichten habe, durchaus nicht zustehe. Seine Königliche Majestät wollen dem Königlichen Oberkonsistorium wegen dieses Benehmens einen scharfen Verweis gegeben haben.

Paul Börger: Quellen zur württembergischen Kirchengeschichte. 1957, S. 69f.

Friederich, der nachmalige erste Pfarrer der Gemeinde Korntal, beharrte auf seinem ablehnenden Standpunkt; er wurde seines Amtes enthoben. Freilich war er nicht der einzige Pfarrer, der sich der neuen Liturgie widersetzte. Am 13. Juli 1810 berichtete der Marbacher Dekan Roos nach Stuttgart:

So schwer es mir fällt, andere Geistliche, besonders solche, die nicht zu meiner Diözese gehören, zu denunzieren, so macht es

mir nun der Allerhöchste Befehl zur strengen Pflicht, zunächst den Pfarrer Ruoff zu Oßweil als denjenigen Geistlichen zu nennen, der in Hinsicht auf den vorschriftmäßigen Gebrauch, den andere Geistliche von der Liturgie machen, auf das Volk und besonders auf die Pietisten in dieser Gegend sehr nachteilig wirkt. Es hat derselbe nicht nur, besonders seit der Entfernung des Pfarrers Friederich von Winzerhausen einen sehr großen Zulauf zu seinen Predigten und Privatversammlungen, sondern er ist mir von hiesigen Pietisten schon mehrere Mal bei pfarramtlichen Unterredungen über die neue Liturgie als ein von ihnen anerkannter gewissenhafter Geistlicher genannt worden, der bei der Taufe die alte Frage vom Teufel mit der neuen verbinde und in seinen Privatversammlungen geäußert habe, daß er nicht anders könne als das alte Buch mit dem neuen zu gebrauchen und sich lieber alles gefallen lassen wollte als von dieser Weise abgehen. Eben diese Personen verlangten deswegen, daß dies auch von mir zugestanden werden solle, und bezeugten, daß sie bei dieser ungleichen Handlungsweise immer mehr irre werden und nimmer wissen, was sie glauben und tun sollen.
Die nachteiligen Wirkungen davon liegen am Tage, und es konnten bisher nur mit der äußersten Mühe kaum solche Auftritte verhütet werden wie nun die Reißerische Selbsttaufe ist – hingegen versagten mehrere Personen die Patenstelle.

Ich verharre in tiefster Ehrfurcht
Euer Königlichen Majestät
alleruntertänigst gehorsamster
Decanus zu Marbach M. Roos

Landeskirchliches Archiv Stuttgart: A 26 Bü 603,3

Bei der in dem Bericht des Dekans erwähnten »Selbsttaufe« handelte es sich um die von dem Marbacher Schuhmachermeister Georg Friedrich Reißer Anfang Juli 1810 eigenmäch-

tig vorgenommene Taufe. Reißer hatte freimütig bekannt, er habe es mit seiner Glaubensüberzeugung nicht vereinbaren können, daß bei der Taufe seines Sohnes die neue Liturgie Anwendung finde. Bei dieser einen »Selbsttaufe« blieb es nicht. Mitte Juli entschloß sich der Müller Johann Philipp Koch in Marbach, gleichfalls sein Kind selbst zu taufen. In der schriftlichen Mitteilung, die er hierüber Dekan Roos machte, begründete er seine Gewissensentscheidung folgendermaßen:

Ihro Hochwürden will ich nach Verspruch und nach Ordnung hiermit die Nachricht erteilen, daß ich wegen meines Kindes Tauf mit meinem Weib geredet habe. Wir haben Ihre Ermahnungen reiflich überlegt, seind aber beede sehr schüchtern, unser Kind auf die neuen Tauf-Formulare taufen zu lassen, indem wir schon zum voraus wissen, daß unsere beede Gewissen Zeit unseres Lebens dadurch beschwert würden. Ach, was wäre das für ein Marterleben für uns oder wer könnte uns diese Gewissensbisse heilen, gewiß kein sterblicher Mensch. Um dieser Gewissensursache willen, welches eines Menschen edelster Schatz ist, der ihn besitzt, habe ich trotz allem Leiden, welches dadurch auf mich wartet, durch Kraft und Beistand meines Heilandes Jesu Christi mein Kind auf die Hochheilige Dreifaltigkeit selbst getauft und habe ihme den Namen beigelegt Christian Gottlieb. Daß die Taufverhandlung nach Angab vollzogen worden, kann Christian Helrigel, Schneider allhier, bezeugen. Ihre Hochwürden will ich gebeten haben, mir es nicht übel zu deuten. Ich weiß wohl, wie ich von Ihnen vernommen habe, daß Sie sehr darauf beleidiget werden, doch weiß ich auch, daß Ihre Weisheit meiner Schwachheit etwas zu gut hält.

Ihr untertäniger Johann Philipp Koch

Landeskirchliches Archiv Stuttgart: A 26 Bü 603, 4a

Pfarrer Ruoff in Oßweil, zu einer Rechtfertigung für sein Verhalten aufgefordert, gab am 27. August 1810 folgende Stellungnahme ab:

Es ist allerdings wahr, und ich muß es bekennen, weil ich als Religionslehrer zwiefach verbunden bin, vor meiner allerhöchsten Obrigkeit die Wahrheit zu sagen, daß ich bisher bei der Taufe des *Teufels* ausdrückliche Meldung getan habe. Was mich hiezu bestimmt hat, war:
teils der laute Wunsch der meisten meiner Gemeindeglieder, welche die Auslassung des Teufels für *bedenklich* hielten, als ob man an der heiligen Lehre Jesu *ändern* wolle, und weil ich selber auch den Grund dieser Auslassung mir nicht erklären kann, indem man doch den *Werken* des Teufels, als Aberglauben, Unglauben etc., und nur dem Teufel selber nicht *namentlich* solle absagen dürfen,
teils ein gewisses *dunkles Gefühl* in meinem Gewissen, das mir immer nicht erlaubte, so sehr ich es mir wünschte, auf die andere Weise zu taufen. Gott ist mein Zeuge (dies kann ich mit getrostem Gewissen sagen), daß ich jederzeit der Obrigkeit in allem untertänig gewesen bin und mit Gottes Gnade auch bis an mein Ende zu bleiben mich bemühen werde. Und Gott ist mein Zeuge, daß es immer mein inniges Bestreben war, mein Amt als Lehrer des Evangeliums gewissenhaft und, wie es nicht nur vor der Obrigkeit, sondern einst vor Jesu Christo, meinem Richter, verantworten kann, zu verwalten. Auch habe ich in meinem Leben nie kein Aufsehen zu machen noch weniger einen Anhang gesucht, sondern vielmehr war die Freude meines Herzens im Stillen und Verborgenen Gutes zu wirken und Jesu Christo, meinem Erzhirten, Seelen, die Er Sich so teuer erkauft hat, *ohne Geräusch* zuzuführen. Nun ist es aber freilich wahr, daß ich in meinem Gewissen bis jetzt die Erlaubnis nicht habe erhalten können, von meiner bisherigen

Weise zu taufen abzugehen. Dabei aber erkenne ich vollkommen, daß von Jesu und seinen Aposteln nirgends befohlen worden ist, des Teufels bei der Taufe ausdrücklich Meldung zu tun. Ich bekenne auch, daß ich die Gründe, welche meine Freunde meiner bisherigen Art zu taufen entgegensetzten, nicht umstoßen kann. Ich bekenne auch, daß ich Gott schon mit vielen Tränen inständigst und Tag und Nacht gebeten habe, mir in meinem Gewissen Freiheit zu geben, anders als bisher und nach der neuen Liturgie taufen zu dürfen, aber bis jetzt habe ich leider diese Erlaubnis noch nicht bekommen und immer verfolgt mich (wenn sich mir auch die Überzeugung aufdringen will, daß es gleichgültig sei, so oder anders zu taufen, indem man ja doch noch *lehren* dürfe nach seiner Überzeugung) dieses dunkle Gefühl, das ich in keine deutliche Ideen auflösen kann, mit einer wahren Höllenangst und unwiderstehlichen Gewalt, daß ich *sündigen* und Jesu Christo, dessen Knecht ich bin, *mißfällig* handeln würde, wenn ich meine bisherige Handlungsweise änderte.
Was kann ich nun anders tun als dies alles, da die Sache öffentlich zur Sprache kommt, endlich zu gestehen und meiner Allerhöchsten Obrigkeit meine demütige Bitte um Gnade und meine demütige Bitte um Schonung eines Menschen-Gewissens und vielleicht eines irrenden Menschen-Gewissens alleruntertänigst zu Füßen zu legen.
Übrigens ist es auch richtig, was in dem Allerhöchsten Reskript gemeldet wird, daß diesen Sommer über und seit der Entfernung des Pfarrer Friederichs der Zulauf zu meinen Predigten und Erbauungsstunden etwas *stärker* worden ist. Ich bin mir aber bewußt, daß ich hiezu nichts beigetragen habe, ich lud z. B. nie keinen Fremden zum Essen, nur weil gar häufig der Fall eintreten *könnte*, daß Menschen um leiblichen Genusses willen geistlich sein sollende Besuche machen. Nur ist aber hiebei auch zu bemerken, daß diejenigen, die meine Kir-

che besuchen, nicht, wie in dem Allerhöchsten Reskript gesagt ist, bloß *Pietisten* sind, sondern bei weitem der größere Teil aus Leuten besteht, die sich *nicht* zu den Pietisten halten, die Erbauungsstunden sonst nicht besuchten und auch dem Pfarrer Friederich vorhero weiter nicht nachgelaufen waren...

Landeskirchliches Archiv Stuttgart: A 26 Bü 603, 3

Die Proteste pietistischer Bevölkerungskreise gegen die neue Liturgie fochten König Friedrich wenig an. Immerhin verschloß er sich den »Gewissensnöten« wegen der neuen liturgischen Taufformel nicht gänzlich. Pfarrer Ruoff blieb im Amt. Am 3. Oktober 1810 eröffnete das Ministerium der Geistlichen Angelegenheiten dem Oberkonsistorium:

Seine Königliche Majestät haben vermöge allerhöchster Resolution vom 2. d[ieses] M[onats] verordnet, daß der Pfarrer Ruoff von Oßweil, Diözese Ludwigsburg, wegen seines Verhaltens in Beziehung auf die neue Liturgie und da hiebei keine eigentliche Widersetzlichkeit zugrunde liegt, einstweilen von den Parochialhandlungen der Taufe und der Konfirmation suspendiert und dieselbe auf seine Kosten einem benachbarten Geistlichen übertragen werden sollen.
Zugleich haben Allerhöchst Dieselben befohlen, daß der Königliche Synodus im künftigen Frühjahre das Resultat der diesjährigen Kirchenvisitationsrelationen in Hinsicht auf die Stimmung des Volkes in Ansehung der neuen liturgischen Taufformel um so mehr vorlegen soll als in Sachen der Religion und ihrer öffentlichen Gebräuche immer die Ehrwürdigkeit des Alters und die Gewohnheit besonders zu berücksichtigen seien...

Landeskirchliches Archiv Stuttgart: A 26 Bü 603, 3

Der Gebrauch der neuen Taufliturgie blieb bis zum Tod König Friedrichs (30. Oktober 1816) für die Geistlichen rechtsverbindlich. Erst König Wilhelm I., der Sohn und Nachfolger Friedrichs, zeigte sich hier konzessionsbereit. Am 7. Januar 1817 gab das Konsistorium den Generalsuperintendenten die folgende königliche Entschließung bekannt:

Aus Veranlaßung neuerlicher vorgekommener Beispiele von fortdauernder Abneigung gegen die neue Liturgie in einzelnen Gemeinden sieht man sich bewogen, dem General-Superintendenten Prälat... in ... zu erkennen zu geben, daß man zwar den Gebrauch der alten Liturgie weder bei Taufen, noch sonst zu gestatten wiße, übrigens erlaubt haben wolle, daß bei Taufen, (jedoch nur bei diesen) in allen den einzelnen Fällen, wo es ausdrücklich von den Ältern gewünscht wird, die alte Frage: widersagt ihr dem Teufel und seinen Werken und Wesen? eingerükt, jedoch in Allem Übrigen auch bei diesem Akt eines der in der neuen Liturgie vorgeschriebenen Formularien gebraucht werde...

A. L. Reyscher: Sammlung der württembergischen Gesetze, Bd. 9: Kirchengesetze II. 1835, S. 366

Separatisten und Auswanderer

Begünstigt durch chiliastische Zeitströmungen, gewannen Sekten während der Regierungszeit König Friedrichs in zahlreichen Orten Anhänger. Friedrich war beunruhigt und suchte diesem »Übel« durch strenge Maßnahmen zu steuern. Lediglich gegenüber Separatisten, die mit ihren religiösen Versammlungen keinerlei öffentlichen Anstoß erregten und sich an die bürgerliche Ordnung hielten, war er willens, in be-

schränktem Maß Toleranz zu üben. Am 27. Dezember 1803 erließ der damalige Kurfürst eine »Verordnung, betreffend die Behandlung der Separatisten«:

Seit langer Zeit sind aus dem Schos der Würtembergischen Kirche Leute ausgegangen, die von der Idee belebt, daß der große Haufen der Christen nicht dazu geeignet sey, um die wahre Kirchen zu bilden, sich von der äussern Kirche, von dem gemeinschaftlichen Gottesdienst der Christen und dem öffentlichen Gebrauch der Sakramente trennten, Predigtamt und Lehrvortrag geringschäzen, und sich in eigene Zirkel und Verbindungen zusammenschlossen, um hier, wie sie vermeinen, von einem höhern Lichte erleuchtet und in einem Geist unter sich vereint, den Zwek der Religion desto sicherer und gewisser zu erreichen.
Diese sogenannte Separatisten konnten unsern durchlauchtigsten Vorfahren am Regiment so wie Uns selbst nie gleichgültig seyn, nicht nur, weil der Regent der Kirche bedauern muß, einzelne Glieder derselben von offenbar verderblichen Irrthümern angestekt zu sehen, sondern auch, weil diese Leute großentheils sich es zum Geschäft machen, ihre eigene irrige Meinungen zu verbreiten, eine zahlreiche Sekte zu bilden und so die Ordnung theils durch böses Beispiel und Reizung zum Ungehorsam gegen Kirchen-Geseze, theils durch wirkliche Störung anderer in dem Gebrauch ihrer kirchlichen Rechte zu zerrütten. Noch mehr aber mußten diese Leute Unsere Aufmerksamkeit erregen, seitdem Wir wahrnehmen, daß sie, wenigstens an einigen Orten Unserer Churfürstlichen Lande, sich nicht blos auf religiöse Zweke beschränken, sondern selbst in die bürgerliche Ordnung Eingriffe zu machen wagen...
Durch diese Umstände sehen Wir Uns daher veranlaßt, die in einigen Gegenden Unserer Churfürstlichen Lande in Bewe-

gung gekommene Sache der Separatisten aufs Neue in reife Erwägung zu ziehen und bey der Unzulänglichkeit der ältern Geseze und Vorschriften über diesen Punkt folgende gnädigste allgemeine Verordnung zu machen.

§ 1

I. Da aus mehreren Unserer Regentenhandlungen erhellt, wie sehr Wir die Gewissensfreyheit zu schäzen und daher all Unsern Unterthanen, auch den Irrenden, schonende Duldung zu gestatten bedacht sind, so wird es nicht als Hintansezung dieser Grundsäze, sondern nur als sorgfältige Scheidung zwischen den Gewissens- und äussern Zwangs-Pflichten anzusehen seyn, wenn Wir denjenigen Separatisten, welche unter dem Vorwand der Religion der bürgerlichen Ordnung sich zu entziehen oder sie gar zu stören suchen, diejenigen Rechte nicht zuzugestehen wissen, die Wir den blos durch religiöse Meinungen sich unterscheidenden einzuräumen gedenken.
Wir geben daher Euch, den gemeinschaftlichen Ober- und Stabs-Ämtern, ernstlich auf, an denjenigen Orten Eures Amts und Diöces, wo sich Separatisten befinden, genau zu untersuchen, zu welcher Gattung dieselbe gehören, und falls sie nicht blos durch Meinungen, sondern durch äussere Handlungen gezeigt haben sollten, daß es ihnen nicht sowohl um religiöse Zweke, als vielmehr um Ungehorsam nicht blos gegen kirchliche, sondern auch bürgerliche Geseze, um Verachtung ihrer rechtmäßigen Obrigkeit und Troz gegen sie, ja vielleicht gar um Müßiggang, Üppigkeit und Verschwendung, denen sie unter der Larve der christlichen Freyheit nachhängen, zu thun sey:

So habt Ihr

1) solchen Leuten und Gesellschaften durchaus keine Versammlungen, es sey an welchem Ort und zu welcher Zeit es wolle, zu gestatten, vielmehr

2) solche Versammlungen durch polizeyliche Gewalt, die auf Kosten der Separatisten selbst auszuüben ist, zu zerstören.
3) Diejenigen, die sich gegen Unser Verbot in solchen Konventikeln betreten lassen, zu einer Gefängnißstrafe von einigen Tagen zu verurtheilen, wie wir dann sowohl
4) gegen die Receptatoren der Gesellschaft als gegen die beharrlich Ungehorsame Uns höhere Strafe vorbehalten...

§ 2

II. Betreffend hingegen diejenigen Separatisten, welche durch keine Thathandlungen ein Widerstreben gegen bürgerliche Ordnung und Geseze an den Tag gelegt haben, deren Absonderung daher wenigstens nach äusserem Recht aus religiösen Zweken herzuleiten ist: So wissen Wir zwar diesen keine Befugnisse einer konstituirten Kirchengesellschaft und keine Obern mit geistlicher Gerichtsbarkeit, die ohnehin ihren eigenen Grundsäzen von der Gleichheit aller Kirchenglieder zuwider laufen würden, zuzugestehen; Gleichwohl aber gedenken Wir sie, so lange sie sich in der so eben bemerkten Gränze halten, aus Schonung gegen die irrenden Gewissen und Achtung gegen ächte Toleranz und Gewissensfreyheit zu dulden und ihnen daher auch geistliche Versammlungen ... nicht zu verwehren.

A. L. Reyscher: Sammlung der württembergischen Gesetze, Bd. 9: Kirchengesetze II. 1835, S. 13ff.

Mit am radikalsten gebärdeten sich die Separatisten um den Bauern und Weber Georg Rapp in Iptingen bei Vaihingen an der Enz. Sie blieben nicht nur der Predigt und dem Abendmahl fern, sondern störten auch den evangelischen Gottesdienst, verweigerten Kindstaufe, Konfirmation und Schulbesuch. Ebenso lehnten sie den staatlichen Huldigungseid ab und widersetzten sich obrigkeitlichen Anordnungen. 1803/04

wanderte Rapp mit dem größten Teil seiner Anhänger nach Amerika aus, die Zurückgebliebenen folgten ihm in den nächsten Jahren.
Auszug aus dem Maulbronner »Oberamtsprotokoll in Civilibus« vom 21. März 1804:

Johann Konzelmann, Bürger und Bauer von Iptingen, ein Separatist, 55 Jahre alt, verheiratet, Vater von zwei Kindern, erscheint heute vor Oberamt und erklärt, daß er mit seinem Weib und zwei Söhnen von 19 und 16 Jahren nach Amerika auszuwandern gedenke. Die Ursache und Veranlassung dieses seines Entschlusses sei, daß er eben auch seinen Brüdern, den Separatisten, nachziehen wolle. Der Zweck seiner Auswanderung sei dieser, daß er hier keine Ruhe mehr habe, die er in Amerika zu finden hoffe. An Vermögen werde er ungefähr 1600 fl hinweg bringen. Er lebe übrigens in der ersten Ehe, in welcher auch seine zwei Söhne erzeugt worden seien.

Hauptstaatsarchiv Stuttgart: A 212 Bü 698

Sechs Separatisten aus Hößlinswart, Oberamt Schorndorf, Georg Michael Plessing, Matthäus Kurz, Jakob Spengler, Johannes Killinger, Josias Kurz und Melchior Krämer nannten auf Befragen vor dem Oberamt am 19. Februar 1805 als Beweggrund für ihre Auswanderung nach Amerika:

Ihr Entschluß zur Auswanderung habe seinen Grund nicht in leiblichen und äußern Dingen, sondern vermög ihrer Grundsätze finden sie sich in ihrem Innern durch göttliche Eingebung dazu bewogen. Sie haben nichts gegen ihre hohe und niedere Obrigkeit einzuwenden, sondern es seie bloß innerer Trieb und innere Überzeugung.

Hauptstaatsarchiv Stuttgart: A 212 Bü 699

Neben den »Rappisten« gab es damals in Württemberg noch andere extreme religiöse Gruppierungen. Gegen die zeitweise recht aufsässigen Separatisten in Rottenacker (Alb-Donau-Kreis), die mit denen in Nordheim bei Heilbronn in Verbindung standen, wurde eine militärische Exekution angeordnet. König Friedrich kannte keine Nachsicht, wenn die religiösen Extremisten die staatliche Autorität mißachteten. Am 3. Juli 1806 befahl er den Verwaltungs- und Gerichtsbehörden, daß,

1) wenn künftig ein Separatist vor Euch oder sonstiger Obrigkeit erscheint oder citiert wird, allezeit der Amtsdiener herbeigerufen und durch denselben dem widerspenstigen Separatisten jedesmal der Hut abgenommen und nicht eher wiederum zugestellt werden solle, bis die Amts- oder gerichtliche Handlung vorüber ist, und wenn der Separatist sich hiebei unschikliche Äusserungen oder respektswidrige Reden gegen die obrigkeitliche Personen erlauben sollte, alsdann mit ihm nach den bisherigen Vorschriften verfahren werden solle. Und daß
2) das Tragen der Kokarden, Sterne oder sonstiger äusserlichen Unterscheidungszeichen der Separatisten nirgends, selbst auch in ihren Versammlungen nicht geduldet, sondern diese Zeichen überall, wo man sie findet, mit Gewalt abgenommen und zerstört und der Tragende das erstemal mit dreitägiger und das zweitemal mit achttägiger Incarceration bestraft, die weitere Reiteration aber berichtlich angezeigt werden solle...

A. L. Reyscher: Sammlung der württembergischen Gesetze, Bd. 9: Kirchengesetze II. 1835, S. 59

In Dettingen unter Teck (Lkrs. Esslingen) weigerten sich 1807 zwei zum Kreis der Separatisten gehörende Frauen, deren Männer des Landes verwiesen oder zu Festungsarbeit verurteilt waren, sowie zwei Witwen, ihre Kinder zur Schule zu schicken. Ihr Widerstand war auch durch Turmstrafen nicht zu brechen. König Friedrich nahm diesen Fall offensichtlich zum Anlaß, um in der Frage der »Behandlung der Kinder widerspenstiger Separatisten« eine generelle Entscheidung zu treffen. Am 14. Februar 1808 erging folgender Staatsministerialerlaß:

Se[ine] Königl[iche] Majestät haben das allerunterthänigste Anbringen der Königl[ichen] Oberregierung eingesehen, und verordnen hierauf, daß die Kinder widerspänstiger Separatisten, damit sie nicht ohne Schulunterricht in Rohheit und Halsstarrigkeit aufwachsen, von ihren Eltern ohne weiters getrennt und gegen ein verhältnißmäßiges Kostgeld in das hiesige Waisenhaus gebracht – die Vorsteher dieses Instituts aber angewiesen werden sollen, die Eltern dieser Kinder, wenn sie hieher kommen und im Waisenhaus sich irgend etwas Unangemessenes erlauben würden, dem Stadt-Oberamte, welches dieselben sogleich aus der Stadt zu weisen hat, zu übergeben, und späterhin, damit die Kinder nach der Confirmation nicht zu ihren Eltern zurückkehren, dafür zu sorgen, daß die Knaben bei Lehrmeistern, die Mädchen in Diensten untergebracht werden.

Landeskirchliches Archiv Stuttgart: A 26 Bü 477, 4; A. L. Reyscher: Sammlung der württembergischen Gesetze. Bd. 9: Kirchengesetze II. 1835, S. 129

1809 bildete sich in Unterweissach (Gde. Weissach im Tal, Rems-Murr-Kreis) unter dem Zieglermeister Johann Leibbrand eine sehr aktive separatistische Gemeinschaft, die rasch die geistlichen wie die weltlichen Behörden auf den Plan rief. Am 21. März 1811 wurde das Dekanat Backnang angewiesen, noch ferner alle Aufmerksamkeit auf die Separatisten in Ober- und Unterweissach zu richten, besonders aber diejenigen, welche sich der Proselytenmacherei schuldig machen, erforderlichenfalls in Gemeinschaft mit dem Oberamt vorzufordern, sie vor ihrem Unternehmen ernstlich zu warnen und ihre Äußerung juncto Protocollo an Unser Königliches Oberkonsistorium einzuschicken, auch zugleich diejenige namhaft zu machen, welche der Proselytenmacherei verdächtig sind, um auch von Seite der Polizei, besonders wenn es Fremde sein sollten, die nötigen Maßregeln gegen sie treffen zu können.

Landeskirchliches Archiv Stuttgart: A 26 Bü 477, 8

Von 1807 bis 1816 war die Auswanderung aus Württemberg verboten gewesen. Die Aufhebung dieses Verbots bewirkte nun in den Jahren 1816 und 1817 einen wahren Massenexodus. Viele Tausende kehrten der Heimat den Rücken, um in Osteuropa oder in Nordamerika ihr Glück zu suchen. Wirtschaftliche Motive standen bei den Auswanderern obenan. Not und Armut in dem kleinen Königreich waren allgegenwärtig. Ein erheblicher Teil der Landwirte und der Handwerker mußte sich mit einem kümmerlichen Einkommen begnügen. Am schlechtesten waren die ins Erwerbsleben drängenden jungen Menschen dran. Nur verhältnismäßig wenige von ihnen konnten damit rechnen, im Land ihrer Väter wirtschaftlich Fuß zu fassen. Eine wesentliche Verbesserung der Lebens- und Erwerbsverhältnisse war nicht in Aussicht. Im Gegenteil. Die wirtschaftliche Misere am Ende zweier Jahrzehnte mit einer beinahe ununterbrochenen Folge von Kriegen und Feldzügen verschlimmerte sich noch durch die katastrophale Mißernte des Jahres 1816. Die Preise für Nahrungsmittel schnellten in die Höhe. Die minderbemittelten Bevölkerungsschichten hungerten und darbten. Indes war das wirt-

schaftliche Desaster nicht das einzige Motiv, das Menschen in großer Zahl zur Auswanderung veranlaßte. Der religiöse Beweggrund trat hinzu. Oft überlagerten sich beide Motive. In einer ganzen Reihe von Fällen war jedoch das religiöse Motiv der alleinige bzw. der bestimmende Beweggrund, so bei separatistischen Gruppen. Von endzeitlichen Erwartungen erfüllt, rechneten diese mit einer baldigen Wiederkehr Christi, die nach ihren aus dem Studium der Bibel gewonnenen Erkenntnissen im Heiligen Land, in Palästina, erfolgte. Sie drängten deshalb nach Osten, um ihrem Heiland und Erlöser bei dessen Wiederkunft möglichst nahe zu sein. Das zum Türkischen Reich gehörende Palästina war Einwanderern aus Europa damals noch verschlossen. Ein gewisser »Ersatz« bildete das weit nach Osten sich erstreckende russische Kaiserreich, zumal sich dieses Siedlern aus Deutschland weit geöffnet hatte.

Aus Unterweissach machte sich Johann Leibbrand, aus Schwaikheim (Rems-Murr-Kreis) der »Stundenhalter« Georg Friedrich Fuchs und aus Altbach bei Esslingen Johann Georg Frick, das »Pietistenhansjörgle«, mit einem großen Teil ihrer Anhänger auf den Weg nach Osten; sie gründeten in Bessarabien und Kaukasien zusammen mit anderen Württembergern deutsche Siedlungen, die rasch aufblühten und bis zum Zweiten Weltkrieg Bestand hatten. Anderen religiösen Randgruppen, in deren Gedankenwelt der Chiliasmus allenfalls von untergeordneter Bedeutung war, ging es darum, frei von staatlicher Bevormundung ihrer Glaubensüberzeugung leben, d. h. christliche Gemeinden nach ihren Vorstellungen errichten zu können. Hierfür bot Nordamerika günstigere Voraussetzungen als das zaristische Rußland. Daher entschieden sich solche Gemeinschaften nicht selten zur Auswanderung in die USA.

Im Auftrag von König Wilhelm I. befragte der Rechnungsrat Friedrich List Ende April/Anfang Mai 1817 die in Heilbronn auf ihre Einschiffung wartenden Auswanderer sowie die in den Oberämtern Weinsberg und Neckarsulm zur Auswanderung entschlossenen Bürger nach den Motiven, die sie zum Verlassen ihrer Heimat bewogen. Über die Ergebnisse seiner Befragung berichtete er am 7. Mai 1817:

Wenn ich die Resultate dieser Untersuchung in einen Blick zusammenfasse und dabei die Gemütsstimmung der Auswanderer berücksichtige, so finde ich als Grundursache: Übelbehagen, d. h. Druck, Mangel an Freiheit in ihren bisherigen Verhältnissen als Staats- und Gemeindebürger.
Eine sekondäre Ursache ist die Schwärmerei, welche die Sekten der Separatisten und Pietisten antreibt, ihr Vaterland zu verlassen. Ich heiße sie sekondär, weil ich den Hang der Württemberger zum Sektengeist zum Teil auch einem Mangel an bürgerlicher Freiheit zuschreibe. Hinzu wirkt endlich die vorteilhafte Meinung, welche ihnen von den Ländern beigebracht worden ist, in welche sie ziehen wollen.
Was nun die Grundursache betrifft, so fällt die Schuld des Übelbehagens der Württembergischen Bürger in ihren bisherigen Verhältnissen als Staats- und Gemeindebürger entweder auf die mangelhaften Institutionen des Staats oder auf die schweren Schicksale der letztverflossenen Jahre, d. h. auf die Kriege und auf die Ungunst der Natur...

Günter Moltmann: Aufbruch nach Amerika. Friedrich List und die Auswanderung aus Baden und Württemberg 1816/17. Dokumentation einer sozialen Bewegung. 1979, S. 175 f.

Die württembergische Regierung war über die Massenauswanderung zutiefst beunruhigt. Sie sah unzählige Menschen, deren Kenntnisse, Fähigkeiten und Arbeitswillen der wirt-

schaftlich darniederliegenden Heimat fehlten, sich leichtfertig einem ungewissen Schicksal aussetzen, zu einem nicht geringen Teil sogar gleichsam blind ins Verderben rennen. Sie warnte, suchte aufklärend zu wirken. Am 14. Februar 1817 gab das Innenministerium den Landvogtei- und Oberämtern Verhaltensmaßregeln, wie sie der »überhandnehmenden Auswanderungssucht« steuern sollten:

Die seit einiger Zeit in mehreren Gegenden sich zeigende Auswanderungssucht scheint neuerlich in einem solchen Grade zuzunehmen, daß sie nicht nur dem Staat verderblich zu werden, sondern auch eine große Zahl von Staatsbürgern samt ihren Familien in unabsehbares Elend zu versenken droht.

So wenig man gemeint ist, denjenigen, welche durch Veränderung ihres Wohnorts in der gesetzlichen Ordnung ihr Schicksal zu verbessern Gelegenheit finden, ein Hindernis in den Weg zu legen, so sehr ist es doch die Pflicht jeder gutgesinnten Obrigkeit, ihre Angehörige vor Schritten zu warnen, bei welchen sie samt den ihrigen das Opfer ihrer verkehrten Ansichten, ihrer Leichtgläubigkeit oder ihrer Unbesonnenheit werden.

Schon diejenigen, welche in Hinsicht auf eine Niederlassung in einem benachbarten Staate ihr angeborenes Bürger- und Untertanenrecht aufkünden, ohne zuvor der Aufnahme in dem neuen Wohnort versichert zu sein, machen sich eines nicht zu rechtfertigenden Leichtsinnes schuldig, wenn sie auf solche Art ihren ganzen bürgerlichen Rechtszustand aufs Spiel setzen, und, da sowohl ältere als neuere Verordnungen es den obrigkeitlichen Stellen zur Pflicht machen, die Wiederaufnahme solcher Ausgewanderten auf keine Weise zu begünstigen, so haben sie es sich selbst zuzuschreiben, wenn sie ohne Nachsicht als mutwillige Vaganten behandelt werden.

Noch unentschuldbarer aber sind die vielen Emigranten, welche eine Heimat in ganz entfernten Staaten suchen, deren Lage, natürliche Beschaffenheit und bürgerliche Verhältnisse sie entweder gar nicht oder nur aus ganz unbestimmten und unzuverlässigen Nachrichten kennen, und die es nicht einmal einer reifern Überlegung wert finden, welchen Gefahren und Bedrängnissen sie sich, ihre Weiber und ihre zum Teil noch zarten Kinder bei einer so langen Reise durch verschiedene Gebiete und Himmelsstriche aussetzen und welche Hilfsmittel und Vorsichtsmaßregeln erforderlich sind, um ohne einen Unfall an den Ort ihrer Bestimmung zu gelangen.
Die Königlichen Landvogtei- und Oberämter werden daher aufgefordert, keine Gelegenheit zu versäumen, um ihre Amtsuntergebene sowohl überhaupt über den zweifelhaften Erfolg einer Verwechslung des vaterländischen Bodens mit auswärtigen Niederlassungen, als insbesondere über die augenscheinlichen Gefahren und Nachteile, welche mit einer aufs Ungewisse hin ohne die erforderlichen Vorbereitungen und Hilfsmittel unternommenen Auswanderung in fremde Weltteile verbunden sind, wohlmeinend zu belehren und denjenigen, welche der angewandten Erinnerungen ungeachtet auf ihren abenteuerlichen Entschlüssen behalten, nach Maßgabe der Gesetze zu erklären, daß, wenn sie nach geschehener Aufkündigung ihres Untertanen- und Bürgerrechts und nach Aufopferung ihres Vermögens die verderblichen Folgen ihres Unternehmens zu spät einsehen, eine Rückkehr in die verlassene Heimat nicht mehr stattfinde und sie an der Grenze des Königreichs ohne Nachsicht zurückgewiesen würden...

Günter Moltmann: Aufbruch nach Amerika... 1979, S. 111

Von den Geistlichen erwartete die Regierung, daß sie sie nachdrücklich bei ihren Bemühungen unterstützten, mög-

lichst viele Auswanderungswillige von ihrem Vorhaben abzubringen. In Privatunterredungen wie in öffentlichen Vorträgen sollten die Pfarrer belehren und warnen. Zu diesem Zweck ließ das Konsistorium über die Dekanate im August 1817 an die Pfarrämter eine Art Anleitung und Argumentationshilfe »Ideen zur Warnung vor der Auswanderungslust« verteilen:

1) Der Trieb zur Veränderung, aus dem die Auswanderungslust bei so manchem entspringt, macht den Menschen oft unglüklich.
Im Gefühl des Unangenehmen seiner gegenwärtigen Lage wirft er sich in eine andere Lage, deren größere Beschwerden er nicht kennt. Einem bekannten Übel will er entgehen, um ein unbekanntes Glük zu suchen und gibt sich dann einem Schiksal preiß, das weit schlimmer ist, als das gegenwärtige.
Der ungeduldige Drang, dem zu entgehen, was gerade den Menschen an seinem jezigen Aufenthaltsort, und in seiner jezigen Lage belästigt und drükt, und was er sich immer als das unangenehmste und schwerste darstellt, treibt ihn hinaus und stürzt ihn dann oft in ein vorher gar nicht geahntes Elend.
Das Christenthum lehrt uns im Aufsehen auf Gott, und auf ein höheres Vaterland, mit Geduld laufen in dem Kampf, der uns verordnet ist (Ebr. 12,1), es fordert eben damit Unterdrükung des Drangs nach Veränderung und gelassene Ertragung der Beschwerden der gegenwärtigen Lage, wenn wir sie nicht mit einer sichern oder wahrscheinlichen Aussicht auf eine Verbesserung ändern können.
Der außerordentliche Druk der bisherigen Noth war ohnehin wie der Augenschein lehrt, vorübergehend, und wenn gleich die Wunden, welche eine Reihe von verhängnißvollen Jahren unserm Vaterlande wie andern Ländern geschlagen, nicht so

schnell ganz geheilt werden können, so würden doch einige gesegnete Jahre schon eine große Erleichterung schaffen.

2) Nicht nur unvernünftig, sondern auch pflichtwidrig ist es, auf das Ungewisse hin in ein fremdes entlegenes Land zu ziehen, ohne zu wissen, ob und wie man seinen Unterhalt darinnen finde. Ein solches Unternehmen erfordert vernünftiger Weise genaue Erkundigung. Im Vaterlande zieht ja keiner von einem Ort in den andern, ohne von der Lage an dem neuen Orte vorher genauer unterrichtet zu sein. Wie thöricht ist es also, ohne genaue Nachrichten und Kenntnisse von der Beschaffenheit eines fremden entlegenen Landes einen Zug dahin zu unternehmen, und gewissenlos ist es, eine Familie aufs ungewisse in die weite Welt hinaus mit sich zu ziehen und sie wie so viele der neusten unläugbaren Erfahrungen beweisen, der Gefahr eines gränzenlosen Elends aussezen!

Wie kann man auch auf einer solchen Auswanderungs-Reise die man ohne wohl geprüfte vor der Vernunft und dem Gewissen gerechtfertigte Gründe, ohne ernstes Gebet unternimmt, den Schuz und den Beistand Gottes für sich und die Seinigen erwarten?

3) Eine traurige Warnung vor dem Auswandern ist das Beispiel so vieler zurükgekehrter Auswanderer, deren Zahl allein in unserem Vaterland allein sich bereits über Tausend belaufen wird. Entkräftet durch die Kosten und Mühseligkeiten der Reise, entblößt von allen Mitteln des Lebensunterhalts, finden sie nicht mehr einen eigenen Herd, und bliken mit bangen Sorgen für sich und die Ihrigen in eine Zukunft, die ihnen das verlorne nicht so leicht wieder ersezen kann.

4) Die Bibel begünstigt das Auswandern nicht. Abraham wanderte auf einen besondern Ruf Gottes, blos aus Gehorsam gegen den höhern Befehl der Gottheit (Ebr. 11,8) aus, und seine Auswanderung hatte ja offenbar höchstwichtige religiöse Zweke; es war dabei auf nichts geringers, als auf die Er-

haltung und einstige Ausbreitung der wahren Religion auf der ganzen Erde angesehen[!].
Die Auswanderungslust ist noch kein göttlicher Ruf, und der Auswanderungslustige mag sich wohl mit der Einbildung eines göttlichen Rufs täuschen, weil der Drang, seine Heimath zu verlassen, schon in ihm liegt. Abraham wanderte nicht aus Veränderungslust aus: er brachte durch den Auszug aus seinem Vaterland dem Willen Gottes ein Opfer, zu welchem ihn nur der Glaube stärkte (Ebr. 11,8)...

A. L. Reyscher: Sammlung der württembergischen Gesetze, Bd. 9: Kirchengesetze II. 1835, S. 387ff.

Pietismus und Separatismus in ihrem Selbstverständnis

Freiheit und Gemeinschaft in eigener Verantwortung

Der Pietismus wurde in Württemberg eine breite Volksbewegung, weil viele Menschen den Eindruck hatten, daß ihre Situation und ihre Fragen im Kreis der Gruppen erstgenommen und beantwortet wurden. Vor allem in der Krisenzeit von 1780 bis 1820 ist dies deutlich feststellbar. Dabei ist sichtbar, daß gerade für aktive, denkende und eigenständige Personen die pietistischen Versammlungen weithin die einzige Möglichkeit waren, selbständig und zugleich im Schutz der solidarischen Gruppe einen eigenen Weg zum Verstehen und Bewältigen der Not zu finden: Das alltägliche Leben, das Nachdenken über die Ereignisse in der Natur, das Einfühlen in die Seele und das Lesen der Bibel wurde zum Thema der Versammlungen.
Es gab in Altwürttemberg seit der Reformation eine Reihe von Besonderheiten, die es einem großen Teil der Bevölkerung erleichterten, besondere Verhaltensweisen und eine be-

sondere Religiosität auszubilden: Hier gab es keinen nennenswerten Adel mehr; dagegen gab es viele Möglichkeiten der Mitwirkung von »unten her« (Wahl von Schultheiß und Rat, Landstände); wichtig war auch eine relativ gute Schulbildung, das Recht auf Auswanderung und – zumindest tendenziell im größten Teil des Landes – die Gleichberechtigung aller Kinder, einschließlich der Frauen, beim Erbfall.
Wer die Erfahrungen der eigenen Lebenspraxis weiterentwickeln wollte, wer nicht als einzelner der Obrigkeit, der Not, den Kriegen, den Ängsten ausgeliefert sein wollte, hatte in Württemberg eine Möglichkeit zur Stabilisierung der eigenen Entscheidung: Er konnte sich entweder einer pietistischen oder einer separatistischen Gruppe anschließen – oder eine eigene Gruppe gründen. Die Berechtigung dafür gab es seit dem berühmten Pietisten-Erlaß im Jahr 1743, der private pietistische Erbauungsstunden gestattete.
Die Zulassung von Privatversammlungen enthielt einige wesentliche Einschränkungen in bezug auf die Leitung, Form und Teilnehmerzahl. Es gab, spätestens ab 1780, kein Gesetz, das so regelmäßig unbeachtet blieb wie der Erlaß über die Privatversammlungen. Für das öffentliche Bewußtsein wurde es bedeutsam, daß hier, unter Berufung auf Gottes Wort, auf Gewissensfreiheit und die Gleichheit aller Menschen, Anordnungen der Obrigkeit, auch wenn sie immer wieder neu bekanntgegeben wurden, übertreten wurden.
Das Protokoll des Verhörs von M. Hahn in Herrenberg gibt einen Einblick in die Situation aller Beteiligten. Auf der einen Seite steht der Bauernsohn M. Hahn, der in das große Oberamtsgebäude zitiert worden war, dem man zahlreiche Gesetzesübertretungen nachweisen konnte und der immer im Zwiespalt zwischen seinem Gewissen und der Angst vor Verfolgung leben mußte. Auf der anderen Seite stehen der Dekan Fleischmann und der Oberamtmann Krafft. Beide haben of-

fensichtlich versucht, den Gesetzesübertreter Hahn möglichst wohlwollend zu behandeln. M. Hahn hat hier, wie auch sonst, eine Zusage für die Beachtung der Vorschriften gegeben, konnte diese Zusage aber dann mit seinem Gewissen nicht vereinbaren und verletzte erneut die geltenden Ordnungen. Erst durch seinen Umzug in das Schloßgut nach Sindlingen (1794) fand er eine relative Ruhe, weil in Sindlingen, als reichsritterschaftlichem Gut, ein direkter Eingriff der Württemberger nicht möglich war:

Nachdeme dem hiesigen gemeinschaftlichen Oberamt zu Ohren gekommen, auch von einigen Pfarraemtern, sonderlich von dem in Hildrizhausen, neuerlich Klage geführt worden, daß *Michael Hahn von Altdorf* sich unterstehe, in Hildrizhausen und anderwärts Privatversammlungen zu halten und dardurch allerhand turbas [Unruhen] unter denen Gemeinden zu veranlassen: So wurde derselbe sub hodierno [heute] hieher citirt und folgendermassen vernommen:

Frage: 1. Wie er heiße und wie alt er seie?

Antwort: Michael Hahn, seie noch ledig und 28 Jahre alt.

Frage: 2. Er werde sich schon vorstellen können, warum er hieher beschieden sei; nämlich daß er an zerschiedenen Orten und sonderlich in Hildrizhausen Privatversammlungen gehalten habe; ob er dessen geständig seie?

Antwort: Er könne es nicht läugnen.

Frage: 3. Ob es oft und zu was für einer Tageszeit es geschehen seie?

Antwort: Ja, es seie mehrmalen theils am Sonntag nach denen Kirchen, theils auch des nachts geschehen.

Frage: 4. Wo und in was für Häusern er diese Stunden gehalten?

Antwort:		Manchmalen bei dem Jonathan Brösamle, manchmalen bei dem Michael Wolf, auch bei Jacob Baur.
Frage:	5.	Ob viele Leute und beiderlei Geschlechts dabei gewesen?
Antwort:		Zerschiedenemal seien über 50 Personen, oft auch weniger, Manns- und Weibspersonen dabeigewesen.
Frage:	6.	Was in diesen Stunden gehandelt worden seie?
Antwort:		Man habe ihme einen Spruch aus einem Capitel in der Bibel aufgegeben, den er erklärt, worüber die andern ihn auch theils gefragt, theils ihre Meinung gesagt, und haben sie auch dabei gesungen.
Frage:	7.	Ob er diese Stunden mit Vorwissen und Genehmigung des Pfarrers allda gehalten?
Antwort:		Der Pfarrer habe ihn anfänglich auf einen Besuch zu ihme eingeladen. Wegen einer Stunde aber habe er bei dem Pfarrer nicht angesucht.
Frage:	8.	Ob es ihme aber hernach von dem Pfarrer gewährt und verbotten worden?
Antwort:		Der Pfarrer habe es ihme nicht gewährt und verbotten, bis er ihn den 2. Januar dieses Jahres vorbeschieden und vernommen habe.
Frage:	9.	Ob er auch in allhiesiger Stadt Stunden gehalten habe?
Antwort:		Es seien theils in des Veiten, seines Schwagers, theils in Adam Andlers Haus hiesige und fremde Leuthe zu ihm gekommen und haben ihn veranlaßt, mit ihnen ein Gespräch zu halten.
Frage:	10.	Ob er wisse, daß dergleichen Erbauungsstun-

den nicht einem jeden und zu jeder Zeit eigenmächtig zu halten erlaubt seie?

Antwort: Ja, er wisse es.

Frage: 11. Ob ihm das Generalrescript vom Jahr 1743 wegen der Versammlungen bekant seie und er solches gelesen habe?

Antwort: Sein Pfarrer habe es einmal in einer Versamlung zu Altdorf vorgelesen...

Frage: 14. Aus allem diesem erhelle also, daß er das Verbott solcher Stunden wohl gewust; warum er dann gleichwolen solche fortgehalten?

Antwort: Er habe geglaubt, er seie kraft seines Gewissens darzu verbunden und legitimirt, wenn er von andern darzu aufgefordert worden.

Frage: 15. Es müsse ihme aber als einem Christen wohl bekannt sein, daß das Wort Gottes von einem jeden rechtschaffenen Christen fordere, der Obrigkeit in allen Dingen, die nicht wieder Gott seien, um des Gewissens willen gehorsam und unterthänig zu sein?

Antwort: Er wisse und glaube dieses; habe aber gedacht, er müsse hierunter dem Trieb seines Gewissens folgen, zumalen da er gehört, daß anderen Orten auch dergleichen geschehe.

Frage: 16. Nachdeme ihme nun aus dem Generalrescript vom Jahr 1743 die nöthige und hieher passende Stellen vorgelesen, er dadurch auch überzeuget geworden, daß er bisher nicht recht gehandelt habe; so wurde er befragt, ob er sich nun inskünftige solchen Herzoglichen Ordnungen fügen und von Haltung solcher feierlichen Erbauungsstunden an andern Orten, unter Beiziehung so vieler Personen, ablassen wolle?

Antwort: Ja, er seie dieses gesonnen und verspreche es.

Joachim Trautwein: Die Theosophie Michael Hahns und ihre Quellen. Stuttgart 1969, S. 329–331: Auszug aus dem Protokoll vom 2. März 1786

Die Privatversammlungen waren in ihrer Entstehungszeit Orte des freien, ungehinderten, unzensierten Gesprächs. Um bestimmte Personen zu treffen, waren einzelne Interessierte, vor allem junge Menschen, oft viele Stunden lang, manchmal einige Tage unterwegs. Obgleich sich nach 1820 bestimmte, festere Formen für den Ablauf der Versammlungen herausgebildet haben, wird aus dem Bericht von J. C. Weiz vom Jahr 1826 deutlich, wie offen und flexibel die Zusammenkünfte auch noch in dieser Zeit waren. Weiz besuchte im Auftrag der Brüdergemeine Gruppen württembergischer Pietisten:

Nun noch einiges über die Art und Weise, wie die Versammlungen (wenigstens an den Orten, die ich besucht habe, und zwar mit wenigen Ausnahmen) gewöhnlich gehalten werden. In der vorderen Ecke der Stube sitzen auf den zwei hinteren Seiten des Tisches auf einer an der Wand befestigten Bank, oder wenn diese nicht hinreichen sollte, auf Stühlen, die auf den beiden anderen Seiten gestellt sind, sechs, acht, zehn oder noch weitere von den ältesten und erfahrensten Brüdern. Von denen sind zwei oder noch mehr zu eigentlichen Versammlungshaltern oder Gehilfenbrüdern angestellt. Den übrigen Raum der Stube füllen, auf Stühlen oder Bänken sitzend, die übrigen Gemeinschaftsglieder, zu welchen sich, da fast nirgens eine geschlossene Sozietät stattfindet, noch gar manche andere einfinden, besonders wenn ein besuchender Bruder da ist.
Von demjenigen Bruder, welcher die Versammlung hält, wird dann ein Lied angegeben und vorgesagt: Entweder aus dem

alten oder dem neuen württembergischen Gesangbuch, dem Brüdergesangbuch, oder meistens aus dem Hillerschen Schatzkästlein; oder, in den Versammlungen der Anhänger des seligen Michael Hahn, aus dessen reichhaltiger Liedersammlung. Nach dem Gesang betet derselbe Bruder »in die Stunde«, worauf dann entweder das sonntägliche Evangelium oder die Epistel oder sonst ein Kapitel aus der Bibel oder ein Spruch aus Hillers Schatzkästlein oder die Losung gelesen und einiges darüber geredet wird.

Alles verwandelt sich aber bald in ein allgemeines Gespräch, an dem nicht nur die an dem Tische sitzenden Brüder teilnehmen: das Gespräch wird auch durch Fragen oder Bemerkungen der übrigen Zuhörer nicht unterbrochen, sondern lebhafter gemacht. Da fast nirgends in den Gemeinschaften spezielle Seelenpflege [Seelsorge] stattfinden kann, so ist dieses [allgemeine Gespräch] um so zweckmäßiger, indem es der Anlaß dazu wird, Erläuterungen über manches zu geben, das nicht nur dem Fragenden, sondern auch anderen bisher nicht klar genug war. Unordnungen sind nicht leicht zu befürchten, indem darauf gesehen wird, daß unschickliche oder unanständige Fragen nicht vorkommen dürfen oder selbige sogleich abgewiesen werden.

Das Ganze wird nochmals zu einem Schluß gebracht, abermals gesungen, und dann wieder von einem oder dem andern Bruder »aus der Stunde« gebetet. Wenn nun die Versammlung beendigt ist, so bleiben meistenteils noch viele, oft alle sitzen, da dann über das Vorherige noch weiter gefragt und gesprochen wird. Dadurch werden die Zusammenkünfte zwar lang, jedoch nicht langweilig; die Versammlungen erhalten [die Besucher] in ständiger Aufmerksamkeit.

Unitätsarchiv Herrnhut, Berichte des Reisepredigers J. C. Weiz

Das Element des freien Gesprächs, in dem jeder fragen, antworten und zuhören konnte, wie er es wollte, trat zweifelsohne gegenüber der Ansprache der einzelnen Brüder nach und nach zurück.

Die Vielfalt der pietistischen Gruppen

Wenn wir heute von Pietismus und Separatismus reden, gehen wir häufig von der Vorstellung aus, daß die pietistischen und separatistischen Gruppen immer deutlich definierbar und abgrenzbare Größen waren. Um 1800 waren dagegen die Unterschiede, die Gegensätze und die Konflikte auf der persönlichen, sozialen, politischen und theologischen Ebene zwischen den einzelnen Gruppen meist weit bedeutsamer als die Gemeinsamkeiten. Viele der Gruppen entstanden autonom und schlossen sich erst später irgend einem größeren Verband an. Manche der ursprünglich selbständigen Gruppen verschwanden später durch ihre Auswanderung. Ursprünglich bezeichnete man meist nur die Gruppen aus der alten Bengelschule als Pietisten; neben ihnen gab es die Friedrichianer (nach Pfarrer Friederich), die Kullen-Anhänger, die Michelianer (nach M. Hahn), die Christianer (nach Christian Kußmaul von Bondorf), die Pregizianer (nach Pfarrer Chr. G. Pregizer), die »Seligen«, die Herrnhuter. Die Zioniten (»Auswanderer in den Osten«), die Napoleonsanhänger und andere Gruppen, die im Regelfall zu den Separatisten gezählt wurden, unterschieden sich weniger in den Grundansichten von den erstgenannten als vielmehr durch eine entschiedenere Trennung von Staat und Kirche.
Die folgenden Texte dokumentieren einiges von der Vielfalt der einzelnen Gruppen in den verschiedenen Orten Württembergs.

Um den Bauernsohn Michael Hahn aus Altdorf bei Böblingen sammelte sich die größte und markanteste Gemeinschaft. Bei M. Hahn stehen seine Lebenserfahrungen, seine Erkenntnisse und sein Umgang mit anderen in einem unlösbaren Zusammenhang. Wer ihn kennenlernte, hatte den Eindruck der Echtheit. Die Erfahrung von »Liebe«, die Entwicklung von »Eigenständigkeit« und das Praktizieren des ständigen »Nachdenkens« sind nach Hahn Zeichen des wahren Menschen.

Im folgenden Text wird deutlich, wieviel Weisheit Hahn im Umgang mit anderen hatte: Er lehnte das planende Beherrschen des Nebenmenschen ab, verwies aber immer wieder darauf, daß nur derjenige Mensch Tiefe und Ganzheit gewinnt, der Schuld und Trauer als Möglichkeiten zur vertieften Menschlichkeit versteht. Solche Menschen sind dann Mitarbeiter Gottes bei dessen liebender Zuwendung zur Schöpfung:

Immanuel!
In demselben geliebte Schwester!
Du hast mir geklagt, du seyest von einigen auswärtigen Brüdern verachtet und gering geschätzet worden wegen dem, was ich dir damals aus dem Worte Gottes anrathen mußte, und das habe auch deine Brüder im Orte zu einer Art Verachtung oder Geringschätzung veranlasset und also etwas verstimmt.
Die Grundursachen der Handelsweise aller dieser Brüder rührten her aus einer Unerkenntniß der Verdorbenheit ihres eigenen Herzens, und aus einem stolzen Wohlgefallen an sich selbst, in welchem sie damals gestanden haben müssen, und in dieser von Gott entfernten Fassung dachten sie freilich Dinge auszuführen, die dein Licht verdunklen sollten und in dem du in deinem Zustand ihnen gering geschienen. Was aber Gott darüber gedacht haben wird, lässet sich hierin gut begreifen. Den Hoffärtigen widerstehet er, und den Gedemüthigten gibt

er Gnade. Er war also wie genöthiget, jene Brüder nach Nothwendigkeit zu demüthigen und so auf das Verderben ihres Herzens zu bringen, damit sie ein andermal mit Armen, Gebeugten priesterlicher und Jesusähnlicher handeln möchten...

Es ist ein elend jämmerlich Ding, wie die Kinder Gottes einander peinigen und plagen! und es ist doch fast nothwendig; denn der, welcher wirklich geplagt wird, hat Demüthigungen nothwendig, und der, welcher plaget, hat auch wieder nothwendig; und also ist es jetzt zuerst an Jenem, und er ist vor diesem; dieser aber folgt nach, und es wird ihm auch also gehen, und das, so bald er so glücklich seyn laufen, daß er durch ihn seine Kinder reinige, läutere und bewähre; sein Lohn ist, daß sie für ihn beten, daß er doch endlich gerettet werden möge, es fruchte nun oder nicht. Aus einer solchen Art handelten aber deine Brüder nicht, sondern aus einem übertriebenen Planbegriff, den sie in Eigenheit gefaßt hatten und auszuführen gedachten; da es ihnen aber nicht gelingen wird, werden sie einsehen lernen, was sie zu viel gethan, und werden mit den Gefangenen Mitleiden haben als solche, die sich in mancherlei Gefangenschaft finden werden. Die Erfahrung lehrt uns auch, daß wir nicht auf einmal genug gedemüthiget werden und daß wir also immer noch mehr irren, und also immer noch mehr gedemüthiget werden müssen. Kaum ist eine Demüthigung vorbei, fangen wir schon wieder an, eine andere nothwendig zu machen; und das ist nicht nur so bei mir und dir, sondern bei allen, doch bei dem Einen etwas mehr, bei dem Andern etwas minder. Dieß läßt sich aber nicht bestimmen oder diesesmal erklären.

Unter den Stolzen ist immer Hader, und darum ist auch unter uns, die wir Kinder Gottes werden wollen, ein beständiges Klagen über Mangel an Vereinigung und Geistesgemeinschaft. Wir denken, wir können uns zu diesem und jenem

schlechten Menschen nicht herunter geben und uns mit ihm zu viel einlassen, wir sehen und wissen tadelnswerthe Dinge; und siehe, er denkt auch also und hat gleicherweise auszusetzen; und richtig ist es, wir kommen nicht zusammen, bis wir uns selber kennen und von Herzen gedemüthiget werden...
Wir müssen absolute einander vertragen lernen, so lange wir auf Einem Wege wandeln, und ob wir auch nicht einerlei Führung haben; erst wenn es ganz ausgemacht richtig ist, daß einer nicht auf dem Wege des Lebens gehet, haben wir das Recht, ihn nicht zu schleppen; wer kann aber tragen und vertragen als der, welcher erkennet, wie schwer er ist und wie viel man an ihm zu tragen habe; dieser ist es, welcher sich selber kennet und welchen Gott durch mancherlei Demüthigungen zu solcher Selbsterkenntniß gebracht hat. So soll es, und so müsse es allen Gotteskindern ergehen!...
Gewiß sind in deinem Orte Brüder, so gut als man sie irgendwo antreffen kann, wenigstens getraute ich mir, mit ihnen so gut fortzukommen, als fast nirgend, sie werden zwar auch ihre Fehler haben, vielleicht mehr als ich weiß; aber, mein Gott! auch ich habe mehr, als du und sie wissen, und doch will ich euer Bruder seyn und begehre dafür gehalten zu werden. Wer freilich mich nicht tragen will, den kann ich nicht zwingen; so wird es unsern Brüdern bei dir auch gehen...

J. Michael Hahns Schriften, Band 12. Tübingen 1830, S. 8–14

Als Gegenpol zu den Freunden von M. Hahn, denen vielfach vorgeworfen wurde, daß sie im »Seufzen« über ihre Unvollkommenheit und im Streben nach Heiligung nur noch pausenlose »Werkler« seien, traten die »Pregizerianer« und die »Seligen« in Erscheinung. Unter diesen Namen faßte man allerlei Gruppen zusammen, die ein fröhliches Christentum

vertraten. Deutlich ist, daß ihre Mitglieder tendenziell ärmer, weniger organisiert und ihr Auftreten fröhlich und heiter war. Materielle Not, persönliche Schicksalsschläge, Lasten der Vergangenheit und seelische Bedrückungen bewältigten sie durch die Gewißheit: Wer an Christus glaubt, ist nicht mehr arm, hat die Sünden los und lebt als Freier.
Die Umwelt brachte solche Gruppen häufig auch dann mit dem Pfarrer Christian Gottlob Pregizer aus Haiterbach in Verbindung, wenn eine solche Zugehörigkeit nicht vorhanden war. Man wußte von Pregizer, daß er ein »Freudenchrist« war und dies auch in seinen Gottesdiensten lebte, weil er dies selbst als Rettung aus einer gefährlichen Depression erlebt hatte. Der kurze Bericht des Herrnhuters J. G. Furkel vom Jahr 1816 sowie ein Lied aus der »Lieder-Sammlung für gläubige Kinder Gottes« geben einen Einblick in die Welt dieser Gruppen. Die »ernsten« Pietisten hatten meist große Schwierigkeiten mit den »Galopp-« oder »Juchhe-Christen«, denen alles so viel selbstverständlicher erschien als den sündenbewußten, bedenklichen und nach Vollkommenheit strebenden Gruppen:

Schon sein Gruß »Friede!«, womit er einen jeden einzeln bewillkommte, in dem er ihm die Hand reichte, gab zu erkennen, welches Geistes Kind er war. Das ist nämlich das Zeichen, woran man alle Anhänger des Pregizer sogleich erkennen kann. Ich fing sodann die Versammlung mit einigen Versen aus dem Lied an »Meinen Jesum laß ich nicht«, hielt ein Gebet und wollte nun über die heutige Losung reden: »Gott hilft den Armen und ist des Armen Hoffnung«. Ich hatte aber kaum einige Minuten geredet, so wurde ich von diesem plumpen Mann unterbrochen; er wollte mir unbedingt beweisen, daß, wer an Christum glaube, nicht arm, sondern reich sei.

Unitätsarchiv Herrnhut, Berichte des Reisepredigers J. G. Furkel

Ja, Brüder, selig sind wir nun / Im Glauben an des Höchsten Sohn! / Wir sind als die versöhnten Knecht' / Ganz heilig, rein, schön und gerecht.

2. O freuet euch der Seligkeit, / Die unser gläubig Herz erfreut, / Und die man nun in Jesu hat, / Befreit von aller Sündenlast.

3. Heil uns! Wir sind auch auserwählt / Und zu dem Erstlingsvolk gezählt; / Verordnet hat auch uns der Herr / Im Sohn zur Kindschaft, ihm sei Ehr!

4. Auch wir sind durch des Lammes Blut / Frei losgekauft von Satanswut / Und von der Sünde, Höll und Tod, / Gesetz, Fluch, Zorn und aller Not.

5. Niemand kann uns verdammen mehr, / Wir sind in ihm ganz freie Herrn. / Der Sünden Schuld und Straf ist nun / Ganz weg und abgetan im Sohn.

6. Nicht traurig darf man jetzt mehr sein, / Daß man noch Sünde hab', o nein! / Sie sind am Kreuz ganz ausgetilgt, / Ganz völlig sind wir ausgebürgt...

8. So saget frei dem Herrn zur Ehr, / Wir sind nicht arme Sünder mehr. / Der Heiland war's an unsrer Statt / Am Kreuz nach Gottes Liebesrat...

10. Übt nun die Glaubenssprache fein, / Wir sind ja so gerecht, so rein, / So schön, so heilig und so gut; / Selbst wie der Sohn ins Lammes Blut...

12. Stoßt euch nicht, wenn noch viele sein, / Die gar nicht mit uns stimmen ein, / Und die dem Heiland nur zur Schmach / Stets führen die Arm-Sündersprach...

14. Erhebet eure Stimm ganz froh, / Und singet laut im Glauben so: / Nur Jesus Christus soll allein / Das A und O und alles sein.

Lieder-Sammlung für gläubige Kinder Gottes. Reutlingen 1907, Nr. 4

Ein interessantes Beispiel dafür, wie facettenreich die pietistischen Versammlungen und ihre Mitglieder waren, ist der Nagolder Schulmeister Johann Wolfgang Melchinger. Neben seinem Lehramt war er Verfasser wissenschaftlicher Bücher; er wurde mit dem Nagolder Jakobinerklub in Verbindung gebracht, hielt Erbauungsstunden und gründete die Nagolder »Industrieschule«. Die Schulstube war der Ort, an dem die Kinder in den unterrichtsfreien Zeiten eine Einführung in handwerkliche Fertigkeiten erhielten: Melchinger sowie je ein Vertreter eines Handwerks unterrichteten gemeinsam. Alltag, Wissenschaft, Beruf, Schule und Pietismus waren so sinnfällig aufeinander bezogen, und der Lehrer als »Patriot« und »Menschenfreund« verband die verschiedenen Tätigkeitsfelder miteinander:

Denn es ist gewiß, daß Kinder, welche sich das Müßiggehen und Betteln angewöhnen, meistens schlechte, schlimme und gefährliche Leute werden. Und eben so gewiß ist, daß alle Kinder gern arbeiten, wenn sie auf eine kluge Art, mit Weißheit dazu angehalten werden. Sehr viele erwachsene Leute können Stunden lang ganz unthätig hinsitzen, ohne zu denken und zu arbeiten. Nicht so junge Kinder. Ihr Geist ist immer thätig. So bald sie nicht beschäftigt sind, haben sie lange Weile, erfinden sich allerhand nützliche oder schädliche, zweckmäßige oder zwecklose, ernsthafte oder läppische Beschäftigungen, und kommen oft damit in kurzer Zeit so weit, daß man ihre Thätigkeit nicht genug bewundern kann. O wenn ihnen immer Gelegenheit gemacht würde, wodurch ihre Arbeitsliebe unterhalten, ihre Thätigkeit angefacht, und ihrer Wirksamkeit die gehörige Richtung und Leitung gegeben würde, wie wären unsre liebe junge Mitmenschen so geschäftig, und unsre Erwachsene so arbeitsam!
Und solche Gelegenheiten sind die Industrie-Schulen, wo alle

Kinder, 6jährige sowol als 12- und 14jährige nützlich und angenehm beschäftigt werden, wenn dabei die höchstnöthige Regel beobachtet wird: Omnia sponte fluant, absit violentia rebus, d. i. alles freiwillig, ohne Zwang und Gewalt! So bald die Kinder müssen, mögen sie nicht.

J. W. Melchinger: Die Industrie-Schule zu Nagold. 1802, S. 4f.

Der nachfolgende Bericht des Herrnhuter Reisepredigers J. G. Furkel über Johannes Kullen aus Hülben und dessen Tätigkeiten auf der Schwäbischen Alb im Jahre 1814 eröffnet interessante Aspekte, die bisher wenig bekannt waren. Wie alle Herrnhuter Reiseprediger, die zum Teil in Königsfeld, zum Teil in Stuttgart ihren Sitz hatten und von da aus die württembergischen Gemeinschaften besuchten, wollte auch Furkel gerne die Württemberger ein wenig enger an die Herrnhuter Theologie und Organisation binden. Daß sich ihm nun ausgerechnet im Bereich des älteren Pietismus, bei dessen Vertretern er den besten Zugang hatte, ein junger Pietist mit einer eigenen Organisation entgegenstellte, traf ihn hart:

Es wohnt auf der Alb, in dem Filialdorf Hülben, ein Schulmeister namens Kullen, der für seine Person ein sehr christlicher und verständiger Mann ist; er ist aber den Grundsätzen des um des neuen Agendenbuchs willen abgesetzten Pfarrer Friederich sehr ergeben. Dieser hat zwei Söhne, die er auch dem Schulfach gewidmet hat, und die darin viel Geschicklichkeit erlangt haben. Wo sie als Lehrer dienten, haben sie mit Nutzen und Segen an der Jugend gearbeitet. Sie werden deswegen sehr bedauert, weil sie beide, um gewisser neuer Einrichtungen willen ..., ihre Lehrerstellen aufgaben und nun bei ihrem Vater in Hülben keine genugsame Beschäftigung haben und doch wirken wollen ...

Da nun dieser junge Mensch bei seinem Müßiggang Langweile hat und doch wirken will, so macht er sich's zum Geschäft, im Lande herumzureisen, die Gemeinschaften zu reformieren und eine der Brüdergemeine ähnliche Einrichtung und Disziplin einzuführen: Er hält Synoden, macht Bischöfe, Älteste und Ältestinnen; er errichtet eine Kasse, woraus die Armen unterstützt werden sollen; er nennt sich selbst den Diener der Gemeinden, tut in den Bann und spricht frei, wie er es für nötig hält. Die gewesenen Dekane Harttmann und Pfarrer Friederich wollte er zu Bischöfen machen; er gab überall vor, daß er im Einverständnis mit ihnen lebe und handle. Diese aber deklarierten mündlich und schriftlich, daß sie diesen Plan nicht billigten und dem Kullen allen Ernstes geraten haben, davon abzustehen. Dafür aber wurde der Bann über sie ausgesprochen; denn in seinem Plan, den ich mir abgeschrieben habe, wird ausdrücklich gesagt, daß die Gemeine – nämlich die seinige – binden und lösen könne, und was sie auf Erden binde oder löse, sei auch im Himmel gebunden oder losgesprochen. Auch sollen alle Gemeinschaften, die sich nicht zu dieser Gemeine bekennen, für Sekten gehalten werden.
Er hat auch eine Gesellschaft errichtet, welche er die *Gemeinschafts-Direktion* nennte; und obwohl er eigentlich alles dirigiert, so will er doch nicht das Ansehen haben, sondern alle Beschlüsse sollen nichts gelten, die nicht von der Direktion oder der Synode – die er jetzt aber lieber Konferenz zu nennen für gut findet – abgefaßt sind...
In seinem Aufsatz ist viel gutes und moralisches, aber wenig oder gar keine Anweisung, wo man die Kraft dazu hernehmen soll. Von unserm lieben Heiland und seinem teuren Verdienst kommt nichts oder doch wenigstens nicht viel vor; wohl aber das, daß man zu allen diesen Vollkommenheiten hinan zu wachsen sich bestreben soll. Ob er gleich hin und wider das Abendmahl in Häusern schon gehalten hat und zu keinem

Pfarrer oder Dekan gehet, so gibt er doch in seinem Aufsatz die Anweisung, daß man die Kirche und deren Gnadenmittel nicht verachten, die Geistlichen ehren, allen obrigkeitlichen Verordnungen pünktlich Folge leisten und sich der Jagd, Fron und des Soldatendienstes nicht entziehen soll...
So hat man hierzulande bei den vielen hundert Erweckten mit mancherlei irrigen Meinungen und immer wieder neu entstehenden Schwärmereien zu kämpfen. Man kann dagegen nichts Ersprießliches ausrichten und muß noch froh sein, daß man, um der reinen Lehre willen, Zutrauen und Liebe genießt. In Württemberg predigen ist gewiß nichts leichtes, denn bei den besten Absichten kann man anstoßen, weil die guten Leute so schwer zu überzeugen sind. Ihre mystischen Ideen, ihr stetes Forschen im prophetischen Werk und die daraus hergenommenen Bestimmungen [abgeleitete Berechnungen] von zukünftigen Begebenheiten halten sie für weit wichtiger als die Lehre vom Kreuz Christi und die daraus erfolgende Rechtfertigung und Heiligung des Herzens und Wandels. Doch muß ich ihnen auch die Gerechtigkeit widerfahren lassen, daß ihnen die Lehre von der freien Gnade Gottes in Christo Jesu nichts Verächtliches, sondern vielmehr etwas Wohltuendes ist. Und dies macht mir immer wieder Mut, wenn mir, bei den vielen Spekulationen über die Gegenwart und Zukunft, der Geist matt und das Gemüt mutlos werden will. Der Gedanke: Der Heiland trägt sie alle und er wird wohl wissen, wie er einem jeden auf seinen Irrwegen begegnen und ihn zurecht bringen will, richtet mich immer wieder auf. So kann ich willig noch eine Weile an diesem Wagen Gottes fortziehen.

Unitätsarchiv Herrnhut, Berichte des Reisepredigers J. G. Furkel

Der Weg der pietistischen Gruppen

Der Weg, den die pietistischen Gruppen einschlagen würden, war absolut offen: Die eigene Gemeinde, die Auswanderung, das Warten auf den Antichristen, das Bewältigen der materiellen Not.

Nachdem der Separatistenführer Johann Georg Rapp im Jahre 1803 mit einem Teil seiner Anhänger in die USA ausgewandert war, zogen besonders die Separatistenführer in Nordheim (bei Brackenheim) und Rottenacker (bei Ehingen) die Aufmerksamkeit auf sich. Genaue Zahlenangaben über die Mitglieder der Separatisten sind schwierig, weil darin die Zahl der Sympathisanten, die nicht besonders auffielen, kaum enthalten sind. Deutlich ist, daß die Separatisten an einigen Orten unübersehbar waren und im ganzen Land für Unruhe sorgten. Ihr Grundanliegen war der Hinweis, Gott als König wolle nicht eine hierarchische Gesellschaft, sondern die Gleichheit aller Menschen, die brüderliche Liebe. Die gegenwärtigen Mächte (Staat, Kirche) hätten ein Interesse an der Aufrechterhaltung ihrer Macht, ihre Berufung auf Jesus sei Heuchelei. Die Separatisten verlangten im Namen der Freiheit, Gleichheit und Brüderlichkeit ein Umdenken: Weg von dem blutigen Herrschaftsgebaren und der Ausbeutung, hin zum wahren Evangelium. Die Verweigerung des Eids, die Weigerung, den Hut abzunehmen, das Beharren auf dem Duzen, die Verweigerung des Schulbesuchs, der öffentliche Protest, all dies zeigt, wie hier Leute aus dem Volk, aufgrund einer erstaunlich zielsicheren Interpretation der Bibel, wesentliche Widersprüche zwischen der Wirklichkeit und dem christlichen Gerede aufzeigten. Wer »den inneren Frieden Gottes« hat, kann keine »Kreatur beleidigen«, darf »also demnach keine Waffen des Krieges tragen«, formulierten die Separatisten in Lomersheim (1798). Sie wollten frei reden und handeln, weil nur Freiheit und eine tiefe Zusammengehörigkeit die Zustände verbessern könne.

Der folgende Text stammt in der Hauptsache von Christof Greulich aus Nordheim:

Gott zwingt niemand, er hat dem Menschen seinen freien Willen gelassen, er aber, mein Freund, will die Menschen zwingen an menschliche Aussätze und in eure Kaufhäuser, wo er als ein Kaufmann seine Waare theuer verkaufen thut, ihr habt euch ja über Gott über alles, was göttlich ist, gesetzt. Gott zwingt nicht und ihr wollt' zwingen, aber das hat das andichristtische Thier schon viele Jahr hundert gethan, mit dem Schwert gezwungen und manchen Wahrheitzeugen getödtet, dann der Teufel ist ein Mörder von Anfang gewesen...
Seyd ihr nicht die stolzesten unter den Menschenkindern, und sollet die niedrigste seyn, so ihr Jünger Christi seyn wollet, ihr lehret von Christo und schämet euch seiner Niedrigkeit, Demuth und Armuth, wisset ihr nicht, daß alles, was hoch ist, vor Gott ein Greuel ist, ihr wollt euch als Christi Jünger anmassen, Christus soll euer König seyn, wisset ihr aber nicht, daß Christus ein König der demüthigen ist, der Teufel aber ein König aller stolzen..., dann Gottes Sohn macht die seinige auf dieser Welt nicht zu Herren, ein Jünger Christi ist kein Herr, er ist ein Diener und Knecht, nun aber seyd ihr doch große Herren, und besitzt die Geistlichkeit die meisten Güter des Landes... oder die Einkünfften von den Gütern des Landes, welches nicht alles zu erzehlen ist. Kurz, ihr habt Gott seiner Ehre beraubt...
Kurtz wir sind Patrioten in Christo Jesu und lieben die Freyheit, Gleichheit und Brüderschafft, welche uns Christus selbst gegeben hat, und sprach zu denjenigen: Ich habe euch von dem Knecht Joch erlöset, laßt euch nicht wiederum fangen...

Daß aber die Obrigkeit die Gewalt vom Höchsten bekommen hat, wissen wir recht gut, aber eben darum wird er auch fragen, wie sie gehandelt, und forschen, ob sie nichts anders geordnet haben als sein Befehl war, dann sie sind seines Reichs Amtleuthen, aber ihr führet euer Amt nicht fein, und haltet kein Recht, und thut nicht was Gott geordnet hat...
O geistlose Geistlichkeit, aus Satans Schule gelehret, wie habt ihr Christo in seiner Lehre nicht ausgerottet, weil er euch an eurem Betrug hinderlich gewesen, wie habt ihr das gemeine Volk betrogen, daß sie euch in eurem Müßiggang erhalten und reich gemacht haben...
Und wiederum, wo ist dann mehr Blut vergossen worden, als in der Christenheit; dahero sich auch die Hunde an der Christenheit ärgern und sprechen, wir wissen, daß Christen sollen ein liebreich, friedsamm, tugendreich Volk seyn, und doch thun sie nichts als Blut vergiesen, morden, rauben und noch allen andern Kreuel, welches alles durch die geistliche Hurerey verdorben ist. So sehet nun, heißt das Christenheit, ist das nicht eine WiederChristenheit, und alles wieder Christum Jesum; nun aber kommt die Zeit, daß alles dieses in ihr erfunden ist; darum hat Gott erweckt ein Volk, welches Babel vertilgen und tödten muß, wie sie getödtet und gefangen nahmen, wie sie ins Gefängnus geführet, macht ihrs, wie sie es euch gemacht haben, so viel sie euch, das heißt, den Obern in geist- und weltlichen Stand leids gethan, eben also schenket ihr Qual ein...
Viele werden sprechen, ich seye ein Narr, ein Aufrührer, ein Verführer, ein Rebeller, das leide ich gerne mit Gedult, weil alles dasjenige Christus auch seyn hat müssen, und hat es mit Gedult ertragen; er ist als ein Narr, als ein Aufrührer, als Rebeller gekreutzigt worden, da er auch schon todt war, sagten seine Mörder noch, man muß sein Grab verwachen...

Die beiden folgenden Aktenauszüge zeigen die Hilflosigkeit der kirchlichen und staatlichen Vertreter gegenüber den Separatisten. Die staatlichen Unterdrückungsmaßnahmen führten dazu, daß sie inhaftiert wurden, viele Geldverluste durch Strafen hinnehmen mußten, ihre Familien zerrissen wurden und sie dann in der Mehrzahl bereit waren, das Land zu verlassen, als dies am Ende der Napoleonischen Kriege möglich wurde:

Sie haben ein ganz eigenes Mittel erfunden, jeden Einwurf, den man ihnen bei gemeinschaftlichen Amtstagen macht, unbeantwortet zu lassen. Sie setzen nämlich ihre Verantwortung [Rechenschaftsbericht] schriftlich auf und unterschreiben entweder das gemeinschaftlich oberamtliche Protokoll nicht eher, als bis jede Silbe ihrer Aufsätze darin aufgenommen ist, oder sie verlangen, daß dieselben im Original beigelegt werden; diese sind deswegen schon einigemale unseren gemeinschaftlichen untertänigsten Berichten beigefügt worden. Hält man ihnen dann irgendetwas entgegen, so berufen sie sich bloß auf das, was sie geschrieben übergeben haben, oder sie sprechen von ganz anderen, nicht zur Sache gehörigen Dingen. Wenn sie keine Ausflucht mehr finden können, dann suchen sie sich durch die Erklärung zu helfen: Sie könnten aber der Obrigkeit nur soweit gehorsam sein, als diese mit Gottes Wort übereinstimme. Von welcher Art dieser Gehorsam ist, läßt sich leicht aus dem ermessen, was diese Leute in Gottes Wort hineintragen und wieder heraussehen können, sobald von der Obrigkeit etwas ihnen Lästiges gefordert wird.

Hauptstaatsarchiv Stuttgart: Dekan Uhland von Brackenheim über die Nordheimer Separatisten, 12. Februar 1803

Selbst auf die Nichtseparatisten wirkt die den Separatisten widerfahrende Gelindigkeit auf die verdrußvollste Weise. Gilt das diesen, so gilt mir das, ist der natürlichste Gedanke, der dem ungebildeten, nur durch Furcht zu beherrschenden, Menschen sich aufdrängt. Von einer Kirchenzucht ist gar keine Rede mehr. In der vergangenen Woche habe ich vernommen, daß sonntags zuvor kein Mensch in der Sonntagsschule erschienen ist, weil die ledigen Leute, auf das Nichterscheinen der Separatistenkinder sich berufend, auch ihrerseits keinem Zwang unterworfen sein wollen. So wird also alle noch übrige Ordnung vollends ins Grab gehen, wenn nicht weit schärfere Maßregeln gegen die Separatisten erfolgen, deren vorgebliche Gewissensfreiheit auf seiten der Anführer, meiner ganzen Überzeugung nach, lauter Bosheit – auf Seiten der übrigen aber eine schwerverschuldete unbegreifliche Dummeheit ist. Was ich schon einmal geäußert habe, wiederhole ich hiermit: Die Anführer dieser Leute, wenn es ihnen nicht mehr an der erforderlichen Stärke fehlt, wären fähig, alles das zu unternehmen, wodurch die Anstifter des Bauernkrieges sich verewigt haben...

Hauptstaatsarchiv Stuttgart: Bericht des Rottenacker Vogts Schuster, 19. April 1804

Die Hungersnot in den Jahren der Mißernten 1814–1816 und die Erwartung der Pietisten und Separatisten, daß die Wiederkunft Jesu Christi im Osten zu erwarten sei, führte 1816 und 1817 zu einem »Auswanderungsfieber«. Vor allem ganze Familien zogen dabei weg, vorzugsweise in den Osten. Die Führer der »Auswanderungsharmonien« waren häufig Separatisten; viele Ärmere aus dem Land schlossen sich ihnen an, weil sie diesen Gruppenführern Organisationstalent zutrauten. Meist zogen die Menschen fröhlich und vergnügt weg – sie hatten keine Bindung mehr an Land und Kirche und hofften auf den kommenden Jesus. In Transkaukasien kamen höchstens die Hälfte der Auswanderer an. Diese griffen bald wieder auf die württembergischen Traditionen (altes Gesangbuch, alte Liturgie) zurück und knüpften wieder Kontakte an. Einige ihrer Auszugslieder »Geistliche Gedichte und Gesänge der nach Osten eilenden Zioniten« hat J. G. Furkel überliefert:

Flügelschnell tut alles eilen, / dem bestimmten Ziele zu, / drum soll Zion nicht verweilen, / einzugehen zu der Ruh, / zu der Ruhe, die vorhanden, / dort in jenen Friedenslanden, / wo von Gott selbst ist bereit, / eine tausendjährge Freud.

Viele wünschten schon zu sehen, / was bei uns nächst tut geschehen, / viele sehnten sich darnach: / Nach des Lämmleins Hochzeits-Tag.
Und wir, die wir wirklich leben, / wenn wir sein gesunde Reben, / dürfen tausend Jahr regieren / und des Lämmleins Hochzeit zieren.

Ihr zurück gebliebnen Freunde! / Wir bitten euch: Gönnt uns dies Glück; / wir bitten euch: Seid uns nicht Feinde, / wir wünschten ja: Ihr ginget mit; / wohl, wenn ihr nicht überzeugt, / bringt euch dieses doch kein Freud.
Doch könnt ihr uns noch nacheilen, / wenn ihr euch zu Jesus wendet, / wenn ihr wollt nicht lang verweilen: / Sonsten Er euch nicht mehr kennet. / Nächst verschließet Er die Tür, / daß ihr steht umsonst dafür.

Auf Brüder! eilt, ruft euch zur Flucht, / fort, eßt vom Lebens-Baum die Frucht: / Die Tür ist jetzt noch aufgetan, / daß, wer geschickt, hin fliegen kann. / Triumpf-Viktoria – und ewiges Halleluja.

Unitätsarchiv Herrnhut: Berichte von Furkel, Lieder Nr. 8; 18; 20; 24

Die Separatisten verzehrten sich im Kampf gegen die Obrigkeit; die meisten Pietisten versuchten sich mit Staat und Kirche zu arrangieren. Zumindest wollten sie, wie M. Hahn, so lange im Lande bleiben, bis ein deutlicher Ruf Jesu zur Auswanderung hörbar wäre. Zwar verstießen sie häufig mit ihren Versammlungen und Kontakten nach wie vor gegen geltende Gesetze; sie überzeugten aber ihre Umwelt durch ihren Fleiß, ihren ökonomischen Sinn und ihre Berechenbarkeit. Während Separatisten, Zioniten, Bonapärtler im Lande keine Chancen zur Etablierung hatten und die »Seligen« auf Dauer keinen größeren Einfluß gewinnen konnten, war für größere Teile der pietistischen Gruppen die Entwicklung noch nicht endgültig entschieden. Offensichtlich vermehrten sich aber die positiven Berichte über die gemäßigten Pietisten: »Bettler«, »Faulenzer«, »Verschwender« und »Wirtshausbesucher« wurden unter ihnen nicht geduldet.

Die eigene Gemeinde im Land: Königsfeld – Korntal – Wilhelmsdorf

Die Gründung von Königsfeld im Jahre 1806 war in mehrfacher Weise ein Programm. König Friedrich I. hatte schon einige Jahre zuvor seine Bereitschaft signalisiert, den Pietisten aus Herrnhut eine Ansiedlungsmöglichkeit zu gewähren. Die Herrnhuter galten um 1800 als zuverlässige Verhandlungspartner, sie hatten eine zentrale Organisation und wirtschaftliche Erfolge aufzuweisen, und sie drängten in Württemberg den Einfluß der Separatisten und der Apokalyptiker zurück. Im Jahre 1806, dem Jahr der Annahme des Königstitels, ging Friedrich I. verstärkt gegen die Separatisten vor. Der Name Königsfeld wurde so zum Symbol einer Kooperation zwischen

Staat und einer pietistischen Gruppe. Um die Herrnhuter dafür zu gewinnen, wurden ihnen eine Reihe von Privilegien gewährt: Religions- und Gewissensfreiheit, Befreiung vom Eid, Militärdienst, Einquartierung, Jagd, Fron und Zunftordnungen. Auch nachdem Königsfeld 1810 an Baden fiel, behielt es in Württemberg einen gewissen Einfluß.

Die Vorgänge um die Einrichtung der privilegierten Gemeinde Korntal markieren gleichfalls, hinsichtlich der Gründungszeit 1817–1819 und als Zeichen der Kooperation zwischen König Wilhelm I. und dem einflußreichsten Flügel des Pietismus, einen Meilenstein mit hohem Symbolwert. König Wilhelm I. war mitten im Auswanderungsfieber (1816/17) an die Regierung gekommen. Wilhelm I. und seine erste Frau Katharina suchten der Notsituation mit der Förderung der Landwirtschaft (z. B. Einrichtung des Cannstatter Volksfestes als landwirtschaftlichem Hauptfest), der Gründung von Industrieschulen und des zentralen »Wohltätigkeitsvereins« sowie der Landessparkasse zu begegnen. Willkommene Partner waren z. B. die bürgerlichen Pietisten, die in Stuttgart 1805 eine Armenfürsorge und 1812 die Bibelanstalt gegründet hatten.

In dieser Umbruchsituation wandte sich der Leonberger Gemeindepfleger und Notar Gottlieb Wilhelm Hoffmann am 28. Februar 1817 an den König. Seine »Bitte ... um die Erlaubnis zur Gründung ... Religiöser Gemeinden« war taktisch vorzüglich formuliert. Er erweckte beim König die Hoffnung, daß bei entsprechenden Privilegien (»Gewissensfreiheit«), die »fleißigen« und »nicht« unvermöglichen Pietisten im Land bleiben würden; die Auswanderung der »Armen« und der »Separatisten« sei dagegen kein Schaden.

Nach genauer Erkundigung und Prüfung fand ich drei verschiedene Gattungen von Auswanderern, nämlich:

I. solche, die aus religiöser Schwärmerei einen anderen Aufenthaltsort suchen und bei uns unter dem Namen Separatisten bekannt sind;

II. solche, die entweder kein oder nur wenig Vermögen besitzen und nicht mehr hinaussehen, sich und ihre meist zahlreichen Familien zu ernähren, wobei es freilich öfters auch zu Fleiß und guter Einrichtung der Haushaltung fehlt;

III. solche, die sich in einer Art von Gewissens-Zwang befinden, die neue Liturgie, die erst seit sieben Jahren eingeführt ist, nach ihrer Überzeugung nicht nach der alten Lutherischen Glaubens-Lehre verfaßt finden, deswegen solche nicht annehmen, von ihren geist- und weltlichen Vorstehern aber öfters mit Geld- und Leibes-Strafen dazu gedrungen werden.

Diese erste Classe ist nicht zu überzeugen; ihre Grundsätze sind eigentlich nicht religiös, sie weichen von dem buchstäblichen Sinne des göttlichen Wortes ab, und es ist kein Verlust für den Staat, dieselbe zu verlieren.

Die zweite Classe wäre leicht zu überzeugen, wenn Mittel genug vorhanden wären, sie so zu unterstützen, wie ihre Bedürfnisse es erforderten. Auch durch ihre Auswanderung leidet der Staat keinen Verlust, da sie demselben nur lästig sind.

Die dritte Classe ist es, die am meisten zu bedauern ist. Sie besteht aus ruhigen, gewissenhaften, fleißigen und zum großen Theil nicht unvermögenden Leuten, die sich in ihrer Gewissens-Freiheit beschränkt fühlen.

Von diesen könnte ein großer und vermöglicher Theil dadurch von dem Vorsatze auszuwandern, abgehalten werden, wenn ihnen die Anlegung eigener Gemeinden im Königreich gestattet würde, wie solche der sogenannten Brüder-Gemeinde in Königsfeld vor wenigen Jahren zur

Zeit, als solches noch zum Königreiche gehört hatte, zugestanden wurden.

Geschichte und Veranlassung zu der Bitte des königlichen Notars und Bürgermeisters Gottlieb Wilhelm Hoffmann zu Leonberg, um Erlaubnis zu Gründung und Anlegung Religiöser Gemeinden unabhängig vom Consistorium, mit denen, darauf erfolgten Resolutionen, dem Plan zur Errichtung und dem Glaubensbekenntniß dieser Gemeinden. 1818, S. 3f.

Hoffmann und die Korntaler bemühten sich, ihren Beitrag zur »Wohlfahrt« des Landes deutlich zu machen. Ihre eigentlichen Ideale, wie z.B. die Gütergemeinschaft, praktizierten sie so weit als möglich, suchten aber jeden Anschein zu vermeiden, als ob sie mit den separatistischen Vettern verbunden wären. Die Privilegien (freie Wahl von Pfarrern, Lehrern und Vorstehern; Freiheit von der Landeskirche, vom Eid und der Zunftordnung; Freiheit bei Missionsinstituten und beim Gebrauch der Liturgie u.a.) hielten sie eisern fest.
Nur unter dem »nationalwirtschaftlichen Zweck« der Trokkenlegung von Sumpfgebieten wurde den Korntalern, durch direkte Intervention des Königs, die Gründung von Wilhelmsdorf im katholischen Oberschwaben erlaubt: Der Name des Königs hatte wiederum Symbolcharakter. Das Ideal der Gütergemeinschaft erlitt in Wilhelmsdorf Schiffbruch. Es mußte 1846 aufgegeben werden. Wie Königsfeld und Korntal wurde auch Wilhelmsdorf ein Zentrum für schulische und diakonische Einrichtungen.

Die Rechtgläubigkeit und Eigenständigkeit der »apostolischen Gemeinde« waren die Prädikate, die man in Korntal anstrebte. Man wurde zum Vorbild vieler »freien Werke« in Württemberg, in denen sich die nächste Generation der Pietisten engagierte. Schon in Korntal hatte eine Reihe von Per-

sönlichkeiten (z. B. J. J. Friederich, J. Kullen) einen Platz zum Arbeiten und Leben gefunden, bis Jesu Ruf zum Aufbruch erschallen würde. Einen Eindruck vom Lebensgefühl dieser Generation vermittelt Christoph Hoffmann (1815–1885) in einer Beschreibung des Korntaler »Paradieses«:

... Man fühlte sich in Kornthal wie in einer kleinen Republik, in welcher Alles nicht nach bloßem Herkommen, noch auch nach Geboten irgend einer auswärtigen Macht, sondern nach freiem Entschluß der weisesten und besten Männer entschieden und verwaltet wurde. Dabei fühlte man sich keineswegs in einen Winkel zurückgeschoben, sondern da von allen Seiten an jedem Sonntag Fremde in Menge herbeiströmten, so war die kleine Ortschaft einigermaßen der Stadt auf dem Berge ähnlich, die nicht verborgen sein kann. Ich vergaß also nicht nur leicht und vollständig alle Rückerinnerungen an unsere Verhältnisse in Leonberg, sondern brauchte mich auch um sonst nichts in der Welt zu kümmern, da Kornthal allen Bedürfnissen vollständig zu genügen schien. Das paradiesische Gefühl eines Aufenthalts, wie man sich keinen gesicherteren und in jeder Hinsicht vollkommeneren denken kann, mag höchstens Adam im Garten Eden in höherem Maße empfunden haben, als ich es in Kornthal genoß ...

Christoph Hoffmann: Mein Weg nach Jerusalem, Teil 1. Jerusalem 1881, S. 58. 83

Die Verfassung des Königreichs

Nach dem Ende der Napoleonischen Kriege und dem Wegfall des äußeren politischen Zwangs ließ sich die innerstaatliche Macht in dem aus einer Vielzahl heterogener territorialer Be-

standteile zusammengestückelten Königreich Württemberg nicht länger bloß auf das bürokratisch-monarchische System stützen. Die verwaltungsmäßige Integration, die König Friedrich konsequent und mit allem Nachdruck betrieben hatte, mußte durch eine parlamentarisch-repräsentative Integration ergänzt werden, d. h. die Untertanen waren durch die Gewährung staatsbürgerlicher Rechte an der Mitverantwortung für den Staat zu beteiligen, sie waren zu einem von einem gemeinsamen Staatsbewußtsein erfüllten Staatsvolk, zu einer Art »Nation« zu formen. Das Volk sollte also neben Dynastie und Bürokratie treten, um dem kleinen Königreich einen festen inneren Bestand zu sichern, es in rechts- und verfassungsmäßiger Hinsicht vor allem auch gegenüber gesamtdeutschen Einigungsbestrebungen unanfechtbar zu machen. König Friedrich trug den veränderten Verhältnissen als erster süddeutscher Landesherr Rechnung. Ihm kam es darauf an, vollendete Tatsachen zu schaffen, ehe der in der Gründung begriffene Bund deutscher Staaten, der spätere Deutsche Bund, die einzelstaatlichen Souveränitätsrechte beschnitt. Am 15. März 1815 legte er den von ihm einberufenen Landständen eine Verfassung vor, die sich im wesentlichen an die Charte König Ludwigs XVIII. von Frankreich vom Jahr 1814 anlehnte. Doch die einstigen reichsunmittelbaren Fürsten und Grafen, die jetzt der württembergischen Landeshoheit unterstanden, lehnten das »Gnadengeschenk« des Herrschers ebenso ab wie die Repräsentanten des Bürgertums. Sie beriefen sich unter Hinweis auf den Tübinger Vertrag von 1514 auf das »gute alte Recht« und forderten die Wiederherstellung der altwürttembergischen Verfassung und ihre Ausdehnung auf die neuwürttembergischen Gebiete. Die durch die Zeitverhältnisse bedingten Änderungen des Staatsgrundgesetzes sollten im Vertragsweg zwischen Krone und Landständen vereinbart werden. Eine Einigung kam nicht zustande. Die

Folge waren jahrelange Verfassungskämpfe. Ihr Ende erlebte König Friedrich nicht mehr. Er starb am 30. Oktober 1816. Doch die Hoffnungen, die die Vorkämpfer des guten alten Rechts auf den Sohn und Nachfolger, König Wilhelm I., setzten, erfüllten sich zunächst nicht. Seiner Enttäuschung gab Ludwig Uhland am 18. April 1817 in dem »Gebet eines Württembergers« Ausdruck:

1. Der du von deinem ew'gen Thron
die Völker hütest, groß' und kleine,
gewiß, du blickst auch auf das meine,
du siehst das Leiden, siehst den Hohn.

2. Zu unsrem König, deinem Knecht,
kann nicht des Volkes Stimme kommen;
hätt' er sie, wie er will, vernommen,
wir hätten längst das teure Recht.

3. Doch dir ist offen jeglich Thor,
dir keine Scheidwand vorgeschoben,
dein Wort ist Donnerhall von oben:
sprich du an unsres Königs Ohr!

Karl Steiff und Gebhard Mehring: Geschichtliche Lieder und Sprüche Württembergs. 1912, S. 846

Erst drei Jahre nach dem Tod König Friedrichs kam der von den Ständen angestrebte Verfassungsvertrag zustande: Am 25. September 1819 erhielt das Königreich Württemberg eine moderne Repräsentativverfassung.
Der Landtag bestand aus zwei Kammern: der Ersten Kammer, der Kammer der Standesherren, und der Zweiten Kammer, der Kammer der Abgeordneten. Die Erste Kammer war beinahe ausschließlich dem Adel vorbehalten. Der Zweiten Kammer gehörten 13 Vertreter des ritterschaftlichen Adels,

die sechs evangelischen Generalsuperintendenten, der katholische Landesbischof und zwei weitere Repräsentanten der katholischen Kirche sowie der Kanzler der Universität Tübingen an. Es waren dies die sogenannten Privilegierten. Den eigentlichen Volksvertretern verblieben 70 Sitze. Erst die Verfassungsreform von 1906, die die »Privilegierten« der Ersten Kammer zuwies, gestaltete die Zweite Kammer zu einer reinen Volkskammer um. Gewählt wurden die Vertreter der »guten Städte« und der Oberämter nach einem auf die männliche Bevölkerung beschränkten Zensuswahlrecht, d.h. das aktive und passive Wahlrecht war an den Nachweis eines bestimmten Vermögens oder Einkommens bzw. an eine bestimmte Steuerleistung gebunden. An die Stelle des Zensuswahlrechts trat 1868 das allgemeine, gleiche, direkte und geheime Wahlrecht.

Die Verfassung vom 25. September 1819 enthielt grundlegende Bestimmungen über die Anerkennung, die Rechtsstellung sowie den Schutz der Kirchen und Religionsgemeinschaften, über das Verhältnis von Kirche und Staat. Paragraphen, die hierfür einschlägig sind, werden im folgenden im Wortlaut wiedergegeben.

(II. Kapitel: Von dem Könige, der Thronfolge und der Reichsverwesung)

§ 4

Der König ist das Haupt des Staates, vereinigt in sich alle Rechte der Staatsgewalt und übt sie unter den durch die Verfassung festgesetzten Bestimmungen aus.
Seine Person ist heilig und unverletzlich.

§ 5

Der König bekennt sich zu einer der christlichen Kirchen.

§ 24

Der Staat sichert jedem Bürger Freiheit der Person, Gewissens- und Denk-Freiheit, Freiheit des Eigentums und Auswanderungs-Freiheit.

§ 27

Jeder ohne Unterschied der Religion genießt im Königreich ungestörte Gewissens-Freiheit.

Den vollen Genuß der staatsbürgerlichen Rechte gewähren die drei christlichen Glaubens-Bekenntnisse. Andere christliche und nicht christliche Glaubens-Genossen können zur Teilnahme an den bürgerlichen Rechten nur in dem Verhältnisse zugelassen werden, als sie durch die Grundsätze ihrer Religion an der Erfüllung der bürgerlichen Pflichten nicht gehindert werden.

Die Beschränkung »des vollen Genusses der staatsbürgerlichen Rechte auf die drei christlichen Glaubensbekenntnisse« hatten bereits die von der Frankfurter Nationalversammlung beschlossenen Grundrechte des Deutschen Volkes, die für Württemberg vom Januar 1849 bis Oktober 1851 rechtsverbindlich waren, aufgehoben. Sie fiel endgültig mit der Vierten Verfassungsänderung, dem Gesetz vom 31. Dezember 1861. Dieses ersetzte den Absatz 2 von Paragraph 27 durch die Bestimmung:

Die staatsbürgerlichen Rechte sind unabhängig von dem religiösen Bekenntnisse.

Ebenso bildete die Zugehörigkeit zu einem der drei christlichen Glaubensbekenntnisse von jetzt an nicht mehr die Voraussetzung für die Mitgliedschaft in der Ständeversammlung (§ 135 der Verfassung). Der Landtag stand also künftig auch Angehörigen anderer Religionsgemeinschaften und glau-

bensmäßig nicht Gebundenen offen. Bereits 1868 wurde der erste Jude, der Stuttgarter Eduard Pfeiffer, in die Zweite Kammer gewählt.

(VI. Kapitel: Von dem Verhältnisse der Kirchen zum Staate)

§ 70

Jeder der drei im Königreiche bestehenden christlichen Konfessionen wird freie öffentliche Religions-Übung und der volle Genuß ihrer Kirchen-, Schul- und Armenfonds zugesichert.

§ 71

Die Anordnungen in Betreff der innern kirchlichen Angelegenheiten bleiben der verfassungsmäßigen Autonomie einer jeden Kirche überlassen.

§ 72

Dem Könige gebührt das obersthoheitliche Schutz- und Aufsichtsrecht über die Kirchen. Vermöge desselben können die Verordnungen der Kirchengewalt ohne vorgängige Einsicht und Genehmigung des Staats-Oberhauptes weder verkündet noch vollzogen werden.

§ 73

Die Kirchendiener sind in Ansehung ihrer bürgerlichen Handlungen und Verhältnisse der weltlichen Obrigkeit unterworfen.

§ 75

Das Kirchen-Regiment der evangelisch-lutherischen Kirche wird durch das Königliche Konsistorium und den Synodus nach den bestehenden oder künftig zu erlassenden verfassungsmäßigen Gesetzen verwaltet.

§ 76

Sollte in künftigen Zeiten sich der Fall ereignen, daß der König einer andern als der evangelischen Konfession zugetan wäre, so treten alsdann in Hinsicht auf dessen Episkopal-Rechte die dahin gehörigen Bestimmungen der früheren Religions-Reversalien ein.

§ 77

Die abgesonderte Verwaltung des evangelischen Kirchenguts des vormaligen Herzogtums Württemberg wird wieder hergestellt. Zu dem Ende wird ungesäumt eine gemeinschaftliche Kommission niedergesetzt, welche zuvörderst mit der Ausscheidung des Eigentums dieser Kirche in dem alten Land und mit Bestimmung der Teilnahme der Kirche gleicher Konfession in den neuen Landesteilen sich zu beschäftigen und sodann über die künftige Verwaltungsart desselben Vorschläge zu machen hat.

§ 83

Was die in dem Königreiche befindlichen reformierten Kirchen-Gemeinden betrifft, so wird sowohl auf Verbesserung ihrer kirchlichen Einrichtung und besonders ihrer Unterrichts-Anstalten, als auch auf Ausmittlung hinreichender Einkünfte zum Unterhalt ihrer Kirchen- und Schuldiener und zu Bestreitung der übrigen kirchlichen Bedürfnisse gesorgt werden.

§ 84

Für Erhaltung und Vervollkommnung der höheren und niedern Unterrichts-Anstalten jeder Art und namentlich der Landes-Universität wird auch künftig auf das zweckmäßigste gesorgt.

Verfassungs-Urkunde für das Königreich Württemberg. Vom 25. September 1819. Mit allen Abänderungen bis zum Gesetz vom 20. Dezember 1888 (Deutsche Staatsgrundgesetze. Hrsg. von Dr. Karl Binding. Heft VII: Württemberg). 1894, S. 9–72

Die Wiederherstellung des altwürttembergischen Kirchenguts, möglichst aber auch die Vereinigung des neuwürttembergischen Kirchenguts mit dem altwürttembergischen zu einem gesonderten Vermögenskomplex mit eigenständiger Verwaltung und Verwendung war ein Programmpunkt der Landstände während der Verfassungskämpfe der Jahre 1815 bis 1819 gewesen.

Indes die in der Verfassung zugesicherte Wiederherstellung der »abgesonderten Verwaltung« des altwürttembergischen Kirchenguts und seine eventuelle Vereinigung mit dem neuwürttembergischen Kirchengut blieb auf dem Papier. Die durch König Friedrich Ende 1805 verfügte Überführung des altwürttembergischen Kirchenguts in die uneingeschränkte Verfügungsgewalt des Staates wurde nicht wieder rückgängig gemacht, das Kirchengut bildete weiterhin einen Bestandteil des Staatsvermögens.
Im Volk war die Freude über den am 25. September 1819 endlich zustande gekommenen Verfassungsvertrag groß. König und Ständevertreter wurden begeistert gefeiert. Gustav Schwab dichtete ein Konstitutionslied, und auch andere Württemberger bejubelten in Versen das säkulare Ereignis, so der Stuttgarter Stadtrat Friedrich Ritter (1774–1843). Er dankte dem König in seinem »Hymnus an den Ewigen«. Dieser Hymnus endete mit den Strophen:

Ewiger steh ihm bei,
daß ihm die Frucht gedeih
jeglicher Saat!
Du, der im Schlachtgewühl
kröntest sein Heldenziel,
schenk ihm der Tage viel,
schmück ihm den Pfad!

Schon nennt der Mitwelt Zung'
ihn voll Begeisterung
denn sie ist sein:
und die Geschichte weiht
hoch über'm Schwung der Zeit
ihm der Unsterblichkeit
Sternenkranz ein.

Karl Steiff und Gebhard Mehring: Geschichtliche Lieder und Sprüche Württembergs. 1912, S. 892

Ende Oktober wurde im ganzen Land das Fest des Verfassungsvertrags gefeiert: in den Städten mit Dankgottesdiensten, Festessen und Bällen. Vielerorts pflanzte man Verfassungseichen.

Die Landeskirche zwischen 1820 und 1845

Die Erweckungsbewegung

In bewußtem Gegensatz zum Zeitgeist und in Anknüpfung an den älteren württembergischen Pietismus fand sich eine Gruppe von Pfarrern zusammen, die sich gegen den in den offiziellen Verlautbarungen der Kirche üblichen aufgeklärten Appell an die moralischen Kräfte des Menschen wandte. Sie sahen den natürlichen Menschen in einem der Eitelkeit entsprossenen Sündenschlaf gefangen, aus dem sie ihn aufrütteln und damit zur Umkehr und zur Aufnahme des Evangeliums von der Errettung des Sünders bereit machen wollten. Unter sich waren diese Pfarrer durch verschiedene Kreise von Rundbriefen (Zirkularkorrespondenzen) verbunden, in denen sie sich gegenseitig ihre Herzensanliegen und ihre Ermunterungen vortrugen; bei den Behörden des Königreichs fanden sie wenig Anklang.
Diese Erweckungsbewegung trat dem allgemeinen Fortschrittsdenken entgegen und strebte nach einer anderen Kirche und Kultur, aus der alle selbstgefällige Verweltlichung verbannt sein sollte.
Als Mitglied der Evang.-theol. Fakultät der Landesuniversität gelang es Immanuel Friedrich Bahnmaier, für die Ausbildung der jungen Theologen zu Predigern ein besonderes Institut zu gründen. Nach nur vierjähriger Tätigkeit in Tübingen fiel er in Ungnade und wurde im Jahr 1819 als Dekan nach Kirchheim/Teck versetzt.
Bei der 300-Jahr-Feier des Thesenanschlags von Luther an der

Wittenberger Schloßkirche sprach er in einer Festrede über die hohe Aufgabe des Pfarrers, die Menschen zu Gott zu bringen; er sagte:

Wer dieses herrliche Ziel vor Augen hat, der wird dann gewiß auch das Eine, das zu diesem herrlichen Ziele führet, die Lehre der heiligen Schrift, im edlen, einfachen, kräftigen Worte, dem Volke geben, ohne Prunk und Wortschwall, immer gewissenhaft an seiner Selbstbildung fortfahrend, aber ohne Weisheit auskramen zu wollen, die, wäre sie auch noch so wahr und erhaben, als sie es oft wirklich nicht ist, nur auf die Kirchenstühle fällt und von dem Geist und Herzen des Volks nuzlos abfließt...

Mögen wir auch noch so sehr wünschen, zu den Zuhörern, getrennt nach dem Grade ihrer Fassungskraft in einzelnen abgesonderten Versammlungen, reden zu können, mögen wir, besonders für Kinder, einen besondern für sie ganz eigens berechneten christlichen Gottesdienst noch so sehr wünschen; wir werden es in den meisten Gemeinden dahin nicht bringen, wir werden froh seyn müssen, wenn nur alles kommt, wenn auch in noch so bunten Hauffen. Und, wahrlich! da wär es Sünde, nur zu schauen auf die Herren und Damen im köstlichen Gewande, welche das Wort von der Busse und dem Glauben, einfach gesagt, eben so gut verstehen als ihre Dienstmägde und die in der Kirche vom Worte ergriffen, nicht blos angenehm unterhalten werden wollen, wenns ihnen um das zu thun ist, wozu die Kirche da ist; es wäre Sünde, nur auf sie zu schauen und das Wort nach ihrem Ohr zu drechseln und zu künsteln, und nicht vielmehr auf die auch zu schauen, die es, also geredet, nicht verstehen und leer von dannen ziehen, wenn der Prediger blos für das gebildete Publicum gesprochen hat. Und wahrlich! es zeugt von schlechtem Geschmack, wenn man wähnt, man müsse so reden, daß das

Volk es nicht versteht, wenn man schön reden wolle. Gerade darinnen liegt ja die höchste Kunst, daß das wahre Schöne allergreifbar gesagt werde... Der Prediger ist der Mann Gottes und des Volks, und zum Volke gehört alles, wenn Gott spricht, und Gott will sein Wort nur also gesprochen haben, daß alles Volk soll sagen können: Amen!
Predigen wir nicht also: wahr, klar, schön durch die edelste Einfachheit, so werden wir allmählich Gelehrte und Ungelehrte zum Tempel hinauspredigen. Dessen laßt uns gedenken am Gedächtnißtage des großen Meisters dieser Kunst!

Feier des Dritten Säkular-Festes der Reformation auf der Universität Tübingen. Herausgegeben von D. Bahnmaier. Tübingen 1818, S. 93 f.

Im Sinne der Erweckungsbewegung wirkte Pfarrer Christian Adam Dann 17 Jahre in Stuttgart. Als er bei der Beerdigung eines Schauspielers auf das nicht seinen Maßstäben entsprechende Leben mit vorsichtigen Worten hinwies, wurde er im Jahr 1812 zur Strafe auf die Pfarrei Öschingen versetzt. In der Abschiedspredigt vor seiner Stuttgarter Gemeinde ging er auch auf die Aufgabe eines Pfarrers ein:

Eine heilige Lehre ist ihm anvertraut, daher richtet er sich in seinem Vortrage, so gern er sich übrigens in unschuldigen Dingen nach andern bequemt (1 Cor. 9, 17 f.), nicht nach dem herrschenden, und noch weniger nach dem verdorbenen Geschmak der Menschen. Man kann die göttliche Wahrheit nicht höher ehren als durch möglichst einfache Darstellung, mit der sich am gewißesten die kraftvolle Wirkung des Geistes verbindet (1 Cor. 2, 1 und 4). Nicht nach schönen Worten haschend, die wie ein angenehmer Ton in der Luft zerflattern und das Herz höchstens auf der Oberfläche schwach berühren; nicht seine eignen Einfälle, nicht irgend eine Weisheit der alten oder neuen Welt, sondern die großen Thaten Gottes verkündend steht er mit männlichem Ernste und stiller Würde an der ihm angewiesenen Stätte. Nicht Menschen, sondern vor allem dem Herrn, der ihn gewürdiget hat, sein Knecht zu seyn, sucht er zu gefallen...

Am allermeisten und am stärksten stellt er mit einem Paulus die hohe Nothwendigkeit einer Versöhnungs-Anstalt ins Licht. Denn hier findet er den Mittelpunkt seiner ganzen Thätigkeit. Mit dem Aufruf: laßt euch versöhnen mit Gott! beginnt sein Geschäft. Hat er für diese Botschaft ein offenes Ohr und Herz gefunden, so geht daraus von selbst ein neuer Sinn, ein neues Leben hervor (Gal. 2, 20). Die Liebe des Versöhnten gegen den Versöhner wird nun die erste Pflicht und die Haupttriebfeder nicht nur, sondern auch die reinste Quelle seiner ganzen Thätigkeit...

Chr. A. Dann: Abschieds-Predigt in Stuttgart und Antritts-Predigt in Öschingen. Tübingen 1813, S. 23.15f.

Im Jahr 1819 wurde Dann die Pfarrstelle im benachbarten, aber größeren Mössingen übertragen. Von Öschingen und von Mössingen aus erreichte er mit seinen Predigten und mit seiner Seelsorge auch erweckte Kreise in Tübingen.

Dann entbehrte nach dem Urteil seiner Freunde nicht einer gewissen Herbheit und eines prophetischen Ernstes:

...Er war eine strenge Natur, von der einen Seite Johannes dem Täufer ähnlich, scharf und unerschrocken in der Predigt der Buße und jenes prophetischen Wortes Vollbringer: »Rufe laut, schone nicht; erhebe deine Stimme gleich einer Posaune, und verkündige Meinem Volk sein Uebertreten, und dem Volke Jakobs seine Sünde« (Jes. 58,1); andrerseits aber auch Johannes dem Evangelisten ähnlich, dessen Geist voll ist vom

heiligen Odem der Liebe Christi und Seiner Erlöseten. Schmeichelei und schwächliche Herablassung zu weltlichen Sitten und Anforderungen war ihm durchaus fremd. Er gieng mitten durch ohne Ansehen der Person und wollte lieber oft zu scharf in der Wahrheit als unlauter und menschengefällig in der Liebe seyn. Und das durfte er, weil er sich selber am schärfsten richtete; um deßwillen konnten auch manche seiner Menschlichkeiten, in denen er vielleicht zu weit gehen mochte, so schnell und liebreich zurechtgelegt werden, weil sein Gericht über sich selbst dennoch das Gericht über Andere bei weitem überwog... Darüber war doch die Barmherzigkeit des leidenden Heilandes, dessen Malzeichen er auch an sich trug, wie ein milder Frühlingshauch ausgegossen. Er war ein Mann voll ausgezeichneter Contraste...
Daher kam's, daß er öfters Einzelne verwundete, um Hunderte zu heilen, daß er manchmal in seinem Eifer eine neuere Unwesentlichkeit zu scharf angriff, um zehen wesentliche alte Pfeiler der Kirche unversehrt zu erhalten; und wenn er sich nachher, wie so oft geschah, über seinen Eifer, der ihn zu weit geführt, mit innigster Demuth anschuldigte, dann gedachten seine Freunde, wie bei Christo selbst, mit gutem Rechte an jenes Wort: »Der Eifer um Sein Haus hat dich verzehret!«...

Danns Denkmal, S. 26f.

Als Hauptvertreter der Erweckungsbewegung in Württemberg gilt Ludwig Hofacker, der, unterbrochen durch Zeiten der Krankheit, zuerst bei seinem Vater an der Leonhardskirche in Stuttgart Vikar war und schon zwei Jahre nach seiner Ernennung auf die Pfarrstelle in Rielingshausen 1828 im Alter von 30 Jahren starb.
Über seine Aufgabe als Prediger und Seelsorger schrieb Hofacker an seine Freunde:

... Lieber Bruder! Wir sind nun Arbeiter im Weinberge des Herrn. Wenn Er einst will, daß wir von unserer Arbeit aufhören sollen und unsere Spaten niederlegen und Feierabend halten: wie selig muß es da seyn, nach gut vollbrachter Arbeit und in Seinem Verdienste zu ruhen! Wie gut läßt sich's doch nach der Arbeit ruhn! Wie wohl wird's thun! Was will ich damit sagen? Das will ich sagen, daß wir, die wir noch spät in den Weinberg des Herrn gesendet werden, desto mehr Fleiß thun sollen, weil die Zeit der Erndte so nahe ist. Da ist noch zu rufen mit aller Kraft, mit allem Eifer, daß die ganze Welt es hört; es ist noch in den Sünderhaufen hineinzurufen, daß es durch die verstocktesten Herzen dringt: »Jesus nimmt die Sünder an!« Das muß unsern Hauptruf ausmachen...
Daß doch der Sinn des Heilandes stets inniger auf uns überginge besonders beim Predigen, so daß wir die Menschen, die vor uns stehen und die wir belehren und einladen sollen, recht auf dem Herzen trügen und uns nichts dränge als die Sehnsucht, sie als eine Beute in die Arme des Herrn Jesu zu führen! Das heißt dann ein Seelsorger seyn...

Ludwig Hofacker: Predigten für alle Sonn-, Fest- und Feiertage. Ausgabe letzter Hand, Stuttgart, S. XIII. IX

In seiner ganzen Arbeit wollte Hofacker nur das Wort des Heilands gelten lassen:

... Wir müssen so keck werden, allen Menschenwitz und Alles, was von Menschen kommt, mit Füßen zu treten, sobald es die Worte Christi betrifft. Ich achte es Alles für Koth, sagt Paulus. Was kümmert's mich, was dieser oder jener begabte Sünder über dieß oder jenes denkt, heiße er nun Schleiermacher oder Storr, oder Kant, oder Swedenborg, oder wie er will. Wenn ich aus dem einfältigen Zeugniß der heiligen Schrift dem Wortsinne nach weiß, was der Heiland darüber gedacht hat, so ist's genug.

L. Hofacker: Predigten ..., S. XXXI

Seinen Ruf zur Buße und das Angebot der Errettung trug Hofacker mit großer Eindrücklichkeit vor:

O große Gnade! Großes Erbarmen! Sieh' was du gesündigt hast von deiner Jugend an, alle deine vergeudete Gnadenzeit, alle deine Kälte und Fremdigkeit gegen den Herrn Jesum, all' deine Schulden, wie groß, wie schwer sie seyen, Alles, Alles soll vergeben, vergessen, du sollst von Allem frei und losgesprochen seyn, so du wahrhaftig Buße thust, so du deine Sünden bekennest, bereuest, um Vergebung flehest als ein armer Sünder. Höret es! Höret es! Ihr Sünder, ihr alten Sünder, höret es!...
Bei Gott ist viel Vergebung. Aber Gott könnte uns unsere Schulden nicht vergeben, wenn Christus sie nicht bezahlt hätte. Denn bezahlt müssen sie seyn, das ist Sein heiliges Gesetz. Aber Christus hat bezahlt, und weil Er dieß gethan hat, so kommt es uns zu gut, wenn wir Buße thun...
Ich rufe, ich schreie, ich posaune es aus! Ihr Knechte des Verderbens! Ihr großen Schuldner, ihr jungen Schuldner, ihr alten Schuldner, ihr bankerotten Leute, ihr armen Leute, kommt! kommt! Bekennet eure Missethat, hier ist euer Herr, der euch alle Schulden nachläßt! Hier ist euer Bürge, der Alles für euch bezahlt hat! Hier ist ein Meer von Liebe und Erbarmung! Wer wagt es, in dieses Meer hineinzuspringen? Wer ist so keck?...

L. Hofacker: Predigten..., S. 750f.: Predigt am 22. Sonntag nach dem Dreieinigkeitsfest über Matthäus 18, 21–35

Nach der Bekehrung zu Gott kann das irdische Leben zum Gottesdienst werden:

...jenes Vorurtheil, daß der irdische und himmlische Beruf eines Menschen sich nicht mit einander vereinigen lassen, steckt noch in Vielen...
Von diesem Vorurtheil ist es hergekommen, daß bald, einige Jahrhunderte nach Christi Geburt, in der Kirche die Meinung herrschend wurde: wer wahrhaft gottselig leben wolle, der könne sich unmöglich mehr mit den irdischen Geschäften einlassen; er müsse sich aus dem Geräusch der Welt entfernen und in die Einsamkeit gehen, um dort seine ganze Zeit auf Gebet, Betrachtung der heiligen Schrift und andere Andachtsübungen zu verwenden... Das hieß man ausgehen aus der Welt. Allein das rechte Ausgehen aus der Welt steht nicht darin, daß man in die Wüste geht, wo man sich selber auch mit hinaus nimmt, sondern darin, daß man seinem Pharisäer und seinem Sadducäer, und seinem falschen Propheten, und seinem Antichrist, und seinem Weltling, den man im eigenen Herzen herumträgt, täglich abstirbt, welches mitten im Geräusche und Sturme des Lebens geschehen mag, und nicht durch Rennen und Laufen, sondern durch Gottes Gnade und Erbarmung vollbracht wird...
Ich hoffe, liebe Zuhörer, ihr sehet ein, daß das wahre Christenthum nicht darin besteht, daß man sich aus der Welt entferne, aber auch nicht darin, daß man sechs Tage lang ein Heide sey und am siebenten ein Christ seyn wolle. Nein, das Christenthum und der äußere Beruf gehören zusammen: beide müssen so mit einander verwoben werden, daß du am Werktage so gut ein Christ bist als am Sonntage, und hinter dem Pfluge so gut, als wenn du auf den Knieen liegst und betest...
Sehet, liebe Zuhörer, Gott hat ein Jedes unter uns in die äu-

ßere Lage, in die Verhältnisse, in den Wirkungskreis gesetzt, wo wir uns eben jetzt befinden... Gott hat in die Vorkommenheiten des täglichen Lebens so viele Beziehungen auf Ihn verflochten, daß ein aufmerksames Herz dadurch unaufhörlich auf den Herrn zurückgewiesen wird. Wie viel Gelegenheit an Gott zu denken findet nur z. B. ein Landmann in seinem irdischen Berufe, in den Dingen, die ihn umgeben! Wer läßt die Pflanzen aus der Erde wachsen? Wer gibt Regen und Sonnenschein? Wer gibt das Gedeihen zum Vieh? Wer gibt Kräfte zur Arbeit? Wer beschert das tägliche Brod? Ist nicht jeder Grashalm, der aus dem Boden wächst, ein Fingerzeig, der zu Gott hinauf weiset? So ist es aber in jedem ehrlichen Stande...

Aber nicht nur Er begegnet uns in unserem täglichen Leben; wir sollen auch Ihm begegnen darin, und das gibt erst die rechte Haltung in unser irdisches Leben. Ein Jeder soll in seiner Art, in seinem Wirkungskreise, in seinen Umständen, in seinen Widerwärtigkeiten Treue und Geduld beweisen in der Kraft, im Namen Jesu; um Jesu willen soll er sich darin vor Sünden und Versäumnissen hüten, und sich dazu Weisheit und Kraft von Oben erbitten, damit er, wenn der Heiland kommt, als treuer Haushalter erfunden werde...

L. Hofacker: Predigten..., S. 164–173: Predigt am 3. Sonntag nach dem Erscheinungsfest über Johannes 2, 1–11

Über die Predigt Hofackers schrieb Heinrich Hermelink in seiner Geschichte der Württembergischen Landeskirche:

...Wir sehen hier das höchste Beispiel einer neuen, bei Bengel und G. K. Rieger sich ankündigenden speziell württembergischen Predigtart, die ich die »numinose« oder betende Predigt nennen möchte... Hofacker bleibt bei aller Rechtfertigungserfahrung in der Scheu vor Christus und vor der Majestät Gottes. In jeder Predigt kann man beobachten, wie die Darlegung plötzlich in Gebet übergeht... Letztlich laufen alle Fäden der Anbetung zusammen bei dem Hohenpriester, den wir haben sollten, der Geduld hatte mit unserer Schwachheit, bei dem Heiland, der für die arme Menschheit taugte. Um unserer Armut willen fallen Belehrung und Anbetung in eins zusammen. In der württembergischen Kirche, die keinen besonderen liturgischen Anbetungsteil ihres Gottesdienstes kennt, ist der Sinn der Predigt dahin erkannt und herausgearbeitet worden, daß sie durch das Wort den Hörer mit der heiligen Majestät Gottes in Verbindung bringe. Hofacker ist ihr größter Prediger darum gewesen, weil er in die Predigt selbst den Gebetsumgang der Gemeinde mit Gott hineinbaut...

Heinrich Hermelink: Geschichte der Evang. Kirche in Württemberg von der Reformation bis zur Gegenwart. Tübingen 1949, S. 369f.

Über die Wirkungen der erwecklichen Predigt machte sich Pfarrer Johann Christian Friedrich Burk Gedanken; er gehörte selber zum Kreise der Erweckungsbewegung:

So betrübt es für einen redlichen Arbeiter im Weinberge des Herrn ist, wenn er keine oder doch nur sehr wenige Frucht seiner Arbeit sehen darf, so erfreulich ist es auf der andern Seite für ihn, wenn das Wort, das er im Namen des Herrn verkündigt, mit Macht die Herzen der Zuhörer ergreift, wenn eine Zeit der Gnadenheimsuchung Gottes hereinbricht und durch die Kraft des heiligen Geistes ganze Schaaren mit einander erweckt und erleuchtet werden. Indeß gehören diese Zeiten unter die schwierigsten im Predigtamt und erfordern ganz besondere Weisheit und Treue des Predigers und Seelsorgers, damit das Werk der Gnade, das in so Vielen zumal begonnen, nicht unterdrückt, sondern befördert und alle nachtheiligen Einflüsse beseitigt und abgeleitet werden. Der Prozeß, der bei der Wiedergeburt in dem Menschen vorgeht, wirkt auf alle Körper- und Geisteskräfte oft so mächtig und rüttelt so sehr Alles durcheinander, daß, wenn oft nur eine kleine Störung eintritt, die Herstellung eines harmonischen Gleichgewichts für sehr lange, ja sogar für immer unmöglich werden kann; wird er aber glücklich beendigt, so hat er freilich auch die allererfreulichsten Folgen...

J. Chr. Fr. Burk: Evang. Pastoral-Theologie, Band 1. Stuttgart 1838, S. 295

Auch die Erziehung der Kinder und die Führung des Haushalts stand unter dem großen Ziel, den Plan Gottes mit den Menschen zu erkennen und im Blick auf das kommende Reich Gottes zu leben. In einem »Aufsatz« schrieb darüber im Jahr 1841 Beate Paulus, die Enkelin von Pfarrer Flattich und Tochter von Philipp Matthäus Hahn, die als Pfarrerswitwe ihren sechs Kindern trotz schwieriger wirtschaftlicher Verhältnisse eine Ausbildung ermöglichte, Gemütskranke in ihre Wohnung aufnahm und ihre Söhne unterstützte, als diese 1837 auf dem »Salon« in Ludwigsburg eine private wissenschaftliche Bildungsanstalt errichteten:

Schon seit der Erziehung meiner Kinder liegen mir alle jungen Leute und Kinder so sehr am Herzen, daß ich schon, so lang ich die wenigen Kinder zu erziehen hatte, unablässig zum Herrn schrie oft ganze Nächte hindurch, Gott wolle sich doch auch der jungen Leute erbarmen und Arbeiter in dieses große Feld senden und sich dieses jungen Weinbergs recht annehmen und ihn arbeiten lassen, weil es ja der größte Schaden sei um einen jungen Weinberg, wenn das Wild ihn verderbe, weil er die ganze Nachwelt ausmache.
Darum kann ich nicht nachlassen, zu rufen, schreien und fle-

hen schon über dreißig Jahre, weil ich die Jugend so mit bekümmertem Herzen ansehen muß, weil schon manches vor dem Abgrund des Verderbens hätte errettet werden können. Wenn auch gleich viele sich nicht halten lassen, so ist's mir dennoch mein einziges Anliegen, daß doch, wo ein Sämlein ist vom Guten, es gedeihen möchte, und weil man wirklich so manches Gute wirkt, sollte man auf das vor Allem bedacht sein, wie die Jugend vor dem Verderben möchte bewahrt werden und zu dem großen Ziel kommen, zu dem Gott den Menschen bestimmt hat, und auf den Geist säen lernen und von dem das Leben ernten...

Darum erwählte ich mir die Mutter Moses zur Lehrmeisterin in der Erziehung meiner Kinder; aber es ist dies mir sehr angelegen, daß doch viele Eltern möchten diese sich zur Lehrmeisterin erwählen in der Zeit der Erziehung ihrer Kinder, weil diese so Großes damit erlangte... Und darum möchte ich alle Eltern ermuntern, mit Gott ihre Kinder zu erziehen und mit Gott auch ihre Haushaltungen zu führen.

Wenn Eltern für ihre Kinder sorgen wollen, so sollten sie doch lieber auch recht sorgen, daß es auch gesorgt wäre. Denn wenn sie meinen, das sei schon gesorgt, wenn sie dieselben aufgezogen haben, so kann ihnen ja doch noch alles Übel zustoßen... Aber wenn sie ihre Kinder mit dem Edelsten bekannt machten, dieselben lehrten in der zarten Jugend Gott kennen und lieben, sie früh mit dem Alten Testament... mit der Verheißung... bekannt machten, und statt ihre Sinnen und Herzen auf die Eitelkeit, auf schöne Kleider und allerhand äußere Dinge zu richten, sich alle Mühe gäben, sie wieder mit dem ganzen Plan Gottes mit den Menschen recht bekannt zu machen und ihre Freude dahin zu erwecken, das wäre das rechte Rettungsmittel.

Philipp Paulus: Beate Paulus geb. Hahn, oder Was eine Mutter kann. Stuttgart 1904, S. 279–290

Im Jahr 1780 war in Basel die »Deutsche Gesellschaft zur Beförderung reiner Lehre und wahrer Gottseligkeit« gegründet worden. Sie sollte durch die Verbreitung christlicher und biblischer Schriften für das Evangelium wirken und durch das persönlich gelebte »Zeugnis in Wort und Tat« andere zu Christus führen. Zweigvereine dieser Gesellschaft arbeiteten auch in Deutschland; in der freieren Luft Basels fanden viele Württemberger ein Betätigungsfeld für ihre Reich-Gottes-Arbeit. Die Christentumsgesellschaft gab am Anfang des 19. Jahrhunderts den Anstoß für die Gründung der Württembergischen Bibelanstalt, von Traktatvereinen und Verlagen und für den Beginn einer christlich bestimmten Sozialarbeit in Württemberg.

Die Gründung der Württembergischen Bibelanstalt

Nach dreijähriger Tätigkeit als Sekretär der Christentumsgesellschaft wurde der Stuttgarter Kandidat der Theologie Karl Friedrich Adolf Steinkopf im Jahr 1801 als Pfarrer der Deutschen Savoy-Gemeinde nach London berufen und übernahm auch das Sekretariat der weltweit wirkenden Britischen und Ausländischen Bibelgesellschaft. Bei einem Besuch Steinkopfs in Stuttgart im Herbst 1812 versammelte sich im Haus des Kaufmanns Lotter eine Schar Pietisten, Pfarrer, Geschäftsleute, Handwerker und einige Beamte; sie beschlossen auf die Anregung von Steinkopf hin die Errichtung einer »Bibelanstalt für die ärmeren Volksklassen in dem protestantischen Teile des Königreichs Württemberg«. In einem Brief berichtete Steinkopf:

Würtemberg war seit der Reformation stets mit dem Lichte der göttlichen Wahrheit gesegnet, manche gläubigen Prediger wurden von Zeit zu Zeit erweckt, und mannigfaltige Ausgaben der Heiligen Schriften in allen Formaten waren erschienen. In einigen Pfarreien hatten seit alter Zeit Stiftungen bestanden, um die Armen mit Bibeln, Testamenten und anderen religiösen Büchern zu versehen. Jedoch durch den Druck der Zeiten kamen diese Stiftungen herab, während die Zahl der Armen so sehr im Zunehmen begriffen ist, daß einige verständige Männer, sowohl Geistliche als Laien, nach ihrer Bekanntschaft mit den Verhältnissen ihres Landes mir die Überzeugung ausdrückten, daß, wenn sogleich 100 000 Bibeln gedruckt würden, Verlangen genug vorhanden wäre, um sie alle unterzubringen...

Nach vielen vorläufigen Unterredungen mit würdigen Personen kamen einige wahrhaft achtungswerthe Edelleute, Geistliche und Herren nach mehreren aufeinanderfolgenden Versammlungen einmüthig zu folgenden Beschlüssen:

1. Es ist die Überzeugung der Versammelten, daß es sehr wünschenswerth ist, eine Bibelgesellschaft zu gründen, welche das ganze Königreich Würtemberg umfaßt und deren einziger Zweck seyn soll, die heiligen Schriften alten und neuen Testaments ohne Anmerkungen und Erklärungen wohlfeil zu verkaufen oder umsonst zu vertheilen.

2. Die Exemplare, welche die Gesellschaft unter den Protestanten verbreitet, sollen Luthers öffentlich angenommene Übersetzung enthalten... 4. Das erste Unternehmen der Gesellschaft soll der Druck einer großen Auflage der deutschen Bibel seyn, in einem gefälligen Format mit deutlichen und lesbaren Buchstaben auf gutem Papier und mit besonderer Berücksichtigung der Korrektheit.

Dieses preißwürdige Unternehmen zu unterstützen, übergab ich dem Comite ein Geschenk von 200 Pfund und kaufte auch

600 Bibeln und Testamente ..., welche ich sie ermächtigte zu verschenken oder zu verkaufen ...
Es sind tausende frommer Leute durch das ganze Land zerstreut unter den höheren, mittleren und niederen Klassen, welche wahre Verehrer des Wortes sind und eifrige Beförderer des Reiches Gottes ... Als ich dem ehrwürdigen Dr. Flatt d. Ä., Professor der Theologie an der Universität Tübingen, einen Besuch machte, kam er mir mit der Frage zuvor: »Mein lieber Herr, könnten Sie nicht während Ihres Aufenthaltes bei uns zu der Gründung einer Bibelgesellschaft mithelfen? Ich sehne mich danach und will sie, so gut ich kann, unterstützen und besorgt sein, daß Bibeln und Testamente in Tübingen und seiner Umgebung richtig vertheilt werden.«
Ich kam auch nach Balingen, einer Stadt, welche vor einigen Jahren gänzlich vom Feuer verstört ward und nun kaum wieder erbaut ist. Mehrere der verarmten Bewohner hatten eine Bibel von der Berliner Gesellschaft erhalten, aber viele waren unversorgt geblieben. Ich verschrieb eine Anzahl zu deren besseren Versorgung, besonders auch für die Schulen, deren würdige Lehrer persönlich ihre Wünsche an mich gebracht hatten ...
So lasse ich im Namen des Herrn das Brot des Lebens über das Wasser fahren [Prediger 11,1] in dem fröhlichen Vertrauen, daß ich es wiedersehen werde nach langer Zeit.

Württ. Bibelanstalt Stuttgart, Archiv: Brief von Steinkopf vom 15. November 1812 an die Britische Bibelgesellschaft

Die Württembergische Bibelanstalt druckte auf ihre Kosten Ausgaben der Luther-Bibel, des Neuen Testaments und der Psalmen. An »Bemittelte« gab sie diese Schriften in gebundenen oder ungebundenen Ausgaben zum Selbstkostenpreis ab, »Unvermögliche« erhielten einen Preisnachlaß, an »ganz

Arme« wurden gebundene Exemplare kostenlos verteilt. Ihre Mittel erhielt die Bibelanstalt durch Beiträge, Geschenke und Stiftungen sowie durch den Buchverkauf. An der Spitze stand ein »Commiteé«.
Die Arbeit der Württembergischen Bibelanstalt fand breite Unterstützung und dehnte sich aus; heute bietet sie neben der Luther-Bibel auch andere deutsche Übersetzungen an, ferner Übersetzungen in die Sprachen der Jungen Kirchen in der ganzen Welt und wissenschaftliche Ausgaben in der Ursprache für die theologische Wissenschaft.

Die Gründung von Traktatvereinen und Verlagen

Zur Verbreitung christlicher Schriften entstanden, ebenfalls angeregt durch Mitarbeiter der Christentumsgesellschaft, Traktatvereine und Verlage. Die weltweiten Hoffnungen und Ziele dieser aufbrechenden Erweckungsbewegung macht eine Predigt vom Jahr 1831 deutlich:

...Es ist eine große, ernste Zeit der Gnadenheimsuchung Gottes unseres Heilandes, in der wir zu leben die Gnade haben. Es regt sich mächtig und wunderbar in den Todtengebeinen; es rauschet und regt sich. Es ist ein großes Gewühl an der Schwelle des Himmelreichs unter Heiden, Juden und Christen. Schauet nur hinaus in die Heidenwelt – welche Wunder Gottes treten uns da vor die Seele unter den versunkensten Nationen, welch' ein brennendes Verlangen nach dem Worte Gottes, welch' eine Liebe zum Heilande! Wie stürmen sie herbei, wenn die Missionare ihnen das Evangelium des Friedens verkündigen! Könnte nicht jeder Missionsbericht die Überschrift tragen: Das Himmelreich leidet Gewalt? Ich will nur an die Wunder Gottes auf den Südseeinseln, in Ostindien,

Südafrika und Grönland erinnern, und wir müssen es eingestehen: Das Himmelreich leidet in der Heidenwelt Gewalt. Auch unter dem Judenvolke regt sich's mächtiger, als man glaubt, namentlich in Polen. Ein Missionar, der vor Kurzem aus Polen zurückkehrte, versicherte, daß die Schaar der um ihr Seelenheil bekümmerten Juden unglaublich groß sei. Vom Morgen bis zum Abend werden die Missionare umlagert von Heilsbegierigen, die vor Hunger nach Belehrung über das Eine, was Noth thut, brennen, die einen Bann auf dem Herzen tragen. Dazu ist die Anzahl derjenigen, welche zum Glauben gelangt sind und das Bekenntniß des Evangeliums mit einem gottseligen Wandel zieren, in den neuesten Zeiten ausnehmend gewachsen. Daß aber unter den Christen das Himmelreich Gewalt leidet, wem springt das nicht in die Augen? Es ist ja kein Land, keine Provinz der Christenheit, da wir nicht ein wunderbares Regen der Geister antreffen. So ist ja die Bibel nie verbreitet, so rüstig und unablässig hat man noch nie für die Verherrlichung des Namens Jesu gewirkt, gebetet, gearbeitet als in unseren Tagen. Was sind das für großartige, erstaunenswürdige Bewegungen, die wir unter den Christen in Nordamerika erblicken! Die Thüren in der Welt werden hoch und die Thore werden weit, daß der König der Ehren einziehe! Wie regt sich's gewaltig in Großbrittanien, unter den Protestanten in Frankreich, in der Schweiz, in Schweden und Dänemark, und welche Entwickelungen stehen dem Reiche Gottes durch die neuen politischen Ereignisse bevor! Und was soll ich von unserem deutschen Vaterlande sagen? Fürwahr! Das Himmelreich leidet Gewalt. Schaaren von Evangelisten stehen mit der Posaune Gottes auf Zions Mauern, und es werden dem Heiland Kinder geboren, wie der Thau aus der Morgenröthe. Viele Provinzen und Städte, die noch vor nicht langer Zeit unter dem Drucke des geistlichen Todes schmachteten, werden heutzutage heimgesucht von der Freundlichkeit und

Leutseligkeit unseres Heilandes. Das Evangelium bricht sich Bahn durch eherne Mauern; es dringt in die Residenzen, in die Universitäten, in die Schulen, in die Kasernen, und der Heiland nimmt die Starken zum Raube. Manche Große und Gewaltige nach dem Fleische kriechen als arme Sünder zum Kreuze Christi hinzu, und wenn wir nur nachforschen, so finden wir, wie kein Dörflein so klein ist, der Herr hat und sammelt darin die Seinen. Wir sehen es mit unseren Augen, wir hören es mit unseren Ohren: der Herr hat sich aufgemacht aus Seiner heiligen Wohnung und das Himmelreich leidet allenthalben Gewalt. Und wenn dann auch hie und da das Himmelreich einem Sauerteig gleich ist, den ein Weib nahm und mengte ihn unter drei Scheffel Mehl, harret nur ein wenig, und er wird schon wirken, bis der Teig gar durchsäuert ist.

L. Hofacker: Ein güldenes Jubiläum oder Geschichte der 50jährigen Wirksamkeit der Evang. Gesellschaft in Stuttgart. Stuttgart 1880, S. 3–5

Pfarrer Dr. Christoph Ulrich Hahn, ein Großneffe von Philipp Matthäus Hahn, hatte zuerst im Auftrag der Christentumsgesellschaft in Lausanne gewirkt. Nach seiner Rückkehr in Württemberg gründete er im Jahr 1830 in Esslingen eine Evangelische Gesellschaft; deren Statuten vom 1. Juli 1832 bestimmten:

§ 1. Der Verein besteht unter dem Namen »evangelische Gesellschaft« mit folgenden Zwecken:

a) durch Ausbreitung religiöser Schriften zum Lesen der heil. Schrift anzutreiben und die Grundwahrheiten des evangelischen Glaubens immer werther zu machen;
b) für eine würdigere Feier des Sonntags zu wirken;
c) das Fortbestehen des unter dem Titel »Altes und Neues aus dem Reiche Gottes« erscheinenden, religiösen Volks-

Blatts zu unterstützen und für dessen Verbreitung mitzuwirken;

d) zu Beförderung anderer christlicher Zwecke beizutragen, wie z. B. durch Annahme und Besorgung von Geld-Unterstützungen für gute Anstalten u. dgl.

§ 2. Der Inhalt der von der Gesellschaft zu verbreitenden Schriften muß den Grundsätzen der heiligen Schrift gemäß sein, wie dieselben in den symbolischen Büchern der evangelischen Kirche näher bestimmt sind.

§ 3. Diejenigen Schriften, welche die Gesellschaft selbst drucken läßt, sollen nur, nachdem sie von der Censurbehörde geprüft und genehmigt worden sind, verbreitet werden.

§ 4. Die Gesellschaft besteht aus hiesigen und auswärtigen Personen, welche die Zwecke derselben durch bestimmte fortlaufende Beiträge unterstützen. Der Eintritt in dieselbe steht Jedermann frei.

§ 5. Die Größe dieser Beiträge, welche alle Monate erhoben werden, hängt von dem Willen eines jeden Gesellschafts-Mitglieds ab; außerdem wird ein Eintrittsgeld ein für allemal bezahlt, dessen Betrag jedem frei gestellt wird, jedoch nicht unter 6 kr. sein soll.

§ 6. Diese bestimmten Beiträge und Eintrittsgelder werden zum Drucke oder sonstigen Anschaffung religiöser Schriften und zu Bestreitung der geringen Verwaltungskosten verwendet. Sowohl für diesen Zweck, als auch für andere Zwecke der Gesellschaft werden von Jedermann, wenn er auch nicht Mitglied ist, Geschenke angenommen.

§ 7. Mit dem Aufhören des Beitrags hört ein Mitglied auf, der Gesellschaft anzugehören. Der Austritt muß jedoch dem Vorstand angezeigt und das zu dieser Zeit etwa noch Rückständige, so wie der laufende Monat, bezahlt werden.

L. Hofacker: Ein güldenes Jubiläum oder Geschichte der 50jährigen Wirksamkeit der Evang. Gesellschaft in Stuttgart. Stuttgart 1880, S. 14

In einer Einladung der Evang. Gesellschaft zum Beitritt heißt es (um 1832):

Geliebte Freunde und Brüder in Jesu Christo! Wer unter uns sollte nicht schon die betrübende Erfahrung gemacht haben, daß das jetzige Geschlecht unter seinem selbstsüchtigen Treiben in der Liebe zu Jesu Christo und darum auch in der Liebe zu seinen Mitmenschen erkaltet seie. Wer sollte nicht überzeugt sein, wie es noth thue, daß das Band der Liebe die Herzen der Menschen wiederum mehr an ihren Retter anschließe und unter sich brüderlich verbinde, wozu solche Gesellschaften auch führen können. Lasset uns die wichtigen Erscheinungen der gegenwärtigen Zeit und die ernsten Mahnungen des Herrn bedenken! Sein Kommen ist nahe; wachen und beten wir für einander und für alle unsere Mitbrüder und versäumen keine Gelegenheit, uns und sie hierauf vorzubereiten. Ihr besonders, geliebte Mitbewohner unsers theuren Vaterlandes, das sich Jahrhunderte hindurch in seinem Fürsten und Volk den Ruf wahrer Gottesfurcht und eines biedern frommen Sinnes erworben, lasset uns diesen Ruf, welcher (mit Schmerz müssen wir es bekennen) seit dem durch die Kriege herbeigeführten Sittenverderbniß zu wanken begonnen hat, mit Flehen und Gebet um die Zucht des Geistes Gottes aufs Neue herstellen und befestigen, indem wir die häufig so leeren Tempel des Herrn wiederum fleißiger besuchen, das uns verkündigte Wort Gottes, von dem nicht Eines unerfüllt bleiben wird, mit Begierde zu Herzen nehmen und darnach leben. Lasset kein Mittel unbenützt, diese Erneurung unsers innern Lebens herbeizuführen; und wenn Ihr, wie wir, bei aufrichtiger Prüfung die thätige Theilnahme an dem Wirken unserer evangelischen Gesellschaft als ein solches Mittel erkennet: so ergreifet es in dem heil. Glauben, daß der himmlische Vater, wenn wir ihn im Namen Jesu Christi hierum bitten, dasselbe segnen werde; und gewiß übersehet Ihr dabei nicht, daß Ihr und wir an unserer eigenen Besserung, Reinigung und Heiligung arbeiten, indem wir die Mittel suchen und anwenden, Anderen hiezu zu verhelfen. Der wahre Glaube an Christum ist immer in der Liebe thätig, und wer von Herzen ein Christ ist, der wünscht auch, daß alle Menschen so fröhlich und so selig in Gott sein möchten, wie er es ist.

L. Hofacker: Ein güldenes Jubiläum oder Geschichte der 50jährigen Wirksamkeit der Evang. Gesellschaft in Stuttgart. Stuttgart 1880, S. 11 f.

Im Frühjahr 1835 wurde die Evang. Gesellschaft nach Stuttgart verlegt. Es konnte »ein Lokal« angemietet und ein hauptamtlicher Agent eingestellt werden; sie errichtete eine Leihbibliothek, vertrieb weiterhin Traktate und wollte »junge Christen in die Häuser der Armen und Verwahrlosten« schikken. »Jünglings- und Jungfrauenvereine«, Krankenvereine und Rettungshäuser wurden gegründet. Die Arbeit im Vorfeld der später so genannten Inneren Mission verfolgte immer ein missionarisches und ein diakonisches Ziel.
Die Evang. Gesellschaft arbeitet bis heute als weitverzweigtes Diakonisches Werk; 1874 wurde eine Buchhandlung eröffnet, seit 1905 gibt sie das Evang. Gemeindeblatt für Württemberg heraus, 1910 folgte die Gründung des Evang. Pressverbandes, der Verlag nennt sich seit 1919 »Quell-Verlag«.

Im Stuttgarter Verlag Steinkopf, der 1792 gegründet worden war, erschien seit 1831 der »Christenbote« als Zeitschrift der pietistischen Kreise Württembergs. Er diente der Erbauung und Information über die Ereignisse in der Welt; die Auseinandersetzung mit David Friedrich Strauß wurde leidenschaftlich, oft auch polemisch geführt. Aus dem Traktatverein von Pfarrer Dr. Christian Barth entstand 1836 der Calwer-Ver-

lag; die größte Verbreitung mit annähernd 500 Auflagen und Übersetzungen in mehr als 70 Sprachen fanden Barths »2 × 52 biblische Geschichten«.

Rettungshäuser und Anstalten – Die ersten Gründungen

Zur Linderung von Not und Mißständen schufen die pietistischen Kreise in Stuttgart, voran der Kaufmann Tobias Heinrich Lotter und Stadtdekan Gottlob Heinrich Rieger, im Jahr 1805 ein »privates Armen-Institut«, in dem Kinder gespeist und unterrichtet wurden.
Als Folge der Napoleonischen Kriege herrschten in Württemberg nach 1815 Chaos, bittere Armut und Verwilderung der Sitten; dazu kamen gehäuft schlechte Ernten, die Teuerung und Hunger brachten. Der Optimismus und die pädagogische Begeisterung der Aufklärung schlugen in Enttäuschung um. 18000 Kinder zogen in Scharen bettelnd auf den Straßen umher, unter den Erwachsenen nahm die Trunksucht zu. Die Kirche war wie gelähmt, sie besaß keine Organe, mit denen sie Diakonische Arbeit hätte betreiben können. Dazu kam die innerliche Abwendung der Gebildeten und ihnen folgend breiter Kreise des Volkes von dieser Kirche.
Wiederum unter dem Einfluß von Anregungen, die von Basel ausgingen, sammelten sich Pietisten und versuchten, durch »Rettungshäuser« helfend einzugreifen. Sie wollten auf die Not der Zeit eine glaubwürdige Antwort geben.

Nach Abschluß seines juristischen Studiums entschloß sich Christian Heinrich Zeller aus Entringen bei Tübingen, nicht nur für verwahrloste Kinder zu sorgen, sondern auch »wahrhaft fromme und erweckte Jünglinge zu Schullehrern zu bilden«. Zeller war mit Pestalozzi befreundet und hatte seinen

Plan mit dem aus Schorndorf stammenden Sekretär der Christentumsgesellschaft, Christian Friedrich Spittler, besprochen. Am 27. November 1819 schrieb er an Spittler:

... Freude und Wehmuth war in unseren Herzen, Freude über den neu erweckten Eifer für die evangelischen Missionen unter den Heiden ... Aber mit Wehmuth blickten wir auf den betrübten Zustand so vieler vaterländischen Schulen, auf die Lage so vieler verwahrlosten Kinder ... und auf die Beschaffenheit des Christenthums in denselben ... Es war mir, als ob das Evangelium mit seinem Leuchter von unseren Gegenden auch scheiden und die Blüthen, Blätter und Früchte des wahren evangelischen Lebens immer mehr dahin welken wollten. Da entstieg unserem Herzen der Wunsch: Ach, daß doch ähnliche Anstalten wie für die ferne Heidenwelt auch für unsere armen Gegenden in der Nähe errichtet und christliche Lehrer in ähnlichem Geiste wie die Heidenboten für unsere armen Kinder und Gemeinden gebildet werden könnten!

E. Stähelin: Die Christentumsgesellschaft in der Zeit der Erweckung bis zur Gegenwart. Basel 1974, S. 377

Im Jahr 1820 konnte Zeller im Schloß Beuggen bei Lörrach seine »Freiwillige Armen- und Schullehreranstalt« eröffnen. Nach diesem Vorbild entstanden 22 weitere Kinderrettungsanstalten; zu einem zweiten Mittelpunkt evangelischer Erziehungs- und Liebesarbeit wurde die im Jahr 1819 gegründete Kolonie Korntal. Die Armen-Lehrer lebten während ihrer Ausbildung in familiärer Gemeinschaft mit den Kindern, die unentgeltlich, »von den Landstraßen, den Hecken und Zäunen« aufgenommen wurden. Die Pädagogik sollte von den Vorstellungen der Kinder ausgehen, Fröhlichkeit sollte herrschen, der Stock als Erziehungsmittel war verpönt.

Bei einem Besuch in Beuggen stellte Pestalozzi fest: »Das ist es, das ist es, was ich gewollt habe.«
Über seine Anstalt bemerkte Zeller:

... Man merkt wieder hie und da, daß der Herr aller Herren und der König aller Könige, der sein Leben für die Menschen in den Tod gegeben hat, auch wieder wie ehemals aus dem Munde der Kinder und Säuglinge sich ein Lob bereiten und seinen fast vergessenen Namen auch wieder in den Lehrerzimmern der Schulen mit Kraft und Leben verkündigt wissen will, daß die Schulen wieder christliche Schulen, Pflanzschulen des Christentums und evangelischer Wahrheit und Liebe werden. Er will es haben, daß auch in diesem Theil seines Weinbergs treue Arbeiter ausgesandt werden.

E. Stähelin: Die Christentumsgesellschaft in der Zeit der Erweckung bis zur Gegenwart. Basel 1974, S. 388

Der Leiter der Kinderrettungsanstalt in Lichtenstern, Ludwig Völter, schrieb über die Grundsätze der Erziehung in diesen Häusern:

Die Rettungsanstalten wollen schon durch ihren Namen andeuten, daß sie die Erziehung ihrer Zöglinge nicht von der Anwendung bloß menschlicher Mittel und Kräfte, sondern einzig und allein von dem großen Erretter des Menschengeschlechts ... erwarten ... Auch wollen sie andeuten, daß sie das Heil ihrer Zöglinge nicht durch die bloße äußerliche Verpflanzung in andere Verhältnisse bewirken zu können ... glauben ... Im christlichen Sinn aber ist die Erziehung wesentlich Rettung, beide Thätigkeiten sind durchaus identisch.

Ludwig Völter: Lichtenstern, Geschichte und Statistik der Rettungsanstalten. Stuttgart 1845, S. 8

Der Wohltätigkeitsverein

Die Not- und Hungerjahre nach den Napoleonischen Kriegen bewogen auch Königin Katharina, helfend einzugreifen. Die Tochter des russischen Zaren Paul I. und einer württembergischen Prinzessin heiratete im Januar 1816 in Petersburg den württembergischen Kronprinzen, der noch in demselben Jahr nach dem Tod seines Vaters als Wilhelm I. württembergischer König wurde.
Katharina kam in ein Land des Elends:

... Der Winter stand vor der Thüre und mußte vollends alles verschlingen ... Aber dem Winter folgte noch eine lange Zeit bis zur Wiederkehr der Erndte, und diese lange Zeit war von keinem Troste erhellt, nur eine weite Oede der Verzweiflung ... Da saßen die Armen frierend und haschten nach Kleye und Mehlstaub, um das elende Leben von einem Tage zum andern hinzuschleppen.

M. Rehm: Königin Katharina. Stuttgart o. J., S. 24

Königin Katharina wandte sich an das Volk in Württemberg, vor allem auch an die Frauen; alle zum Helfen Bereiten sollten »aneinandergekettet in Einheit und Zusammenhang in das große Geschäft der Menschenliebe gebracht werden, wenn nicht die Kräfte sich zersplittern und die einzelnen Wohltaten wie Tropfen im Meere zerrinnen sollten«. Mit 10 Männern und 7 Frauen gründete sie 1817 die Centralleitung des Wohltätigkeitsvereins und berief mit Einwilligung des Königs Männer und Frauen in die Gesellschaft, »welche aus freiwilliger Liebe zu Gott und Menschen die Kräfte des einzelnen vereinigt, um dem menschlichen Elend zu allen Zeiten, insbesondere aber in der jetzigen großen Not zu steuern«.

Über das ganze Land hin entstanden Bezirkswohltätigkeitsvereine, in denen Dekane und Pfarrer der Landeskirche eine führende Rolle spielten; auch Glieder der pietistischen Erwekkungsbewegung waren zur Zusammenarbeit bereit. Armenärzte wurden eingesetzt, Industrieschulen und eine Ersparnisanstalt für Bedürftige wurden eingerichtet. Auch den seelisch und geistig Kranken sollte geholfen werden. Im Mai 1817 schrieb Königin Katharina:

... Nehmen wir uns also der Moralisch-Kranken an, beschäftigen wir sie ... unter Aufsicht eines wahren Dieners der Religion, eines Geistlichen, der durch Ermahnung ihnen die Liebe zur Tugend wiedereinflößt, durch Unterricht ihnen die Mittel der Erhaltung ihres künftigen Lebens gibt.

M. Rehm: Königin Katharina, S. 30

Anstalten für Arme, Kranke und Behinderte

Die Centralleitung des Wohltätigkeitsvereins unterstützte tatkräftig eine zweite Gründungswelle von Anstalten für Arme, Kranke und Behinderte.
Im Jahr 1836 richteten der Arzt Dr. August Hermann Werner und der Oberjustizrat Carl Max von Klett in Ludwigsburg ein Privatkrankenhaus ein, in dem männliche und weibliche Krankenpfleger ausgebildet wurden; daraus entstand 1841 das erste deutsche Kinderkrankenhaus. Bei der Einweihungsrede warnte Pfarrer Wilhelm Hofacker vor zu heftigem Missionseifer bei der Pflege:

... Die Liebe, die sich mit der Weisheit paart, wird die Pflegerinnen abhalten, zur Unzeit die Kranken mit geistlichem Zuspruch zu überstürmen, wodurch mehr geschadet als genutzt wird, aber sie auf der anderen Seite auch getrost machen, ohne Menschenfurcht und Menschengefälligkeit das Licht, das alle Welt erhellen soll, auf den Leuchter zu setzen und durch alle Räume des Hauses sein erweckendes und tröstendes Strahlen dringen zu lassen.

Mit Gottes Wort leben – Diakonisch handeln. Stuttgart 1984, S. 26

Der erste Jahresbericht des Ludwigsburger Kinderkrankenhauses läßt die Schwierigkeiten erkennen, die bei der Pflege oft zu überwinden waren:

... Der Herr hat den Glauben und die Gesundheit der Pflegerinnen gestärkt, so daß sie in ihrem Beruf bisher nicht müde geworden sind und solchem in Seiner Kraft vorstehen konnten. Bei den vielen ansteckenden Schleim- und Nervenfieber-Kranken, welche im letztverflossenen Winter und Frühjahr [1840] in unser Haus aufgenommen und bei Tag und Nacht mit vieler Mühe und Beschwerden gepflegt wurden, wurde die Verheißung des Psalms 91, V. 1–7 buchstäblich an unseren Pflegerinnen erfüllt. Das ist ein Wunder vor unseren Augen!

Mit Gottes Wort leben – Diakonisch handeln. Stuttgart 1984, S. 27

Im Jahr 1848 wurde in Rieth bei Vaihingen an der Enz eine Heil- und Pflegeanstalt für Schwachsinnige und Epileptiker gegründet, die später nach Stetten im Remstal verlegt wurde. Sie wurde ermöglicht und getragen durch eine große Zahl von Gaben in Geld, Naturalien oder Einrichtungsgegenständen, die gerade aus den ärmeren Schichten kamen. Die Leitung der Anstalt bat um solche Unterstützung:

... Unsere Anstalt ist vorzugsweise eine Armen-Anstalt, darauf berechnet, gerade der ärmeren Volksklasse ... rettend und helfend entgegenzukommen. Aus diesem Grund bedürfen wir aber auch sehr der Unterstützung und Hilfe der Bruderhand. Ja, wir bitten sehr herzlich und dringend: Steht uns in unserem sehr schweren Missionswerke bei ...

In den Jahresberichten der Anstalt wurden dann die einzelnen Gaben aufgezählt:

... Von Jakob Scheuermann von Aurich 1 Zaine [Korb] Äpfel; von Schuhmacher Kicherer in Vaihingen 1 Sack Erdbirnen [Kartoffeln]; ... Witwe Braxmaier in Döffingen ein neuer Kehrbesen; von Schultheiß Stähle in Eberdingen 1 Scheffel Dinkel; ... von der Gemeinschaft in Gomadingen 9 Restle Tuch, 1 Halstuch, Faden und Garn ...

Mit Gottes Wort leben – Diakonisch handeln. Stuttgart 1984, S. 30f.

Manche Gemeinden im Land waren nicht in der Lage, ein Kostgeld für arme Kinder zur Unterbringung in einer Anstalt aufzubringen. Deshalb wurden Kinder von den mehr bemittelten Einwohnern reihum in den Häusern verköstigt. Für solche Fälle strebte die Stuttgarter Bergrätin Wagner nach einer besseren Versorgung und erließ 1834 einen Aufruf an die Frauen in Stuttgart:

Aufmunterung zu einem Frauensparverein für arme Kinder in einer Rettungsanstalt

... Von langer Zeit war es mein innigster Wunsch, ein verwahrlostes Kind aufzunehmen und es erziehen zu lassen, fühle aber schmerzlich und in Demuth mein Außervermögen. Kürzlich gelang es mir, durch Beitritt menschenliebender

Freunde einen Verein für einen langwierig leidenden Mann zu bewirken. Dies gab mir Mut, mit dem Beistand Gottes es zu versuchen, einen Verein zur Rettung armer Kinder zusammen zu bringen ... Wo ein einzelnes nichts Gutes vollbringen kann, da kann durch den Beitritt mehrerer Großes bewirkt werden! Mein Vorschlag geht vor der Hand nicht ins Große, er ist in Demuth, nur durch Sparsamkeit in Erfüllung zu bringen ... Es soll bloß durch Sparpfennige geschehen. In Korntal kostet die Aufnahme eines Kindes 40 fl. und dann ebensoviel Kostgeld. Wenn nun 10 Personen von gleich gutem Willen sich vereinigen, wöchentlich 6 Kreuzer an etwas unnötigem oder überflüssigem zu sparen, sei es an einer Visitt oder einem Gastessen, kurz, es gibt für eine nachdenkende Hausfrau immer Fälle, wo wöchentlich etwas erspart werden kann, ohne geizen zu müssen ...
Der Gott der Liebe hat uns ein weites Feld eröffnet, uns durch Wohltun seinem Bilde ähnlicher zu machen. Und wie freundlich ruft uns Jesus zu: ›Lasset die Kindlein zu mir kommen!‹ ... O Ihr Männer mit Vaterherzen, bekrittelt meinen Vorschlag nicht, wendet Eure höhere Kenntnis und Kräfte dazu an, mehrere Rettungsanstalten errichten zu helfen! ... Gott gebe Segen.

Initiativen. Lebensbilder evangelischer Frauen. Hg. von Erika Stöffler. Stuttgart 1984, S. 19f.

Dieser »Stuttgarter Frauenverein für Versorgung hülfsbedürftiger Kinder« war wohl der erste Frauenverein in Württemberg; nach drei Jahren zählte er 20 Abteilungen mit je 12 Frauen, und seit 1897 dehnte er seinen Wirkungskreis auf das ganze Land aus, in anderen Städten wurden Hilfsgruppen gegründet.

Die Äußere Mission

Württemberg war in vielem im 19. Jahrhundert die tragende Kraft der im Jahr 1815 gegründeten Basler Mission. Diese Gesellschaft entstand, weil die Basler Christentumsgesellschaft durch Berichte über die neuen englischen Missionsgesellschaften, die in ihrer Zeitschrift »Sammlungen für Liebhaber christlicher Wahrheit und Gottseligkeit« erschienen, das Interesse pietistischer Kreise in Württemberg für die Weltmission weckte und die Beziehung zu Basel ihnen auch die Möglichkeit anbot, einen Beitrag zur Weltmission zu leisten. Nach der Gründung der Basler Mission waren ein Jahrhundert lang alle Inspektoren und Direktoren, die große Mehrzahl der Theologischen Lehrer im Missionshaus und mehr als die Hälfte der Überseemitarbeiter Württemberger. Und das pietistische Volk in Württemberg lieferte mit der Gründung von Missionsvereinen (z.B. in Leonberg, Stuttgart und Calw) wesentliche Unterstützung.

Die ersten Missionsinstruktionen geben einen Eindruck vom Geist der Anfänge dieser Mission. Bei der Formulierung spielte der württembergische Theologe und erste Missionsinspektor Christian Gottlob Blumhardt, der Onkel von Johann Christoph Blumhardt, eine ausschlaggebende Rolle:

In dem fernen Afrika ist euch noch alles fremd und unbekannt, und wir haben mit euch erst in eine Schule der Erfahrung hineinzutreten... Ihr seyd vom Herrn dazu berufen, an der Thüre Afrikas anzuklopfen und aus der Entwicklung der Umstände von dem Herrn eine Antwort auf die Frage zu erhalten: Ob eine deutsche Mission auf dieser Negerküste begonnen und ob Schaaren von Evangelisten aus unserem Heimathlande zu ihr hinüber gesendet werden sollen...
In der Führung der Ökonomie... sollte nach und nach und in

langsamer Stufenfolge, so wie es die Gesundheit der Brüder und die Angewöhnung gestattet, alles auf afrikanischen Fuß, das heißt: nicht gerade so, wie es jetzt die rohen Neger machen, sondern wie es auf dem afrikanischen Boden am zweckmäßigsten gemacht werden muß, eingerichtet werden.

Während die Missionsfamilie, so bald es nur immer thunlich ist, unter dem Segen des Herrn ihr eigenes Brod essen soll, ... ist zugleich für die Anpflanzung der Sache Christi auf dem wilden Negergebiete alles daran gelegen, daß die armen Neger nicht bloß lesen und schreiben, sondern auch möglichst ihren Boden bearbeiten lernen, um der Aufnahme in das Reich Christi durch die Verkündigung des Evangeliums empfänglich und werth zu werden...

Die Erlernung eines... Negerdialektes [ist] das gemeinsame Geschäft aller Brüder, welche nach Afrika gesendet werden... Wir können und mögen zu keiner Zeit einen Missionar... denken, der entweder gar nicht oder bloß in fremder Sprache oder nur mit Hilfe eines Dolmetschers unter den Erwachsenen und Kindern des Volkes zu arbeiten vermag, unter welchem er als Verkündiger des Evangeliums eingetreten ist...

Nichts ist im Anfange schädlicher als Zersplitterung der wenigen Kräfte durch allzugroße Mannigfältigkeit der Gegenstände, welche zu gleicher Zeit in die Hand genommen werden. Zuerst eines recht und gründlich, und dann erst kann ein zweckmäßiger Übergang zum zweiten und dritten gemacht werden...

Der eigentliche Zweck, um dessenwillen ihr, geliebten Brüder, nach Afrika gesendet seyd, besteht [darin], die armen Neger, groß und klein, mit dem Heile in Christo Jesu näher bekannt zu machen...

[In den Schulen sind] ... Feld- und Gartenarbeit [zu lehren], [damit die Schüler] ihren Lebens-Unterhalt mit eigener Hand

unter dem Segen Gottes auf eigenem Boden erndten [können]...
Die Predigt des Evangeliums... Ihr müsst vor Allem die Denk- und Ausdrucksweise [der Afrikaner] sorgfältig studiren, ihr müßt den kleinen Vorrath ihrer Vorstellungen und Begriffe kennen lernen: ihr müsst das, was sie sich unter ihren eigenen Worten zu denken gewohnt sind, genau erforschen; ihr müßt nur an Bekanntes das Unbekannte anknüpfen, durch Ähnliches das Ähnliche erläutern; in ihren Umgebungen die ersten Anknüpfungspunkte eures Unterrichtes aufsuchen und in bildlicher Sprache ihrem Gemüthe das zuführen, was sie in eigentlichen Ausdrücken noch nicht zu verstehen vermögen... Es dient uns... zum Trost, daß der Vater der Barmherzigkeit... selbst durch seinen Geist in den Herzen der Menschen das Beste thun [und] ihren Verstand durch seine Worte der Wahrheit erleuchten... will...
Das Leben des Missionars [ist] die beste Predigt. Nur ein liebender, väterlicher, wohlmeynender Sinn, der in Allem, was er redet und thut, es mit der That beweist... wird die arme Welt Afrikas besiegen... Wir fühlen uns... angeregt, euch im Namen unseres Herrn Jesu Christi dringend zu bitten und aufzufordern, auf jedem eurer Schritte in der Negerwelt es keinen Augenblick zu vergessen, wie übermüthig und schändlich seit Jahrhunderten die armen Neger fast durchgängig von Menschen, die sich Christen nannten, behandelt worden sind und noch behandelt werden und wie unendlich viel schreyende Ungerechtigkeit durch euer uneigennützig liebendes, tragendes und vergebendes Benehmen unter ihnen gut zu machen ist, um die bittern Empfindungen nach und nach aus ihren Herzen zu vertilgen, welches jedes europäische Gesicht in denselbigen erregen muss...
Der Bote Christi, der das selige Geschäft der Menschenrettung durch das Evangelium nach seinem hohen Werthe zu

schätzen gelernt hat, kann die grosse, noch auf den meisten Stellen unbeschriebene Karte der afrikanischen Welt nicht ohne das Gefühl warmer Sehnsucht betrachten, dass über diesen Finsternissen der Völker und Länder bald die helle Sonne der Gerechtigkeit aufgehen möge...

Auszüge aus der Instruktion für unsere auf der ... Colonie Liberia ... arbeitende Missionarien ... Oktober 1827: Magazin für die neueste Geschichte der prot. Missions- und Bibelgesellschaften 1830, S. 451–482

Die Staatskirche

Der Neubau des Königreichs durch Friedrich I. brachte auch für die evangelische Landeskirche große Veränderungen mit sich. Im 16. Jahrhundert hatte Herzog Christoph in der Großen Kirchenordnung (1559) es als die vornehmste Aufgabe des Fürsten gesehen, sein Land mit der reinen Lehre des Evangeliums zu versorgen und erst dann, in zweiter Linie, Ordnung in den weltlichen Dingen zu schaffen; der Staat war gleichsam in die Kirche integriert. Die Entwicklungen, die sich bis zum 19. Jahrhundert vollzogen, fanden in den Gesetzen und Verordnungen des ersten württembergischen Königs ihren Niederschlag: Er ist Inhaber des Kirchenregiments und verwaltet durch seine Behörden alle Angelegenheiten der Kirche. Der Staat hatte weite Aufgabenfelder übernommen, die, wie die Armenpflege, einst in der Hand der Kirche lagen; die Kirche war in den Staat integriert. Der Pfarrer war Staatsdiener wie die übrigen Beamten. Er hatte das Wort der Schrift auszulegen, dieses aber würde die Idealvorstellung des Bürgers bestätigen, der seine Pflichten gegen die Obrigkeit und gegen das allgemeine Sittengesetz erfüllt.
So heißt es in der »Amtsinstruktion für die Evang.-Luth. Geistlichkeit« vom 9. Juni 1809:

Das Amt eines Kirchenlehrers ist von der höchsten Wichtigkeit. Ihm ist die Religion anvertraut, die erste aller menschlichen Angelegenheiten; er hat die öffentlichen Gottesverehrungen zu leiten und die heiligen Einsezungen zu verwalten, deren Stifter der Sohn Gottes ist; er soll das Reich Gottes auf Erden ausbreiten und Menschen, welche zur Unsterblichkeit bestimmt sind, über die erhabensten, ihr ewiges Heil betreffenden Dinge belehren, sie dem Unglauben, dem Aberglauben und dem Laster entreissen, sie weise, tugendhaft und froh machen, von dem Eiteln und Irdischen zu himmlischen Gesinnungen erheben, auf die selige Ewigkeit vorbereiten und zum Himmel führen.

... Er wird als Beförderer der Religion auch bei jeder Privatgelegenheit die Unwissenden belehren, die Unglaubigen überzeugen, die Abergläubigen von ihren Thorheiten zurückbringen, die Irrenden auf den rechten Weg führen, den Gutgesinnten zum Wachsthum in der Erkenntniß und Gottseligkeit behülflich sein; als moralischer Aufseher die Unordentlichen warnen... jeden Keim der Tugend pflegen, jedes aufspriesende Laster ausrotten; als geistlicher Arzt den Leidenden ihre Wunden lindern... der Armuth helfen und die Unschuld schüzen...

... Vor allen Dingen sei er seiner Gemeine ein Vorbild in dem Gehorsam und in der ehrfurchtsvollen Treue und Liebe gegen die allerhöchste Landesobrigkeit, den König, und gebrauche den Einfluß, welchen der Volkslehrer hat, dem Unterthanen seine Pflichten wichtig und angenehm zu machen.

Übrigens beweise er, dem Geiste des Christenthums gemäß, Wohlwollen gegen jedermann, Toleranz gegen fremde Religionsverwandte und Andersdenkende in Glaubenssachen und Bruderliebe gegen seine Mitarbeiter am Evangelium.

A. L. Reyscher: Sammlung der Württembergischen Gesetze, Bd. 9: Kirchengesetze II. 1835, S. 152. 167

Das Konsistorium, dem die laufende Verwaltung der Kirchenangelegenheiten zufiel, war reine Staatsbehörde; seine Mitglieder wurden vom König ernannt. Es unterstand dem Ministerium des Innern und des Kirchen- und Schulwesens, ein direkter Zugang zum König als dem obersten Bischof der Landeskirche etwa in der Form des unmittelbaren Vortrags der Anliegen der Kirche bestand nicht. Während nach der Verfassung des Königreichs vom Jahr 1819 der Staatsbürger sich durch den Landtag gegenüber dem König und dessen Behörden vertreten sah, bestand eine solche Vertretung für die Glieder der Landeskirche nicht.
Seit dem Jahr 1819 kam es im Landtag verschiedentlich zu Anträgen, den Gemeinden und Gliedern der Landeskirche ein Mitspracherecht bei der Gestaltung der kirchlichen Ordnung einzuräumen und durch frei gewählte Vertreter der Kirchengenossen eine kirchliche gesetzgebende Körperschaft, eine Synode zu schaffen. Damit sollte die Landeskirche einen Anteil an den Institutionen des bürgerlichen Lebens erhalten. Bis zur Revolution des Jahres 1848/1849 fanden diese Anträge jedoch nicht die Billigung der staatlichen Behörden und des Königs.

Vor allem unter dem Einfluß der Theologie von Schleiermacher kam es nach 1830 zu einer neuen Besinnung auf das Wesen der Kirche und auf die daraus folgenden Notwendigkeiten einer Gestaltung der Ordnung der Kirche. Die Kirche wurde nun als ein Organismus eigener Art, nicht nur als Anhängsel des Staates gesehen. Der Pfarrer dürfe nicht als untergeordneter Beamter erscheinen, der staatliche Ordnungen verliest. In Württemberg wurde diese Richtung besonders nachdrücklich von dem Laichinger Pfarrer Eduard Süskind vertreten; er hielt Vorträge in Versammlungen und verbreitete seine Gedanken in Broschüren:

Mit dem bureaukratischen Styl und dem Normiren und Subordiniren, mit dem Befehlen von oben und dem Nachachten von unten reicht keine Kirchenleitung aus. Die ausgesprochene Ordre, die nicht nach Willen und Neigung, nach Gefallen und Mißfallen fragt, mag überall da am Platz seyn, wo die äußere Verwaltung das Objekt ihrer Thätigkeit materiell zu behandeln und für ihre Zwecke zurecht zu machen hat. Aber die Wege des geistigen und religiösen Lebens wollen anders gebahnt, gebauet und erhalten werden als die Staats- und Vicinalstraßen der Oberamtsbezirke. Den Geist im Innersten des Menschen, die Treue tief im Herzen, die Liebe, der kein Opfer zu groß ist, die Demuth, die sich selbst verläugnet, die Kraft, die nie ermattet, den Glauben, der die Welt überwindet, vermag keine Behörde in ihre Subalternen hineinzubefehlen. Auf dem Feld, für dessen Anbau die fein organisirten Gaben des Geistes und Herzens erforderlich sind, da wirkt nur der Zauber geistiger Superiorität, väterlicher Liebe und Treue, gewinnender überzeugender Wahrheit...

E. Süskind: Die Gebrechen und Heilmittel der protestantischen Kirche in Württemberg. 1842, S. 40f.

...Die Kirche [kann nicht] von Staatsmännern administrirt und geleitet werden, und ebenso hat die Staatsregierung nur dafür zu sorgen, daß die rechte theologische Bildung und die geistigste und religiöseste Persönlichkeit für die Kirchenleitung und den Kirchendienst ausgewählt werde. Mit diesem Postulat der Scheidung der Kirche vom Staat wird aber keineswegs behauptet, daß Staat und Kirche nicht *innerlich* auf einander angewiesen seyen, weil ja der Staat, als christlicher Staat, nicht ohne Kirche bestehen, die Kirche dagegen auch nur durch die Anerkennung und den Schutz des Staates die aus ihrem Wesen herausgebildete Verfassung in ihrer Freiheit und Sicherheit sich erhalten kann. Diese Verfassung der Kirche selbst, weil sie ja nach den äußeren Umständen und nach Zeit und Bedürfniß in ihren *Formen* eine verschiedene seyn kann, ist immer nur das menschliche an der Kirche. Allein in ihrer Bestimmung, daß sie Vermittlung und Bildung menschlicher Verhältnisse und Zustände seyn soll für die ungehemmte Wirksamkeit des göttlichen Geistes in der Kirche auf die Welt, kann die Verfassung der Kirche niemals blos dem Gutdünken und der Machtvollkommenheit des Staates anheimgestellt seyn. Wie diese Verfassung auch im Einzelnen sich gestalten mag, sie wird nur dann eine dem Geist der Kirche entsprechende Entwicklung darstellen, wenn sie sich als das menschliche Organ für Aneignung und Mittheilung des göttlichen Geistes bewährt. Derselbe Geist des Glaubens und der Liebe, der die Kirche ausgebreitet in der Welt, muß sich auch in ihr erhalten, muß die Verfassungsformen der Kirche durchdringen, in ihnen wohnen, wie der Geist im Körper, wenn schon die Art und Weise, wie dieß geschieht, weil dasselbe von der größten Wichtigkeit ist für die Verhältnisse auch des bürgerlichen Lebens, nicht ohne Zustimmung von Seiten des Staats, nicht ohne seine Anerkennung, seinen Schutz und selbst seine mittelbare Leitung geschehen kann und soll.

E. Süskind: Der Organismus der protestantischen Kirche. Blaubeuren 1843, S. 43 f.

Wissenschaftliche Theologie

Wie in jedem Jahrhundert, so hatte die an der Universität angesiedelte Theologie auch im 19. Jahrhundert die Aufgabe, die Aussagen der christlichen Verkündigung in die Sprache der eigenen Zeit zu übersetzen. Das war und das ist nicht möglich ohne Eingehen auf die anderen Wissenschaften, vor allem auf die Philosophie. In die Theologische Fakultät der Landesuniversität wurden Theologen verschiedener Richtungen berufen. In der ersten Hälfte des 19. Jahrhunderts ist bei allen jedoch eine Auseinandersetzung mit der Philosophie Hegels zu spüren, der über die in Stufen sich vollziehende Entfaltung des menschlichen Geistes und über die damit verbundene Entwicklung zum Ziel der Geschichte nachgedacht hatte.

Ferdinand Christian Baur (1792–1860)

Baur wurde 1816 Professor am Seminar in Blaubeuren und 1826 nach Tübingen berufen. Zunächst von Schleiermacher beeindruckt, dann für Jahre durch Hegel geprägt, hat er einen eigenständigen Weg gesucht und eine immense Lebensarbeit geleistet. Von der Religionsgeschichte über das Neue Testament zur Kirchen- und Dogmengeschichte reichen die Themen seiner Aufsätze und großen Bücher. Eine Arbeit über »Zweck und Veranlassung des Römerbriefes und die damit zusammenhängenden Verhältnisse in der römischen Gemeinde« (1836) trägt den damals neuen Untertitel »Eine historisch-kritische Untersuchung«: Baur geht aus von einer historischen Entwicklung, die in spannungsreichen Abschnitten verläuft; diese beschreibt er, indem er sie kritisch, d.h. gegeneinander abgrenzend darstellt.
Mögen Baurs Thesen und Problemstellungen, etwa zum Verhältnis der Petriner und Pauliner, überholt sein – die durch ihn der theologischen Arbeit gestellten Aufgaben sind bis heute geblieben. Freilich muß man fragen, ob bei ihm nicht die Methode über die Wissenschaft von dem Gott, der den Sünder rechtfertigt, gesiegt hat. Oder ist es nicht an dem, daß die historische Schule uns immer wieder enttäuschen wird,

wenn wir von ihr umfassende, allgemeine Antworten erwarten, während im einzelnen von ihr so viel Erkenntnis geboten wird? Nicht nur von katholischer Seite wurde Baur angegriffen. Wo er meinte, antworten zu müssen, hat er sich gestellt. Baur war selbständig und souverän genug, um Kollegen, die nicht seiner Meinung waren, gelten zu lassen, wenn sie nur Format hatten. So hat er sich 1842/1843 für die Berufung von J. T. Beck nach Tübingen eingesetzt. Beide Lehrer haben auf der Stiftskirchenkanzel gepredigt, beide haben einen starken Zugang auswärtiger Studenten bewirkt. Von dem praktischen Theologen Palmer stammt ein Wort über Baur: »... das, was er sagte, hatte Gehalt, Tiefe und Wärme.«

In einer »Erklärung« auf einen Artikel, in dem ihn der konfessionalistisch-konservative Berliner Theologieprofessor Hengstenberg angegriffen hatte, schrieb Baur:

... Und ich werde nun meinem Gegner zeigen, daß hinter der von ihm ausgesprochenen Furcht ein gar arger Unglaube steckt, daß es ihm eben so sehr an dem wahren Glauben als an der wahren Wissenschaft fehlt.
Was muß denn das für ein Glaube seyn, welcher jeden Augenblick in Furcht und Angst darüber ist, es möchte die Grundlage, auf welcher er ruht, das, was er als seinen theuersten und heiligsten Inhalt festhalten möchte, genommen und auf immer entrissen werden, ein Glaube, welcher jeder neuen Erscheinung in Philosophie und Theologie, allen kritischen Zweifeln und Untersuchungen, die über die Schriften des Canons ans Tageslicht kommen, mit der steten Unruhe und Besorgniß entgegensieht, sie möchten ihm zuletzt noch ein gar schlimmes Ende machen?... Wenn daher der Glaube nicht ohne die schriftliche Grundlage seyn kann, auf welcher er ruht, so muß auch diese Grundlage auf felsenfestem Grunde

ruhen, und wenn es je möglich wäre, daß diese Grundlage erschüttert und dem Glauben genommen wäre, so würde ja daraus folgen, nicht, daß es mit dem Glauben selbst ein Ende hat, sondern nur, daß es noch einen andern nicht weiter zu erschütternden Grund des Glaubens gibt, oder der Grund unsers Glaubens, welcher erschüttert und entkräftet werden kann, immer noch nicht der wahre und rechte ist. Wer einmal weiß, was der wahre Glaube ist, der weiß auch, daß der Glaube seinem Wesen nach das Gewißeste und Festeste ist, daß, wenn auch alles unter ihm wankt und weicht, doch er selbst nie wanken und weichen kann...

So verhält es sich, wenn wir die Sache, von welcher die Rede ist, vom Standpunkt des Glaubens aus betrachten, aber nicht anders verhält es sich auch, wenn wir uns auf den Standpunkt der Wissenschaft stellen. Was wäre denn das für eine Wissenschaft, die nur darauf ausgienge, einen coup auszuführen, und einzig nur in dieser Absicht bald diesem bald jenem Brief und zuletzt wohl gar den sämmtlichen paulinischen Briefen die Ächtheit abspräche? Wer so reden kann, spricht eben damit selbst aus, was freilich auch schon bisher keinem Denkenden entgangen seyn konnte, daß in ihm selbst die Idee der Wissenschaft noch nicht auch nur zu dämmern begonnen hat...

Man thut also nichts anders, als daß man seine eigene unedle und niedrige Absicht von der Wissenschaft auch auf andere überträgt. Man verdächtigt sie daher, daß sie nur durch irgend einen unreinen Beweggrund zur Herausgabe einer Schrift bestimmt worden seyen, um etwa einer gereizten bittern Stimmung Luft zu machen, und da in der Theologie nichts einen besseren Verdächtigungsgrund abgibt als der Unglaube, so müssen alle Erscheinungen dieser Art nur Erzeugnisse des Unglaubens seyn, hervorgegangen aus allem denjenigen, was den Unglauben am meisten charakterisirt, aus Willkür und Dreistigkeit, einer unbegreiflichen Leichtfertigkeit, einer schwindelnden, ja berauschten kritischen Skepsis... Man weiß ja nicht, daß die Wissenschaft sich immer wieder aus sich selbst erzeugt, daß sie in fortgehender lebendiger Bewegung begriffen ist, durch sich selbst getrieben wird, ohne daß irgend eine menschliche Macht ihr in den Weg treten kann... Um an dem lebendigen Entwicklungsprozeß der Wissenschaft als selbsthätiges Glied theilzunehmen, muß man auch so in ihn eingehen, daß man bereit ist, der Wissenschaft die Opfer zu bringen, die sie fordert, man darf ihr nicht voraus vorschreiben, was man von ihr zu haben wünsche, und unter welchen Bedingungen allein man sich mit ihr einlassen könne, sondern man muß sich entschließen, wenn es nöthig ist, auch seine subjektiven Vorstellungen und Interessen aufzugeben, um was etwa an ihnen Wahres und Haltbares ist, durch die Wiedergeburt der Wissenschaft zurück zu empfangen. Es gilt auch hier, den natürlichen Menschen zu tödten und dem Fleische abzusterben, damit wir erkennen, nicht was fleischlich ist, sondern was geistig ist, damit das Alte vergeht und alles neu werde...

Vom wahren Glauben und der wahren Wissenschaft heißt es, sie stehen auch in bester Harmonie. Beide nähren und erfrischen sich aneinander, und wie die Wissenschaft vom Glauben, so kann auch der Glaube von der Wissenschaft nur gewinnen. Nur vom Glauben lernt es die Wissenschaft, sich von allem Fremdartigen und Unlautern zu reinigen und sich ungetheilt und unbedingt der heiligen Sache der Wahrheit hinzugeben, und der Glaube verdankt es hinwiederum der Wissenschaft, daß er nicht in träge Ruhe übergeht, sondern in frischer lebendiger Bewegung erhalten wird, um sich seines göttlichen Inhalts immer klarer und unmittelbarer bewußt zu werden...

F. C. Baur: Ausgewählte Werke, Band 1. Herausgegeben von K. Scholder. Stuttgart 1963, S. 267. 290–300

David Friedrich Strauß (1808–1874)

In den Jahren 1835 und 1836 erschienen die beiden Bände »Das Leben Jesu kritisch bearbeitet« von David Friedrich Strauß, der damals schon Doktor der Philosophie und noch Repetent am Tübinger Stift war. »Nicht leicht hat eine literarische Erscheinung so schnell und so allgemein großes Aufsehen erregt und alle Streitkräfte mit so regem Interesse auf einen Kampfplatz gerufen, auf welchem die verschiedensten Parteien einander entgegenstanden und den Eifer des Widerspruchs selbst bis zur heftigsten Leidenschaft steigerten. Das Leben Jesu von Strauß war der zündende Funke, durch welchen ein schon lange zusammengehäufter Brennstoff in lichterlohe Flammen geriet« (F. C. Baur).
Es war nicht schwer, es war auch nötig, deutlich nein zu sagen. Aber die überlegene evangelische Antwort auf die Behauptung, die Menschheit, die Gattung sei der richtige Inhalt der Christologie, diese Antwort wird immer neu gesucht und bezeugt werden müssen. Es hat nicht genügt, und es genügt heute nicht, eben dagegen zu sein. Ob Strauß sich hätte helfen lassen (einige Zugeständnisse hat er gemacht), wenn man ihm anders begegnet wäre, ist fraglich. Er mußte als freier Schriftsteller einen unsteten Weg durch viele Stationen gehen. Am 13. Juli 1843 schrieb er seinem Freund Rapp: »Mein Pensum ist absolvirt, die Geschichte braucht mich nicht mehr.«
In der Vorrede zum »Leben Jesu« heißt es:

Der neue Standpunkt ... ist der mythische. Er tritt in gegenwärtigem Buche nicht zum erstenmal in Berührung mit der evangelischen Geschichte. Längst hat man ihn auf einzelne Theile derselben angewendet, und er soll jetzt nur an ihrem ganzen Verlaufe durchgeführt werden. Das heißt keineswegs,

daß die ganze Geschichte Jesu für mythisch ausgegeben werden soll, sondern nur Alles in ihr kritisch darauf angesehen, ob es nicht Mythisches an sich habe. Wenn die altkirchliche Exegese von der doppelten Voraussetzung ausgieng, daß in den Evangelien erstlich Geschichte, und zwar zweitens eine übernatürliche, enthalten sei, wenn hierauf der Rationalismus die zweite dieser Voraussetzungen wegwarf, doch nur um desto fester an der ersten zu halten, daß in jenen Büchern lautere, wenngleich natürliche, Geschichte sich finde, so kann auf diesem halben Wege die Wissenschaft nicht stehen bleiben, sondern es muß auch die andere Voraussetzung fallen gelassen und erst untersucht werden, ob und wie weit wir überhaupt in den Evangelien auf historischem Grund und Boden stehen. Dieses ist der natürliche Gang der Sache, und insofern die Erscheinung eines Werkes wie das gegenwärtige nicht bloss gerechtfertigt, sondern selbst nothwendig...
Den inneren Kern des christlichen Glaubens weiss der Verfasser von seinen kritischen Untersuchungen völlig unabhängig. Christi übernatürliche Geburt, seine Wunder, seine Auferstehung und Himmelfahrt bleiben ewige Wahrheiten, so sehr ihre Wirklichkeit als historische Fakta angezweifelt werden mag. Nur die Gewißheit davon kann unserer Kritik Ruhe und Würde geben und sie von der naturalistischen vorigen Jahrhunderts unterscheiden, welche mit dem geschichtlichen Faktum auch die religiöse Wahrheit umzustürzen meinte und daher nothwendig frivol sich verhalten musste. Den dogmatischen Gehalt des Lebens Jesu wird eine Abhandlung am Schlusse des Werkes als unversehrt aufzeigen: inzwischen möge die Ruhe und Kaltblütigkeit, mit welcher im Verlaufe desselben die Kritik scheinbar gefährliche Operationen vornimmt, eben nur aus der Sicherheit der Überzeugung erklärt werden, dass alles das den christlichen Glauben nicht verlezt. Desswegen könnten übrigens doch durch Untersuchungen

dieser Art Individuen in ihrem Glauben sich verlezt finden. Sollte diess bei Theologen der Fall sein, so haben diese in ihrer Wissenschaft das Heilmittel für dergleichen Verwundungen, welche ihnen, sofern sie hinter der Entwicklung unserer Zeit nicht zurückbleiben wollen, unmöglich zu ersparen sind; für Nichttheologen allerdings ist die Sache noch nicht gehörig vorbereitet, und desswegen die gegenwärtige Schrift so eingerichtet worden, dass wenigstens die Ungelehrten unter denselben bald und oft zu merken bekommen, die Schrift sei nicht für sie bestimmt, und, lassen sie aus Fürwiz oder Verketzerungssucht sich dessenungeachtet mit derselben ein, so tragen sie dann doch, wie Schleiermacher bei ähnlicher Gelegenheit sagt, die Strafe in ihrem Gewissen mit sich, indem sich ihnen das Gefühl recht aufdringt, dass sie das nicht verstehen, worüber sie doch reden möchten.

D. F. Strauß: Das Leben Jesu, kritisch bearbeitet, Band 1. Tübingen 1835, S. IV f., VII f.

Am Schluß seines Werkes faßte Strauß zusammen:

Schon durch sein Eingehen in die Welt als Gottmensch zeigte sich Gott mit der Welt versöhnt: näher aber, indem er sterbend seine Natürlichkeit abstreifte, zeigte er den Weg, wie er die Versöhnung ewig zu Stande bringt, nämlich durch Entäusserung zur Natürlichkeit und Wiederaufhebung derselben identisch mit sich zu bleiben. Indem der Gottmensch, welcher während seines Lebens den mit ihm Lebenden sinnlich als ein Anderer gegenüberstand, durch den Tod ihren Sinnen entnommen wird, geht er in ihre Vorstellung und Erinnerung ein, wird somit die in ihm gesezte Einheit des Göttlichen und Menschlichen allgemeines Bewusstsein, und die Gemeinde muss die Momente seines Lebens, welche er äusserlich durchlief, in sich auf geistige Weise wiederholen. Im Natürlichen sich schon vorfindend, muss der Glaubige, wie Christus dem Natürlichen – aber nur innerlich, wie er äusserlich – sterben, geistig, wie Christus leiblich, sich kreuzigen und begraben lassen, um durch Aufhebung der Natürlichkeit mit sich als Geist identisch zu sein, und an Christi Seligkeit und Herrlichkeit Antheil zu bekommen...

Das ist der Schlüssel der ganzen Christologie, dass als Subjekt der Prädikate, welche die Kirche Christo beilegt, statt eines Individuums eine Idee, aber eine reale, nicht Kantisch unwirkliche gesezt wird. In einem Individuum, einem Gottmenschen, gedacht, widersprechen sich die Eigenschaften und Funktionen, welche die Kirchenlehre Christo zuschreibt: in der Idee der Gattung stimmen sie zusammen. Die Menschheit ist die Vereinigung der beiden Naturen, der menschgewordene Gott, der zur Endlichkeit entäusserte unendliche, und der seiner Unendlichkeit sich erinnernde endliche Geist; sie ist das Kind der sichtbaren Mutter und des unsichtbaren Vaters; des Geistes und der Natur; sie ist der Wunderthäter, sofern im Verlauf der Menschengeschichte der Geist sich immer vollständiger der Natur bemächtigt, diese ihm gegenüber zum machtlosen Material seiner Thätigkeit heruntergesetzt wird; sie ist der Unsündliche: sofern der Gang ihrer Entwicklung ein tadelloser ist, die Verunreinigung immer nur am Individuum klebt, in der Gattung aber und ihrer Geschichte aufgehoben ist, sie ist der Sterbende, Auferstehende und gen Himmel Fahrende: sofern ihr aus der Negation ihrer Natürlichkeit immer höheres geistiges Leben, aus der Aufhebung ihrer Endlichkeit als persönlichen, nationalen und weltlichen Geistes ihre Einigkeit mit dem unendlichen Geiste des Himmels hervorgeht.

Durch den Glauben an diesen Christus, namentlich an seinen Tod und seine Auferstehung wird der Mensch vor Gott ge-

recht: d. h. durch die Belebung der Idee der Menschheit in sich, namentlich nach dem Momente, dass die Negation der Natürlichkeit, welche selbst schon Negation des Geistes ist, also die Negation der Negation, der einzige Weg zum wahren geistigen Leben für den Menschen sei, wird auch der einzelne des gottmenschlichen Lebens der Gattung theilhaftig...
Die Wissenschaft unsrer Zeit aber kann das Bewußtsein nicht länger mehr unterdrücken, dass die Beziehung auf ein Individuum nur zur zeit- und volksmässigen Form dieser Lehre gehört... Zur Idee im Faktum, zur Gattung im Individuum will unsre Zeit in der Christologie geführt sein: eine Dogmatik, welche im Locus [Lehrstück] von Christo bei ihm als Individuum stehen bleibt, ist keine Dogmatik, sondern eine Predigt.

D. F. Strauß: Das Leben Jesu, kritisch bearbeitet, Band 2. Tübingen 1836, S. 734f. 736. 738

Ohne seinen Namen zu nennen, hat S. K. Kapff, damals Pfarrer in Korntal, im Sommer 1836 im »Christenboten« in mehreren Fortsetzungen seine Kampfschrift »Glaube und Unglaube« (verbunden mit einer kurzen Geschichte des Unglaubens) erscheinen lassen – eine scharfe und weithin beachtete Kampfschrift gegen Strauß und den Zeitgeist:

...Durch die Reformation ist das Wort Gottes als einzige Quelle und Richtschnur alles Glaubens und Lebens wieder in sein Recht eingesetzt und Christi Gerechtigkeit als einziger Grund unserer Gerechtigkeit und Seligkeit hervorgestellt worden. Aber gegen diese lautere evangelische Wahrheit erhob sich der Unglaube... Am auffallendsten trat er zuerst in England auf... [Dort] behaupteten sie, der Vernunftglaube an Gott sey hinreichend, Christum und die Bibel brauche man nicht... Besonders fanden jene Ansichten dadurch einen Eingang, daß durch die französische Revolution und die darauf gefolgten Kriege der französische Geist der Unsittlichkeit und des Abfalls über Deutschland sich verbreitete, und so die Gemüther die alte Zucht und den alten Glauben wegwarfen und die neuen Lehren annahmen...

Besonders aber wirkten zur Verwerfung des alten Glaubens sehr viel die Philosophen Kant, Fichte, Schelling und Hegel. Auffallend ist, daß die stärksten Tonangeber Eichhorn (gestorben in Hannover), Paulus (gestorben in Heidelberg), Schelling (in München, jetzt besser gesinnt), Hegel (gestorben in Berlin) so wie ihr Schüler Strauß aus dem Land stammen, das im Allgemeinen am treusten den alten Glauben festhielt und immer noch die meisten Gläubigen enthält, nämlich aus unserem lieben Württemberg. So hat das Land, das von alten Zeiten her dem Glauben so manchen schönen Dienst geleistet hat, zugleich auch dem Unglauben die wichtigsten Diener und Werkzeuge geben müssen. Sie konnten zwar nicht lange bey uns bleiben, sondern machten im Ausland ihr Glück, aber doch wuchert ihr Same leider in vielen Herzen unter Lehrern und Volk...

Der Pantheismus ist diejenige philosophische Lehre, welche behauptet: das All sey Gott, es gebe keinen persönlichen Gott außer der Welt, sondern Gott und die Welt sey Eins, Gott sey daher auch, wie die Welt, einem allmählichen Werden unterworfen und dieses Werden oder diese Entwicklung Gottes sey das, was in und mit der Welt und Menschheit geschehe... Das ist die Lehre, welche Strauß nicht erfunden, sondern in Berlin und aus den Büchern von Hegel gelernt hat, und die er seinem Meister nachschwätzt. Daher hat er den Geist bekommen, der die Bibel verwirft und alles für unwahre Sage erklärt. Und das lehren jetzt viele Theologen und Philosophen, und der große Haufe schwätzt nach, oft ohne es zu verstehen. Denn diese Lehre findet in dem Geist unserer Zeit überall Anklang. Der Zeitgeist geht immer mehr darauf hin, die Ewigkeit aus den Augen zu rücken und die irdische Welt mit ihren Gütern und Freuden als das wahre Ziel des Menschen anzusehen. Jene Lehre aber erklärt ja die Endlichkeit für Gott, und nur wer das nicht glauben oder denken kann, der ist schlecht und dumm...

Es sind kräftige Irrthümer, die dem Antichristen den Weg schnell bereiten. Bereits ist auch aus all jenen Lehren der Gelehrten und der mit ihnen in verständlicher Sprache zusammenwirkenden Dichter, besonders des leichtsinnigen und ungläubigen Göthe, eine neue Schule hervorgegangen, die mit unterhörter Frechheit Alles in den Staub tritt, was bisher nicht bloß in der Christenheit, sondern auch im Heidenthum heilig gehalten wurde...

So ist nun der Boden geschildert, auf welchem das vielbesprochene Buch von Strauß als ein wahrer Giftbaum aufgesproßt ist. Es wird aber nöthig seyn, diesen Baum noch näher anzusehen, und das will der Bote mit Gottes Hülfe auch noch versuchen.

Zu dieser ganzen Geschichte des Unglaubens aber, aus welchem ein baldiges Auftreten des Antichristen leicht zu erkennen ist, steht als Trost aus dem Worte Gottes das: ›der im Himmel wohnet, lachet ihrer...‹ (Psalm 2, 4 und 5, 11 und 12).

Der Christenbote 1836, S. 285. 291. 301. 302. 304

Dem einsam und krank gewordenen Strauß begegnete in Ludwigsburg der ihm von früher bekannte Prälat Hauber. Strauß war bewegt durch Haubers Freundlichkeit. Dieser hat versucht, den Mann, der kein Christ mehr sein wollte, auf einer beiden gemeinsamen Welle, der Musik, suchend und gewinnend anzureden. Er tat dies durch einen Brief aus dem

Himmel, geschrieben von Joseph Haydn, zugleich für Beethoven und Mozart. Es war nicht mehr möglich, diesen ›Himmelsbrief‹ dem sterbenden Strauß zu übermitteln. Es heißt darin zum Schluß in Anspielung an Straußens Darwinismus und Monismus:

Nehmen Sie's nicht ungünstig auf, wenn wir Sie auffordern, dem Universum keine geringere Ehre anzuthun als unsern Symphonien und auch dort nicht in den Zellen, sondern in dem Meister, der sie zu Leben und Gestaltung bringt, den Urquell des wundervollen, reichen Daseins zu erkennen... Was hilft es Ihnen, daß nun Alle Ihnen zufallen, die sich als atavis editi simiis [Affen-Entstammte] vor den Leuten groß machen? Da bleiben Sie fein weg; Sie dürfen sich zu gut dazu dünken.
Solches muß ich Ihnen schreiben in meinem und meiner Genossen Namen, und ich will Ihnen auch noch die Versicherung geben, wie es mich heute noch freut, daß ich in Tönen den alten Glauben bekannt und vielen Seelen vorgesungen haben: ›Die Himmel erzählen die Ehre Gottes‹.
Es grüßt Sie

der alte Joseph Haydn.

Blätter für württ. Kirchengeschichte 1957/58, S. 245 ff.

Johann Tobias Beck (1804–1878)

Es war keine Flucht aus dem Pfarramt, als Johann Tobias Beck im Jahr 1836 einem Ruf als Professor nach Basel gefolgt ist. 1842/1843 wurde er – u.a. durch Betreiben von F.C. Baur – als Professor für Dogmatik und Ethik und als Frühprediger nach Tübingen berufen. In jeder Beziehung selbstän-

dig, keiner Partei oder Gruppe verpflichtet, galt er, wie einst der Züricher Lavater, als ›Mann ohne Genealogie‹. Seine Arbeit sollte einzig und allein aus der Bibel geschöpft sein. Doch wurde schon 1838 bemerkt, er habe auch etwas von Hegels Spekulation und vom romantisch-organischen Denken aufgenommen. Er hatte die Kraft, als einzelner in Opposition zu vielen Erscheinungen im kirchlichen, politischen und wissenschaftlichen Leben zu stehen. Die herzensuchende Art seines Christentums machte auf viele Studenten tiefen Eindruck. Bis in die skandinavischen Länder war er wirksam. Sein Kollege C. v. Weizsäcker hat ihm eine »reinigende und richtende« Qualität zuerkannt.

Adolf Schlatter hat aus seiner Tübinger Studienzeit berichtet:

Nach dem ersten Staunen trat der Eindruck hervor: er hat einen echten, wirklichen Gott! nicht eine Gottesidee, die er dialektisch verarbeitete, nicht ein Gottesbewußtsein, aus dem er Stimmung sog... Der Universalismus des kirchlichen Amtes, das sich allen dienstfertig erweist, die sich um Wahrheit und Gerechtigkeit kümmern, kam bei ihm zur mächtigen Ausprägung...

Aber Schlatter muß im Blick auf Becks System doch sagen:

Entsprach das ganz dem höchsten Ziele Becks, der Schriftgemäßheit? Wenn nicht nur einzelne Worte, sondern das Ganze der Schrift in Frage kommt, sage ich: nein.

Im Blick auf Becks Stellung im Kirchenwesen spricht Schlatter von »ergreifender Größe«:

Er hat sich seine Entfernung von der Kirche nicht verdeckt, sondern seine Kritik an ihrem ganzen Bestand, an der Lehr- und Bekenntnisfrage, an der Geistlichkeitsfrage, am Predigt- und Sakramentsbetrieb, an der Vermengung mit dem Staat, ebenso aber auch an allen Versuchen zur Neubildung, an der ganzen neukirchlichen Evangelisation und Gemeinschaftspflege durchgeführt... Kirchen werden leicht konservativ, sogar unbußfertig. Diejenigen Männer verdienen unsern größten Dank, die das innere Recht haben, sie zu mahnen und zu bewegen, nicht als ihre Widersacher, sondern als ihre Glieder, mit der Tragkraft einer ganzen Geduld, wie sie Beck besaß.

A. Schlatter im Evang. Kirchenblatt für Württemberg 1904, S. 73 und 81 ff.

In seiner akademischen Antrittsrede in Tübingen sagte Beck im Jahr 1843:

... In Zeiten der Gärung und Verwirrung, wo die alten Marken verrückt sind und die neuen Gränzscheidungen, so rasch sie sich machen, ebenso rasch wechseln oder strittig und willkürlich sind, da muß der Mann, vielmehr der Christ, sich selbst und seinen Boden kenntlich machen; wer im Kreise von Collegen und Schülern Vertrauen anspricht, wie dieß nothwendig ist für die akademische Stellung, muß mit Vertrauen entgegenkommen, seine Überzeugung, wenn sie anders wohlgemeint und wohlbegründet ist, den Herzen übergeben, mit denen er sich in Verbindung setzt; er muß Confessor seyn, um in Ehren Professor zu seyn...
Neben den Prediger der Eitelkeit stellt aber die Schrift einen König der Wahrheit; der spricht: siehe, hier ist mehr denn Salomo! In dem biblischen Christus ergreift wieder die Urordnung des Lebens Position in der Welt als neues Geistesprincip, welches das Naturleben sich aneignet, und zwar in der vollendetsten Form, in der Form freier Persönlichkeit, die in geistiger Organisationsthätigkeit sich wieder verleiblicht, nicht wie unsre geistig depotenzirte Persönlichkeit bloß in der Idee besteht. Christus kommt und wirkt nämlich weder in der geistigen noch leiblichen Weise in dieser nichtigen Welt. Nicht eine

metaphysische Geistigkeit, nicht die Form des sogenannten reinen Begriffs findet sich bei ihm; schon seine ganze Sprache, um nur an das Augenfälligste zu erinnern, schon seine ganze Sprache, auch in ihren geistigsten Beziehungen der johanneischen Darstellung, athmet Natur, verkörpert ihre höchsten Gedanken, und heißt dem abstracten Denken eben daher sinnlich... Eine geistige Leiblichkeit und leibhafte Geistlichkeit – dieß ist der eigenthümliche Charakter des biblischen Christus, der Schlüssel zur Erkenntnis seines Seyns und seines Thuns, das unter keine Kategorie unserer gewöhnlichen, das Geistige und das Leibliche spaltenden Lebensanschauung sich will bringen lassen, weil es dieser Zerrissenheit des Lebens nicht angehört...

Es ist kein abstract logischer Weg, auf welchem das biblische Christentum den Menschen mit seiner Wahrheit und seinem Leben vermittelt, es ist ein biologischer Weg, ganz consequent vom Lebensbegriff, den es zu seinem Ausgang und zu seiner Bestimmung macht; ebenso nicht logische Entwicklung, sondern Lebensentwicklung, Zeugung, generativ ist seine Methode; denn um eine neue Logik und Wissenschaft handelt es sich, die dem alten Menschen fremd ist, also auch um einen neuen Menschen, weil der Mensch sich seine Logik macht und nicht die Logik den Menschen...

Mit dem bloßen Denken kommt Niemand dem biblischen Christentum bei, weder im Guten noch Bösen; das Denken ist gefangen im Leben, wird widerlegt vom Leben und am Ende ruinirt vom Leben; Legalität des Handelns gibt noch keine Tugend, Legalität des Denkens gibt noch keine Wahrheit... Die Crisis geht nun auf den Grund, der Proceß wird radikal – wer aber weiß, an wen und was er glaubt, dem ist nicht bange; es ist ihm lieb, in mehr als Einer Beziehung; so mußte es kommen, und was weiter kommt, überragt die philosophischen und theologischen Debatten. Es gilt aber, die Zeichen

der Zeit verstehen; nicht jammern über das Neue des Unglaubens, als stünde es nicht auf sterblichen Füßen, wie Das, was vor ihm war, oder als hätte es nicht seine kritische Berechtigung, obschon in anderem Sinn, als oft Freunde und Feinde desselben es meinen; es gilt, nicht die Hände ausstrecken nach dem Alten, nach dem menschlich Traditionellen des Glaubens, als könnte es einen Gegner in der Blüthe seiner Mannskraft erdrücken, dessen Geburt und Wachstum es nicht einmal verhindern konnte, da es noch die ungebrochene Macht seines Positivismus inne hatte.
Das gute Alte hat seiner Zeit sich selbst gerechtfertigt durch Leben und Kraft, die von ihm ausgingen; einmal todt, wird es von keiner menschlichen Kunst und Mühe so gerechtfertigt, daß das Leben wieder darein einginge; nur das Quellleben, das Urleben, aus dem jenes geschöpft und genährt war, gibt mit dem neuen das gute Alte neu zu schöpfen in verjüngter Kraft seines inwendigen Kerns, während sein äußeres Menschenschema höchstens als Mumie sich conserviren läßt...
Eben im Bewußtsein seiner wahrhaft geistigen Bestimmung will das biblische Christentum weder logisch bewältigen noch ästhetisch fesseln, weder hierarchisch meistern noch politisch decretiren; nur durch Legitimation an dem geistigen Lebenssinn, wie er unmittelbar noch in Aller Gewissen schlägt, und durch thatsächliche Entwicklung seines eigenen Geistes und seiner inneren Kraft will es freie Liebe und freien Glauben.

J. T. Beck: Über das Verhältniß des Christenthums zum Zeitleben. Academische Antritts-Rede gehalten zu Tübingen den 11. Mai 1843. Stuttgart 1843, 28 Seiten

Gemeindegesang und geistliche Dichtung

Vom Gemeindegesang

Mit dem rationalistischen Gesangbuch von 1791 ging die Württembergische Landeskirche ins 19. Jahrhundert. Es zeigte ein grundsätzlich neues Profil: hauptsächlich bot es neue zeitgemäße Lieder; die meisten der altvertrauten Gesänge fehlten, und der verbliebene Rest war oft bis zur Unkenntlichkeit umgedichtet. In den Städten, vor allem aber in den Dörfern regte sich heftiger Widerstand bis zu handgreiflichen Demonstrationen. Doch es half nichts: das Gesangbuch war offiziell eingeführt, und mancherorts wurde es mit polizeilicher Staatsgewalt durchgesetzt.

Wie die Texte waren auch die alten reformatorischen und barocken Melodien umgebildet, die neuen wirkten verweltlicht und verweichlicht; nur der schwerfällig schwunglose, langweilig monotone Vierteltakt war übrig geblieben. Es gab keine versierten Organisten und musikalisch geschulten Lehrer mehr: das Singen in Haus und Schule und darum auch in der Kirche sank allmählich auf einen äußersten Tiefpunkt. An die musikalische Ausführung aber knüpfte man mancherlei Hoffnungen: der Gemeindegesang sollte Würde und Feierlichkeit, Pathos und Rührung ausstrahlen; die Beachtung des Charakters der einzelnen Verse und die Zeilenüberleitungen und Strophennachspiele der Orgel sollten die emotionale Lebendigkeit anregen. Vielzitiertes Beispiel ist die Einleitung zu »Vollständige Sammlung theils ganz neu componirter, theils verbesserter, vierstimmiger Choralmelodien für das neue Wirtembergische Landgesangbuch. Zum Orgelspielen und Vorsingen in allen vaterländischen Kirchen und Schulen ausschließend, gnädigst verordnet« (Stuttgart 1799), herausgegeben von Justin Heinrich Knecht, Musikdirektor in Biberach, und Johann Friedrich Christmann, Pfarrer in Heutingsheim bei Ludwigsburg.

Der Choral ist der einfachste und langsamste Gesang, der nur gedacht werden kann. Diese Einfachheit und Langsamkeit aber giebt ihm nicht nur die höchste Feierlichkeit und Würde, sondern auch die anerkannteste Tauglichkeit, von einer sehr zahlreichen Menge Volks, wenn es gleich im eigentlichen Verstande nicht musikalisch ist, abgesungen zu werden...
Mit Recht wurde vor Alters der Choral als ein wesentlicher Theil der öffentlichen Gottesverehrung in der christlichen Kirche zur allgemeinen Erbauung eingeführt und bisher beibehalten. Denn durch nichts wird der Christ in größere Thätigkeit und wärmere Theilnahme gesezt als durch den gemeinschaftlichen Kirchengesang. Nichts ist leicht so fähig, ihn zur tiefsten Anbetung Gottes hinzureißen, zum höchsten Lobe desselben zu erwecken und zur heißesten Andacht anzufeuern, nichts so vermögend, ihm religiöse Empfindungen aller Art einzuflößen als ein wohleingerichteter Choralgesang. Sein Endzweck und seine Wirkung ist demnach von der größten Wichtigkeit und dem bedeutendsten Werthe.
Soll nun dieser Endzweck und diese Wirkung auch zu unsern Zeiten erreicht werden, wo man in der deutschen Poesie und Musik weiter gekommen ist, so muß zuvorderst ein geistliches Gesangbuch oder eine vollständige Sammlung von den rührendsten und lehrreichsten Kirchenliedern mit Einsicht in den ganzen Umfang der Religion und unter der Leitung eines guten Geschmackes und richtigen Gefühls für das Erhabene, Schöne und Rührende der geistlichen Dichtkunst und der ihr verwandten Musik verfaßt und dann für Choralmelodien gesorgt werden, welche dem Geiste, Charakter und Inhalte der Lieder und Gesänge entsprechen und die erforderliche Wirkung hervorzubringen geeignet sind; und endlich müssen

solche vorzügliche Lieder und Melodien auf die gehörige Weise... sowohl von dem Vorsänger, der Schuljugend und der Gemeine gesungen als von dem Organisten mit der Orgel begleitet werden...

Vorrede zur Vollständigen Sammlung... S. V ff.

Eine Generation später suchte man die Belebung im vierstimmigen gottesdienstlichen Gemeindegesang. In Württemberg wurden die Anregungen und Erfolge von Hans Georg Nägeli in Zürich von drei bedeutenden Musikern begeistert aufgenommen: Konrad Kocher in Stuttgart, Johann Georg Frech in Eßlingen a. N. und Friedrich Silcher in Tübingen. Gesangvereine, Sängerchöre, Liederkränze wurden ins Leben gerufen: Choralgesang sollte Volksgesang werden und umgekehrt. Friedrich Silcher knüpfte für diese neue Musizierpraxis an den Möglichkeiten der Schule an.
Das Experiment des mehrstimmigen Gemeindesingens ist in Württemberg völlig mißglückt. Der Versuch beruhte auf dem Mißverständnis, daß das Singen des Volkes in der vokalen Harmonie und nicht im rhythmisch-melodischen Impuls bestünde. Auch das einstimmige Gemeindesingen war alles andere als erhebend. Im Pfarrbericht aus einer Gemeinde in der Diözese Nagold bemerkte der Dekan 1845:

...Die Gemeinde singt fast nicht, sondern brummt nur halblaut, was daher zu kommen scheint, daß die Schullehrer unmäßig laut singen und daher die Gemeinden zu keiner Selbständigkeit im Singen kommen lassen. Auch ist der Gesang allzu schleppend und damit zu Schnörkeln und Abweichungen von der Melodie Gelegenheit und Reiz gegeben.

Chr. Kolb: Die Geschichte des Gottesdienstes in der evangelischen Kirche Württembergs. Stuttgart 1913, S. 66

Das »Choralbuch für die evangelische Kirche in Württemberg« (Stuttgart 1844) zum damals neuen Gesangbuch läßt noch viele Möglichkeiten offen: Orgelsatz und Singsatz; es trennt sich nicht von den alten Gewohnheiten der Generalbaßbezifferung und den organistischen Zeilenschnörkeln, und aus lauter Rücksicht auf das Kirchenvolk werden Melodik und Rhythmik kaum verändert:

... Mit wenigen Ausnahmen ist hier nur Solches gegeben, was sich schon im Gemeindegebrauch, und zwar im vaterländischen, bewährt hat. Auf diesen hat man besondere Acht gehabt. Daher sind auch aus den neu-württembergischen Landen solche Weisen aufgenommen worden, welche sich bei den übrigen Gemeinden eine dankbare Aufnahme versprechen dürfen...
Jedoch ... hielt man es nicht für erlaubt, diejenigen Choräle, welche den Gemeinden nun einmal in einer andern Fassung geläufig waren, geradezu in ihre ältere Form zurückzusetzen. Denn so sehr die meisten verdienen, nach ihrer ursprünglichen gemüth- und kunstreichen Weise wiederum bekannt zu werden, so ist doch der Gemeinde-Gottesdienst, für welchen ein Kirchenchoralbuch abgefaßt wird, nicht der Ort, um die Kunst, geschweige das blos antiquarische Interesse auf Kosten der Andacht zu begünstigen. Der Kirchengesang, wie er zur Erbauung dient, so gehört er auch zu denjenigen Mitteln, durch welche die Gemeinde ihre Andacht kund gibt, ihre Frömmigkeit darstellt. Diese Darstellung hängt immer von dem Grade der Innigkeit des religiösen Lebens ab und mit dem übrigen Bildungsstande zusammen. Daher wird in einer tiefer erregten Zeit auch der Gesang eine größere Lebhaftigkeit entfalten und werden in solchen Kreisen, da reichere Kunstbildung Statt findet, auch die kirchlichen Sangweisen an diesem Schmuck ihren Theil gewinnen. Erzwingen und aufdringen

läßt sich hier nichts; wohl aber anleiten und der zukünftigen Entwicklung das Thor offen halten. Darum sind in diesem Choralbuch etlichemal die älteren Fassungen den jetzt üblichen nebenbeigestellt worden...

Vorrede zum Choralbuch, S. V ff.

Erst in der 3. Auflage 1876, von Immanuel Gottlob Faißt als dem zuständigen Kirchenmusiker in Stuttgart verantwortet, trennte man sich endlich von der Unsitte der Zeilenzwischenspiele, behielt aber die Strophenüberleitungen bei. Auf das rhythmisch bewegte Singen im Dreiertakt und auf ein besseres Verständnis von Atem und Stimme mußte man bis ins 20. Jahrhundert warten.

Von der geistlichen Dichtung

Die Dichtung des frühen 19. Jahrhunderts entfaltete sich im Gegenschlag zur herrschenden Aufklärung aus den emotionalen Gefühlswerten der Romantik und den vaterländischen Erfahrungen der Freiheitskriege. Für Württemberg kamen spezielle Impulse aus der Erweckungs- und Missionsbewegung hinzu, die hier zu gültigen Lieddokumenten gefunden und von hier aus in weite Gebiete Deutschlands ausgestrahlt haben.

Für die Erweckungsbewegung ist zuerst Michael Hahn zu nennen, Laientheologe und Gemeinschaftsgründer. Drei seiner zahlreichen geistlichen Lieder sind in der Überarbeitung durch A. Knapp in das württembergische Gesangbuch 1841/1842 aufgenommen worden und seither erhalten geblieben (EKG, Württ. Anhang 433, 516, 517 und zusätzlich noch 531). Sie haben nicht wenig zur Verbindung von Landeskirche und Gemeinschaft beigetragen. In der Sammlung »Geistliches Liederkästlein oder kurzer Auszug aus den sämtlichen Liedern von J. M. Hahn« sprechen die Herausgeber der 1. Auflage 1831 die Bedeutung des Singens für einen umfassenden Gemeindeaufbau an:

... Weil nun die verschiedenen Mittel einerlei Zweck haben, nämlich daß sie alle Glaubigen auf ein Ziel hinführen, zu einerlei Glauben und Erkenntnis des Sohnes Gottes etc. (Ephes. 4, 13), so sollen wir alle Mittel benützen, die für unsern Wahrheitsgrund am tauglichsten sind und uns in unserer letzten, gefährlichen Versuchungszeit am meisten ermuntern, stärken und antreiben. Die Herausgabe gegenwärtigen Schatzkästleins oder Auszugs hat hauptsächlich auch den Zweck, einen Beitrag hiezu zu liefern. Es hat aber auch den ferneren Zweck, den Freunden dieser Schriften, die entweder zu arm sind oder keine Gelegenheit haben, sie alle anzukaufen, um eine kleine Summe ein kleines Ganzes zu bieten; solchen, die Mangel an Zeit zum Lesen haben, etwas Kurzes und Kräftiges zusammenzustellen: einen Bibeltext, einige Liederverse und eine kurze Anmerkung; den Reisenden, den Knechten und Mägden etc. einen Begleiter, Ratgeber, Ermahner und Tröster; den Privat-Erbauungsstunden eine Liedersammlung, die durch die biblischen Texte in die heilige Schrift führt und zu gottseligen Gesprächen Veranlassung geben kann; und endlich den Familien ein Mittel weiter, mit Gesang und Gebet beim Hausgottesdienst zu wechseln ...

Geistliches Liederkästlein ..., Vorbericht, S. V f.

Die württembergische Liedgeschichte nach 1820 ist unlöslich mit dem Geschick der Basler Mission verknüpft. Wichtige Gesänge nach bekannten Kirchenliedmelodien sind für die Jah-

resfeste in Basel entstanden; sie sind dort erstmals gesungen, im Missions-Magazin veröffentlicht und dann weit verbreitet worden. Ein paar Beispiele mögen den fruchtbaren Wurzelboden zeigen:

1822 ist es A. Knapp mit »Süß ist's, für ein ew'ges Leben / Erdengut, / Leib und Blut / Jesu hinzugeben« (gedr. 1823), »Der du zum Heil erschienen« (EKG Württ. Anhang 412, gedr. 1823 als Lied der Missionsschule) und »Einer ist's, an dem wir hangen« (EKG 221, gedr. 1824).

1823 gibt Jonathan Friedrich Bahnmaier seinen Beitrag »Was rührt so mächtig Sinn und Herz? / Was hebt die Blicke himmelwärts? / Wem schallen die Gesänge? / Zu dir drängt sich aus fernem Land, / vereinigt durch des Glaubens Band / dies fröhliche Gedränge« (gedr. 1823).

Beim 9. Jahresfest am 17. Juni 1824 wird von A. Knapp gesungen: »Hier stehen wir von nah und fern / in einem Geist vor einem Herrn, / vereint zu Dank und Bitte« und beim 11. Jahresfest am 15. Mai 1826 »Macht weit die Pforten in der Welt«.

1827 sind es gar die Beiträge der drei schwäbischen Dichter: von J. F. Bahnmaier »Walte fürder nah und fern« (EKG Württ. Anhang 437), von A. Knapp »Wes ist das Fest? Zu wem empor / schallt der Gemeinde heilger Chor / mit frohen Feierliedern?« und schließlich von Chr. G. Barth »Der du in Todesnächten / erkämpft das Heil der Welt« (EKG 222); Barth hatte das Lied schon 1826 an Missionsinspektor Blumhardt eingesandt mit dem Hinweis, er stehe mit weiteren Liedern zu Diensten, wenn man Gebrauch davon machen könne; tatsächlich werden seine angebotenen und neuentstandenen Lieder in den folgenden Jahren viel gesungen (vgl. EKG 218,2.4.5.; EKG Württ. Anhang 480 und 481).

Zum 13. Jahresfest am 18. Juni 1828 dichtete wieder A. Knapp: »Gottes Winde wehen, / Gottes Ströme gehen / in den Ozean; / Wolken ziehn, und ferne / wandeln Sonn und Sterne / ihre Heldenbahn. / Also fort / läuft Gottes Wort, / schneller als der Wolken Heere, / als der Strom der Meere.« Zur Judenmission wird das Lied von Marie Sophie Herwig verwendet: »Wasserströme will ich gießen, / spricht der Herr, aufs dürre Land« (EKG Württ. Anhang 477). Und Barth, der vom ersten Jahresfest 1821 an immer nach Basel pilgerte, vermittelte in seinen Briefen und Berichten die hochgestimmte Atmosphäre der Missionsversammlungen:

... Aber wie soll ich's machen, um euch eine Vorstellung von der Geisteseinigkeit, Freude im Herrn, gemeinschaftlichen Ermunterung, gegenseitigen Anregung zu geben, die in einem Kreise von so vielen Freunden des Reiches Jesu aus allerlei Gegenden sich entwickeln muß? Es wäre als ob ich einem beschreiben wollte, wie der Syrakuser Wein schmeckt oder wie die persische Lilie riecht. So was kann nicht beschrieben und auch nicht aus der Beschreibung empfunden werden, wenn man's nicht selbst genossen hat. Deßwegen geht man gerade hin; könnte man durch bloße Vorstellung etwas Ähnliches genießen, so könnte man auch zu Hause bleiben und das Fest unterlassen. Es ist ein großes Werk des Herrn! Das ist der Haupteindruck, den Alle mit nach Haus getragen haben, nachdem sie gesehen, was der Herr in Basel thut. Bleibe dabei stehen, lieber Leser, und glaube es, und freue dich! Ja,

»Es weig're sich Keins!
Steht Alle für Eins,
Auf! nahe und fern,
Zum Dienste des unüberwindlichen Herrn!«

Christian Gottlob Barth, Doktor der Theologie, nach seinem Leben und Wirken gezeichnet von Karl Werner, Bd. 2. Calw 1866, S. 109 (aus dem Jahr 1828)

1829 veröffentlichten die Basler Freunde Albert Knapps Gedichte in zwei Bänden. 1830 übersetzte Barth das Lied des Erzbischofs R. Heber in Kalkutta, das zum Motto der Mission geworden ist: »Von Grönlands eis'gen Zinken, / Chinas Korallenstrand, / – wo Ophirs Quellen blinken, / fortströmend goldnen Sand, / – von manchem alten Ufer, / von manchem Palmenstrand / erschallt das Flehn der Rufer: / Löst unsrer Blindheit Band!« Als er 1832 das bekannte Lied »Wie lieblich ist der Boten Fuß, / die aus der Ferne kamen« nach Basel mitnahm, bemerkte er ironisch dazu:

Es ist freilich so holpericht, daß man ihm wohl ansieht, es sei auf dem Wege nach Stuttgart in der Chaise gemacht und geschrieben worden. Sonst hatte ich keine Zeit. – Nun dann, so mag's doch laufen.

Christian Gottlob Barth . . ., S. 189

Nimmt man die Lieder des auf Hohenentringen bei Tübingen geborenen Christian Heinrich Zeller hinzu (etwa EKG, Württ. Anhang 434), der in Beuggen a. Rh. unweit Basel eine Armen- und Erziehungsanstalt für Kinder gegründet und geleitet hat, dann wird deutlich, wie die Württemberger das neuere Missionslied entdeckt, gestaltet und in die Welt hinausgesungen haben.

Von den Liedersammlungen

Der neuerwachten religiösen Dichtung entsprach ein wachsendes Verständnis für das ältere Kirchenlied und entsprang der Wunsch, es in Sammlungen wieder bekannt und, wenn möglich, für das singende Kirchenvolk fruchtbar zu machen.

Der Aufruf Ernst Moritz Arndts »Von dem Wort und dem Kirchenliede nebst geistlichen Liedern« (1819) ist von Albert Knapp aufmerksam gehört worden; der Liederdichter wird zum großen Hymnologen. Parallel zu den Sammlungen K. von Raumers (1831), des »Geistlichen Liederschatzes« (Berlin 1832) und Chr. K. J. von Bunsens (1833) machte er sich an die Arbeit, eine Anthologie aus alten und neuen Liedern als Erbauungs- und Kirchenbuch zu schaffen. Der Gesamttitel lautet: »Evangelischer Liederschatz für Kirche und Haus. Eine Sammlung geistlicher Lieder aus allen christlichen Jahrhunderten, gesammelt und nach den Bedürfnissen unserer Zeit bearbeitet« (Stuttgart/Tübingen 1837 in zwei Bänden). Mit den 3590 Nummern und den instruktiven biographischen Beigaben ist es die umfang- und inhaltsreichste praktische Liederausgabe, die das 19. Jahrhundert hervorgebracht hat. Man muß Knapp wenigstens in einem kleinen Ausschnitt aus der ausführlichen, hinreißenden Vorrede hören:

... I. Was den Begriff eines ächten Kirchenliedes betrifft, so stehen die Grundsätze hierüber, wenigstens in der Anwendung, nicht völlig fest, werden auch, da im Gebiete der Poesie so mannichfaltige Freiheit herrscht, nicht so leicht auf eine gemeingiltige Weise festzustellen seyn.

Jedenfalls leuchtet ein, daß ein Kirchenlied nicht bloß den zufälligen Sinn und Willen eines Einzelnen aussprechen, sondern eine Stimme der gesammten Kirche seyn muß, jenes Christenvereins, der sich einmüthiglich erbauet auf dem Grunde der Apostel und Propheten, daran Jesus Christus der Eckstein ist. Willkürlichkeit in Glaubensansicht, Gefühl und Willensbestimmung ist dem Kirchenliede von vorneherein fremd und mit seinem Charakter wie mit seiner Bestimmung durchaus unvereinbar, sowohl was den Gehalt selbst, als was die Form betrifft. Was ein Kirchenlied seyn soll, das muß jeder evangelische Christ glauben, fühlen, hoffen, wollen und verstehen können, das darf die geistliche Bildungsstufe der Kirche weder übersteigen wollen noch unter derselben stehen bleiben, das muß ebendaher den Charakter der wahren Religion, d. h. der heiligen Gebundenheit an den geoffenbarten, lebendigen Gott an sich tragen und die Sprache Seiner Offenbarung und Seines Volkes reden, wie dieses die Pflicht jedes gläubigen Christen ist...

Das christliche Kirchenlied in seiner ächten Gestalt ist der dichterische Lapidarstyl des heiligen Geistes, durch welchen die Gemeinde mit Gott redet, und er mit ihr. Das schönste Vorbild hiezu gibt die Bibel, dieser Schatz heiliger Körner, aus deren jeglichem lauter Leben und Ernten himmlischer Freude sprossen...

A. Knapp: Evangelischer Liederschatz..., S. VII–XXXIII

Eine Eingabe der Stadtgeistlichkeit Stuttgarts für einen substantiellen Gesangbuchanhang und das Erscheinen des »Evangelischen Liederschatzes« waren der Anstoß zum wichtigen württembergischen Landesgesangbuch von 1841/1842; Knapp, nun als Stuttgarter Stiftskirchenprediger, erwies sich als die zentrale Gestalt im Gesangbuchausschuß.
Studiert man die Verhandlungsprotokolle, stellt sich als brennendstes Problem die sprachliche Fassung heraus, in der die alten und neuen Lieder dargeboten werden sollen. Knapp vertrat in allen seinen hymnologischen Arbeiten den Grundsatz, daß die Lieder der Gemeinde und den einzelnen Gläubigen mundgerecht dargereicht werden müßten; darum ist nachzubessern und umzudichten, zu kürzen und aufzufüllen. Er hielt daran fest, auch wenn er später selbstkritisch manche Eingriffe als zu gewaltsam und zu weitreichend beurteilte. Die Gesamtentwicklung aber ging eher in die Richtung einer

möglichst unveränderten Beibehaltung des Originals; ein Dichter soll in seiner Aussage ernst genommen werden und sich als Zeuge seiner Zeit aussprechen dürfen.
In großer Breite und Treue wurde das pietistische Liedgut von Tersteegen und Zinzendorf bis Hiller aufgenommen, das bisher in Württemberg noch nicht zur Wirkung gekommen war. Aber man bemühte sich, zugleich moderne Lieder der noch lebenden bedeutenden Dichter heranzuziehen. Mit Erfolg: Friedrich Rückerts Adventslied »Dein König kommt in niedern Hüllen« (EKG 12) ist z.B. hier erstmals für ein Kirchengesangbuch vorgeschlagen.
In der Vorrede des Konsistoriums zum ausgegebenen Gesangbuch, das sich überaus rasch und leicht den Zugang in die Gemeinden verschafft hat, heißt es:

Das Jahr 1841, welches in der Geschichte von Württemberg durch die unvergeßliche Feier der fünfundzwanzigjährigen gesegneten Regierung des verewigten Königes Wilhelm ausgezeichnet ist, hat eine besondere Bedeutung für die Zukunft der evangelischen Kirche des Landes erhalten.
Die neue christliche Liedersammlung für öffentlichen und häuslichen Gebrauch, welche hier den Gemeinden dargeboten wird, ist... auf der im Frühling des Jahres 1841 hiezu berufenen Synode [Synodus], welche mit einer namhaften Zahl von Geistlichen aus allen Teilen des Königreichs verstärkt worden war, durch Prüfung des zuvor erschienenen und in mehr als 6000 Abdrücken verbreiteten Entwurfs und der von allen Seiten darüber eingelaufenen Ansichten und Wünsche zu stande gekommen...
Der schönste Schmuck und nicht die geringste Kraft der evangelischen Kirche sind ihre geistlichen Lieder und Choräle. Sie hat von beiden mit jedem Jahrhundert eine ansehnliche Zahl und in eigentümlichem Ton und Gepräge hervorgebracht und

hat auch aus früheren Zeiträumen und aus andern Kirchen das Schönste sich dankbar zugeeignet. Es mußte demnach, einem in den deutschen Ländern wieder allgemein erwachten Bedürfnis gemäß, darauf gesehen werden, zu dem Guten, das bereits in dem seit dem Jahre 1791 geltenden Gesangbuch steht, noch manches andere, was in den ältern Sammlungen von Alt- und Neu-Württemberg von entschiedenem Wert und noch in teurem Ansehen unter dem Volke war, hinzuzufügen und solches alles in einer Gestalt aufzubewahren, welche weder die ursprüngliche Form jener Lieder verwischt noch dem Geschmack und der Ausdrucksweise der jetzigen Zeit ganz zuwider lautet. Ebenso war aber auch daran gelegen, die besten und erbaulichsten Lieder des jüngsten Zeitraums in dieser neuen Sammlung zu vereinigen und dadurch vieles, was, bisher nur wenigen bekannt, einer allgemeinen Verbreitung wert erschien, in unsere christlichen Familien und Gemeinden einzuführen...

Das Gesangbuch von 1841/1842 wiederum wirkte als mächtiger Impuls und Impetus; es regte die wissenschaftliche wie praktische Aufbereitung des Liedguts, die theologische Erfassung und die musikalische Ausweitung an. In diesen Richtungen sind auf württembergischem Boden beispielhafte Standardwerke entstanden wie die »Geschichte des Kirchenlieds und Kirchengesangs« von Eduard Emil Koch (3. Auflage 1866–1870: 8 Bände). Durch gründliche Beschreibung der Liedgeschichte samt den biographischen Details aller Dichter und Melodisten wird sowohl das Einzellied wie die Gesamtheit des Liedguts plastischer, erlebbarer, nachvollziehbarer. Seine großangelegte Verarbeitung aller erreichbaren Quellen hat bis heute keine vergleichbare Nachfolge gefunden und bietet der Forschung selbst bei überholten Einzelergebnissen eine unentbehrliche Fundgrube.

Auch die musikalische Darbietung der Lieder gewann eine neue Wertigkeit. Und es ist erstaunlich zu sehen, wie manche Künstler und Kenner über die eigene Kirchturmspitze hinausblicken und zu einer weltweiten und interkonfessionellen Ökumene im Singen anregen, die erst jetzt 100 Jahre später langsam ins Bewußtsein tritt. Wichtigster Exponent ist Konrad Kocher, der in der Frühzeit des 19. Jahrhunderts schon eine bedeutsame kirchenmusikalische Rolle gespielt hatte und nun im hohen Alter eine reife Leistung vorlegte: »Zionsharfe. Ein Choralschatz aus allen Jahrhunderten und von allen Confessionen der christlichen Kirche. Zur Erbauung in der Familie wie in der Gemeine gesammelt und für Singchöre, Orgel- und Klavierspiel vierstimmig bearbeitet« (Stuttgart 1855 in zwei Bänden mit an die 2000 Melodien im Liedsatz), die musikalische Parallele zu Knapps »Liederschatz«:

Die Zionsharfe wird vier Abtheilungen enthalten:
Die 1. Abtheilung gibt die schönsten Melodien aus dem reichen Choralschatz der evangelischen Kirche mit Inbegriff derjenigen Melodien, welche diese aus der alten Kirche, vom heil. Ambrosius bis auf die Reformation, sowie auch aus der böhmischen, der mährischen und der Brüdergemeinde, von Huß bis auf unsere Zeit in sich aufgenommen hat.
Die II. Abtheilung enthält das Psalmbuch der reformirten Kirche, zuerst in Frankreich erschienen...
Die III. Abtheilung umfaßt die schönsten Melodien der Psalmen und Hymnen der anglicanischen Kirche in England und Amerika.
In der IV. Abtheilung werden die schönsten Melodien der römisch-katholischen Kirche in Deutschland mitgetheilt.
Die Stimmen der Völker werden vernommen auf dem Weltmarkt, in der Weltpolitik, in der Weltliteratur, kurz in allen weltlichen und geistlichen Dingen. Warum sollten wir denn

nicht auch hören, wie sie zur Ehre Gottes *singen*? Um so mehr als der Befehl des Apostels Col. 3, 16. Eph. 5, 19 u. an a.O. an Alle ergangen ist: »Lehret und ermahnet euch selbst mit geistlichen lieblichen Liedern. Singet und spielet dem Herrn in eurem Herzen."

K. Kocher: Zionsharfe..., S. VII

Christian Palmer führte seit 1852 als Professor für Praktische Theologie in Tübingen das Fach Hymnologie in die universitäre Ausbildung der Pfarrer ein und vertrat es interessiert und engagiert, wie sein Buch »Evangelische Hymnologie« (Stuttgart 1865) ausweist. Es ist so dicht und spannend, so liebevoll werbend und scharf beurteilend geschrieben, daß es unmöglich erscheint, einen Abschnitt herauszulösen. Stattdessen sollen Sätze aus seinem Vorwort zu Kochers »Zionsharfe« folgen, die eindrücklich die Einheit von Kunst und Theologie, von Musik und Wort, von Nationen und Konfessionen betonen:

...Ich habe oben den Universalismus – oder, wenn man so sagen wollte, den kirchlichen Kosmopolitismus dieses Werkes berührt. Die verschiedenen Kirchen, die lutherische, die calvinische, die englische, die römische sind hier in einer Art unirt, wie sie es in Wirklichkeit niemals seyn werden bis auf den Tag, da Eine Heerde seyn wird unter Einem Hirten. Aber das eben ist das Herrliche an der heiligen Kunst, und vor allen andern Künsten an der Musik, daß wir in ihr zum Voraus etwas genießen, was dem Himmel, was einer seligen Zukunft angehört; die Kunst ist eine Anticipation des Größeren und jetzt noch Verhüllten, was die Ewigkeit offenbaren wird. Darum darf sie auch uniren zu einer Zeit, wo von Versöhnung der kirchlichen Gegensätze äußerlich so wenig als jemals zu sehen ist. Sie geht aber nicht darauf aus, die Unterschiede, welche durch die geschichtliche Entwicklung im Leben der allgemeinen Kirche bedingt sind, zu verwischen; ein englisches Anthem wird stets anders klingen als ein lutherischer Choral, ein reformirter Psalm anders als ein Stabat mater. Aber wie wir in jeder dieser Gattungen eine concrete Gestaltung des Schönen erkennen und uns, ob wir auch die eine über die andere stellen, dennoch an jeder erfreuen können; wie uns gerade das Charakteristische einer jeden anzieht und wir uns dem Eindrucke desselben mit Liebe hingeben: so feiern wir eben in der heiligen Kunst dasjenige schon jetzt, was wir als sichtbare Wirklichkeit erst von einer großen Zukunft, erst von der Erfüllung aller göttlichen Verheißungen hoffen...

K. Kocher: Zionsharfe... Vorwort von Chr. Palmer, S. Vf.

Blumhardt der Ältere

Im pietistischen Umfeld aufgewachsen, wurde Johann Christoph Blumhardt aufgrund besonderer Erlebnisse zu einer zentralen Gestalt christlicher Hoffnung, die weit über den Pietismus hinauswirkt. Blumhardt der Ältere, wie man ihn zur Unterscheidung von seinem als Mitbegründer des Religiösen Sozialismus bekanntgewordenen Sohn Christoph nennt, verbrachte seine Kindheit als Sohn eines Stuttgarter Bäckers und Holzmessers in bescheidenen Verhältnissen. Geprägt durch Stuttgarter Gemeinschaftskreise, u.a. die pregizerianische Versammlung seines Onkels Carl Friedrich Blumhardt, begann er früh mit dem Bibelstudium. Bereits als Kind bemerkte er, daß in der Schrift sich so Vieles ganz anders ansieht als bei unsern Gläubigen:

Wie viel namentlich sagt der Herr und sagen die Apostel von dem Heiligen Geiste; und Alles, was sie sagen, kann ich bei uns so nicht finden.

Blätter aus Bad Boll 1877, S. 39

Nach dem Besuch des Stuttgarter Gymnasiums bezog er 1820 das Seminar Schöntal, um sich auf das Theologiestudium vorzubereiten. Durch den Mitschüler Wilhelm Hoffmann, einen Sohn Gottlieb Wilhelm Hoffmanns, des Initiators der Korntaler Brüdergemeinde, kam Blumhardt in enge Verbindung mit den Korntalern. 1824 begann er das Studium der Theologie in Tübingen. Mit dem Dichter Eduard Mörike, wie Blumhardt Bewohner des Tübinger Stifts, verband ihn eine enge Freundschaft. Auch mit David Friedrich Strauß, dem späteren Verfasser des aufsehenerregenden »Leben Jesu«, wurde er als Stiftler näher bekannt. Als Besucher der Tübinger Studentenstunde, der sogenannten »Pia«, zählte Blumhardt zu den pietistischen Studenten, was ihn jedoch nicht hinderte, die Vorlesungen Ferdinand Christian Baurs, des von Schleiermacher und später von Hegel beeinflußten Kirchen- und Dogmengeschichtlers, mit großem Genuß zu hören. Auch in den anderen Disziplinen war er bestrebt, die Gesamtheit der Lehrmeinungen in den Blick zu bekommen.
Nach einem Vikarsjahr bei dem Dürrmenzer Pfarrer Gottlob Christian Kern, einem seiner früheren Lehrer in Schöntal, wurde Blumhardt 1830 vom Basler Missionskomitee auf eine Lehrerstelle am Missionshaus in Basel berufen. In der von Christian Gottlieb Blumhardt, einem Cousin seines Vaters, geleiteten Anstalt unterrichtete er in den alten Sprachen, in theologischen Fächern wie biblischer Exegese, Predigtlehre und Katechetik, aber auch in Geometrie, Astronomie und Geographie. Seine Schüler waren angehende Missionare wie

sein jüngerer Bruder Carl Heinrich Blumhardt, die später in Indien tätigen Samuel Hebich und Hermann Mögling und der als Afrikaforscher in die Geschichte eingegangene Johann Ludwig Krapf.
Auf einer Reise von Basel in den nahen Schwarzwald lernte Blumhardt seine spätere Frau Doris kennen, eine Tochter des Missionsfreundes Karl Köllner in Sitzenkirch. 1836 verlobte er sich mit ihr.
Aus Basel 1837 zurückgekehrt, hoffte er auf eine Anstellung als württembergischer Pfarrer. Stattdessen berief ihn das Stuttgarter Konsistorium als »Pfarrgehilfen« nach Iptingen; er mußte an Stelle des dortigen, mit der Gemeinde völlig zerstrittenen Pfarrers den größten Teil der Predigten, den kirchlichen Unterricht und die seelsorgerliche Betreuung des Dorfes übernehmen. Die Versetzung nach Iptingen war eine herbe Enttäuschung; die Gründung eines eigenen Hausstandes ließ sich bei dem geringen Vikarsgehalt nicht verwirklichen. Von der Gemeinde wurde der junge Pfarrgehilfe jedoch aufgrund seines engagierten Schul- und Konfirmandenunterrichts und seiner die Zuhörer packenden Predigten bald akzeptiert. Im Dorf kam es zu einer regelrechten Erweckung. Als Seelsorger wurde Blumhardt von einem Haus ins andere gerufen; speziell eingerichtete Abendversammlungen waren überfüllt.
Auch bei den Iptinger Separatisten, Anhängern des 1803 in die USA ausgewanderten Johann Georg Rapp, wuchs Blumhardts Ansehen. Ihre völlige Trennung von der Landeskirche machte eine Annäherung vorerst schwierig; die Separatisten kritisierten, daß die Kirche sich von dem Vorbild der ersten Christen weit entfernt habe. Blumhardt gelang es, das separatistische Bild eines landeskirchlichen Geistlichen zu korrigieren; schließlich sah man sich in dem Bestreben, wahres Christentum zu leben, verbunden. Am Karfreitag 1838 fan-

den sich alle Iptinger Separatisten zu Gottesdienst und Abendmahl ein.
Nach vielen vergeblichen Bewerbungen um eine Pfarrstelle war Blumhardts Gesuch um Möttlingen erfolgreich. In diesem oberhalb von Calw gelegenen Dorf hatten bereits berühmte Prediger wie Gottlieb Friedrich Machtholf und der befreundete Christian Gottlob Barth gewirkt. Nach seinem Amtsantritt und der Heirat mit Doris Köllner (1838) widmete sich Blumhardt, neben schriftstellerischen Arbeiten für Barths Calwer Verlagsverein, seiner Gemeinde. Obwohl er mit gleichem Eifer wie zuvor in Iptingen ans Werk ging, konnte er in Möttlingen anfangs keine geistliche Veränderung registrieren.
1842 war er genötigt, sich einer jungen Frau aus seiner Gemeinde namens Gottliebin Dittus anzunehmen, die von unerklärlichen Krämpfen, Blutungen und »Geistererscheinungen« heimgesucht wurde:

An einem Sonntag abend kam ich wieder zu ihr, als mehrere Freundinnen anwesend waren, und sah schweigend den schrecklichen Konvulsionen zu. Ich setzte mich etwas entfernt nieder. Sie verdrehte die Arme, beugte den [Kopf] seitwärts und krümmte den Leib hoch empor, und Schaum floß abermals aus dem Munde. Mir war es klar geworden, daß etwas Dämonisches hier im Spiele sei – nach den bisherigen Vorgängen; und ich empfand es schmerzlich, daß in einer so schauderhaften Sache so gar kein Mittel und Rat solle zu finden sein. Unter diesen Gedanken erfaßte mich eine Art Ingrimm; ich sprang vor, ergriff ihre starren Hände, zog ihre Finger gewaltsam, wie zum Beten, zusammen, rief ihr in ihrem bewußtlosen Zustande ihren Namen laut ins Ohr und sagte: »Lege die Hände zusammen und bete: ›Herr Jesu, hilf mir!‹ Wir haben lange genug gesehen, was der Teufel tut; nun wollen wir auch sehen, was Jesus vermag.« Nach wenigen Augenblicken erwachte sie, sprach die betenden Worte nach; und alle Krämpfe hörten auf, zu großem Erstaunen der Anwesenden. – Dies war der entscheidende Zeitpunkt, der mich mit unwiderstehlicher Gewalt in die Tätigkeit für die Sache hineinwarf. Ich hatte vorher auch nicht den geringsten Gedanken daran gehabt; und auch jetzt leitete mich ein unmittelbarer Drang, von dem ich den Eindruck noch so stark habe, daß eben er später oft meine einzige Beruhigung war, weil er mich überzeugte, daß ich nicht aus eigener Wahl und Vermessenheit eine Sache unternommen hätte, deren schauerliche Entwicklungen ich mir damals unmöglich hätte vergegenwärtigen können.

J. Chr. Blumhardt: Krankheitsgeschichte der G. D. in Möttlingen. 2. Fassung 1850, S. 18f. (Gesammelte Werke, Bd. I/1. Göttingen 1979, S. 40)

Als treuer Seelsorger gab Blumhardt die Kranke niemals auf, auch wenn spätere Steigerungen wie Hervortreten von Gegenständen aus Gottliebins Körper und Selbstmordversuche ihn erschreckten und zunächst in Ratlosigkeit stürzten. Er vertraute allein auf das Gebet; seine Hoffnung war, daß Jesus sich als Meister über diese, wie Blumhardt überzeugt war, satanischen Angriffe erweisen werde.
Nach beinahe zweijährigem Kampf kam es am Schluß der Weihnachtsfeiertage 1843 zum ersehnten Ende der Krankheit. Auch Gottliebins Bruder Hansjörg und die Schwester Katharina wurden zuvor befallen; aus Katharina redete eine Stimme, die Blumhardt als Stimme eines Dämons deutete:

Daneben ließ sich ... der Dämon aus ihr [Katharina] ... vernehmen, der sich diesmal nicht als einen abgeschiedenen Menschengeist, sondern als einen vornehmen Satansengel ausgab, als das oberste Haupt aller Zauberei, dem vom Satan die Macht dazu erteilt worden sei, und durch den dieses Höllenwerk nach den verschiedensten Seiten hin zur Förderung des satanischen Reichs sich verzweigt hätte, mit dem aber nun, da er in den Abgrund fahren müsse, der Zauberei der Todesstoß gegeben werde, an dem sie allmählich verbluten müsse.

Plötzlich, gegen 12 Uhr um Mitternacht, war es, als erblickte er den geöffneten Feuerschlund. Da dröhnte aus der Kehle des Mädchens zu mehreren Malen, ja wohl eine Viertelstunde andauernd, nur Ein Schrei der Verzweiflung, mit einer erschütternden Stärke, als müßte das Haus zusammenstürzen. Grausenerregenderes läßt sich nichts denken, und es konnte nicht fehlen, daß nicht die Hälfte der Bewohner des Orts, nicht ohne besonderen Schrecken, Kenntnis von dem Kampfe bekam. Dabei befiel die Katharine ein so starkes Zittern, daß es war, als wollten sich alle ihre Glieder voneinander abschütteln. Schien so der Dämon lauter Angst und Verzweiflung zu sein, so war nicht minder riesenhaft sein Trotz, indem er Gott herausforderte, ein Zeichen zu tun, und nicht eher auszufahren vorgab, als bis ein den ganzen Ort erschütterndes Zeichen vom Himmel erfolgt wäre, damit er nicht so gemein wie andere Sünder seine Rolle niederlegen, sondern gewissermaßen unter Ehren in die Hölle fahren müsse. Solches schauerliche Gemisch von Verzweiflung, Bosheit, Trotz und Hochmut ist wohl schwerlich je irgendwo erblickt worden.

Unterdessen schien in der unsichtbaren Welt immer rascher sein erwarteter Untergang vorbereitet zu werden. Endlich kam der ergreifendste Augenblick, welchen unmöglich jemand genügend sich vorstellen kann, der nicht Augen- und Ohrenzeuge war. Um 2 Uhr morgens brüllte der angebliche Satansengel, wobei das Mädchen den Kopf und Oberleib weit über die Lehne des Stuhls zurückbog, mit einer Stimme, die man kaum bei einer menschlichen Kehle für möglich halten sollte, die Worte heraus: »Jesus ist Sieger! Jesus ist Sieger!« Worte, die, so weit sie ertönten, auch verstanden wurden und auf viele Personen einen unauslöschlichen Eindruck machten...

Krankheitsgeschichte der G. D. in Möttlingen, S. 99–102 (Gesammelte Werke Bd. I/1. Göttingen 1979, S. 75f.)

Gottliebin wurde, ebenso wie ihre Geschwister, völlig geheilt. Auch körperliche Gebrechen verschwanden, so daß sie in der Lage war, im nächsten Jahr die Leitung des Möttlinger Kindergartens zu übernehmen.
Unter dem Eindruck des Kampfes und Sieges entstand ab 1844 eine Bußbewegung in Möttlingen. Sie begann mit der Erweckung eines übel beleumundeten Mannes:

Er kam zitternd und bleich, sich selbst gar nicht mehr gleich, um die Zeit des Neujahrs 1844 zu mir und sagte: »Herr Pfarrer, ist es denn auch möglich, daß mir noch vergeben und ich selig werden kann?« Er versicherte dabei, daß er schon acht Tage lang nicht mehr geschlafen habe; und wenn ihm nicht leichter auf der Brust gemacht werde, so müsse es sein Tod sein. Auf diesen Mann war ich nicht gefaßt; ich blieb daher etwas kalt und prüfend und sagte ihm gerade heraus, daß ich ihm nicht traue, auch nicht eher trauen könne, als bis ich an einigem Bekenntnis seiner Sünden mich seiner Redlichkeit versichert hätte. Doch konnte ich nicht umhin, mit ihm zu beten und ihm, dem seltsam verstörten Manne, was ich zuvor nie getan hatte, unter Handauflegung etliche Segensworte zuzurufen, die ihn sichtbar stärkten. Er kam noch etliche Male, bis er offen sagte: »Herr Pfarrer, jetzt will ich bekennen.« Das tat er denn auch mit großer Offenheit; und ich bekam den ersten Eindruck von den vielen schweren Sünden, die unter unserem Volke im Schwange sind. Noch war er in hohem Grade gedrückt; und was ich ihn evangelisch tröstete, wollte nicht recht haften; er meinte, ich müsse ihm nach meinem Amte vergeben, wenn er völlig beruhigt sein sollte. Ich vertröstete ihn auf den nächsten Besuch – den er schon am folgenden Morgen, im Gemüte um ein Bedeutendes erleichtert und getröstet, machte. Er beharrte auf seinem Wunsche einer förmlichen Verkündigung der Vergebung seiner Sünden; und ich, ohnehin gehoben von der Freude über die Rettung dieses Sünders, nahm keinen Anstand, etwas, das ich mir nach der Augsburgischen Konfession und dem Katechismus, sowie nach den Testamentsworten JEsu gar nicht anders als dem evangelischen Amte zuständig denken konnte, zu tun. Ich tat es unter Handauflegung; und als er von den Knien aufstand, glänzte sein gänzlich verändertes Gesicht von Freude und Dank.

Blumhardts Mitteilungen über die Möttlinger Ereignisse im Evangelischen Kirchenblatt, zunächst für Württemberg. 1845, Nr. 7 (Gesammelte Werke, Bd. I/1. Göttingen 1979, S. 97 f.)

Fast alle Bewohner Möttlingens und des Filials Unterhaugstett folgten seinem Beispiel. Es kam zu vielen Heilungen seelischer und körperlicher Leiden; das geistliche Neuwerden erfaßte den ganzen Menschen. Scharen von Besuchern aus umliegenden Gemeinden, bis in die Umgebung von Stuttgart, besuchten Blumhardts Gottesdienste und fragten ihn in geistlicher Not und bei Krankheiten um Rat. Mit der Zeit wurde das Pfarrhaus zur Herberge für Heilungssuchende, darunter auch Ausländer.

Das Anwachsen der Möttlinger Bewegung wurde vom Stuttgarter Konsistorium kritisch beobachtet; man forderte von Blumhardt ausführliche Berichte an und stellte ihn wegen an-

geblichen Eingreifens in die Rechte benachbarter Pfarrer zur Rede. Auch wurde bemängelt, daß er die Kranken nicht zum Arzt weise, sondern in »allzugroßer Zuversicht« Buße und Vertrauen auf Gottes Verheißungen als alleiniges Heilmittel betrachte.

Von Anfang an war sich Blumhardt bewußt, daß die Erwekkungsbewegung »über kurz oder lang, wenn es seinen gewöhnlichen Gang geht, wieder versiegen müßte«. Daraus folgerte er, daß der Christenheit

der besondere Pfingstgeist der ersten Kirche fehle, und daß ohne diesen nichts Dauerndes zustande kommen könne. Solches führte mich darauf, um eine *neue Ausgießung des Heiligen Geistes* zu bitten und hierin nicht nachzulassen, um so mehr, da Anzeichen genug vorhanden sind, daß die Zeit nahe sein dürfte, welche die Schrift »die letzte« nennt ... Nach einer sorgfältigen Auslegung der Stelle in Joel 2 und Offenbarung 14 kann und muß ich es glauben, daß den widerchristlichen Zeiten, wie sie geweissagt sind, eine allgemeine Erregung zum Guten vorausgehen werde. Meine Brust wird mir enge, wenn ich die Welt überschaue, und weit, wenn ich aufwärts und in die Verheißungen blicke! Ach! möchten doch bald Greuel und Jammer auf Erden zum Ende kommen!

Evangelisches Kirchenblatt 1845, Nr. 15 (Gesammelte Werke, Bd. I/1. Göttingen 1979, S. 117 f.)

Im Vergleich zu diesen Hoffnungen – Geistausgießung, neue Gnadenzeit für alle Menschen, baldige Wiederkunft Christi – treten für Blumhardt die Ereignisse um Gottliebin Dittus (Geistererscheinungen, Geisterstimmen, Hervortreten von Gegenständen u. a.), auf welche sich schon damals das Hauptinteresse der Öffentlichkeit richtete, in den Hintergrund.

Nicht nur das geistliche Neuwerden seiner Gemeinde war Blumhardts Anliegen; er versuchte auch, die wirtschaftliche Lage der meist armen Möttlinger zu verbessern. Zusammen mit seiner Frau gründete er eine Strick- und Nähschule (»Industrieschule«) für Mädchen und Jungen. 1844 wurde ein Kindergarten eingerichtet. Im Notjahr 1847 entstand ein Lokal-Wohltätigkeitsverein in Möttlingen, der sich aus kleinen Anfängen zu einer »Viehleihkasse« entwickelte. Einwohnern des Ortes wurde eine Kuh zur Verfügung gestellt; die Kälber verkaufte der Verein und berechnete den Erlös als Rückzahlungsrate.
1852 erwarb Blumhardt mit großzügiger Hilfe des elsässischen Freundes Dieterlen das königliche Bad Boll, ein Schwefelbad mit geräumigem Kurhaus und Park in der Nähe von Göppingen. Die Seelsorge an Menschen, die krank und in geistlicher Not waren, trat nun, verbunden mit einer umfangreichen Briefseelsorge, in den Mittelpunkt. Von den Pflichten eines Gemeindepfarrers befreit, durfte er jedoch mit Zustimmung des Konsistoriums in seiner Hausgemeinde Gottesdienst halten und das Abendmahl feiern.
Angehörige aller gesellschaftlichen Gruppen begegneten sich in Bad Boll ungezwungen und brüderlich. Ende der fünfziger Jahre hatte Blumhardt jährlich etwa 900 Hausgäste zu betreuen. Über sein Vorgehen in den seelsorgerlichen Gesprächen schrieb er, daß er

von Niemandem ein Bekenntniß verlange, ja sogar Niemanden dazu veranlasse durch verblümte Winke, die ich ihnen gebe, vielmehr in der einfachsten Weise, und in der Regel außerordentlich kurz, seelsorgerlich mit den Leuten rede, immer nur auf das eingehend, was sie ganz von freien Stücken mir vortragen. Man hört etwa auch, daß ich auf Bekehrung der Herzen dringe, und meint, daß ich Stunden lang mit ihnen verkehre und mit strengem Ernst ihnen zusetze, bis sie sich etwa ergeben. Dagegen muß ich sagen, daß ich nicht leicht jemanden, der von ähnlichem Verlangen nach dem Seelenheil der Menschen durchdrungen ist, kenne, der so sehr ein Feind des Wortemachens wäre wie ich ... Man hat endlich etwas davon gehört, daß ich an Besessenheiten noch glaube und viele, namentlich Geistes-Kranke, dem Einflusse dämonischer Kräfte unterworfen mir denke. Daraus zieht man den Schluß, daß ich den Leuten recht heiß darüber mache, wie sie besessen seien, und nichts Eiligeres zu thun für nöthig erachte, als den Teufel auszutreiben und so Manoeuvers des Exorcismus mit den Leuten habe. Dagegen habe ich zu erklären, daß Niemand, der auch an Besessenheit glaubt (denn darin stehe ich keineswegs allein), weniger mit Leuten, bei denen er sie vermuthet, davon redet als ich, daß ich den Leuten, die solchen Gedanken mir entgegentragen, denselben strenge und oft ernst verwehre, daß ich überall gar nichts thue, was äußerlich an eine aufs Dämonische wirkende Operation erinnern könnte, daß ich mit solchen Personen in der Regel am wenigsten verkehre, sondern sie nur zur Kirche bei mir verweise, an Gottesdiensten und Andachten Antheil nehmen lasse und fast unbemerkt bei mir habe, überzeugt, daß Dämonisches, wenn's je da ist, nur durch das einfache evangelische Wort, das die Leidenden hören, zum Weichen gebracht werden kann. Seien also meine Grundsätze, welche sie wollen, so hört und sieht man bei mir gar nichts Anderes, als was einem jeden Seelsorger nach seinem evangelischen Bekenntnisse zusteht, und wie man's überall hört und sieht. Was ich aber im Hintergrunde denke, achte ich für zollfrei.

Blumhardt an Unbekannt, 16. August 1853. Blumhardt-Archiv an der Württ. Landesbibliothek Stuttgart, Kapsel I A 2/II

Auch in Bad Boll ereigneten sich zahlreiche Heilungen. Blumhardts Fürbitte und Briefseelsorge hatten zudem Fernheilungen zur Folge, so etwa die Befreiung eines Jungen im Osten Deutschlands vom »Weichselzopf«, einer Erkrankung der Kopfhaut.

1869 und 1876 wurde Blumhardt in die württembergische Landessynode gewählt; hier hatte er sich u. a. mit der gottesdienstlichen Gestaltung von Feiertagen zu befassen oder mit der Frage, ob der Zugverkehr an Sonntagen reduziert werden müsse. Wichtiger waren ihm zahlreiche Reisen, die ihn als Prediger und Festredner auf Kirchentage, Missionsfeste, Predigerkonferenzen und Jahresfeste führten und ihm Gelegenheit boten, seine auf die Möttlinger Ereignisse gegründeten Hoffnungen öffentlich darzulegen. So erweiterte er seinen Wirkungskreis bis nach Hamburg, Berlin, Breslau, Amsterdam, Genf, Paris und ins Elsaß.

Einen noch größeren Kreis von Menschen erreichte Blumhardt durch eine umfangreiche literarische Tätigkeit. In Möttlingen standen – neben der 1850 nur für Freunde gedachten, erst später in hoher Auflage veröffentlichten »Krankheitsgeschichte der G(ottliebin) D(ittus)« und der »Vertheidigungsschrift gegen Herrn Dr. de Valenti« – Jugend- und Missionsschriften im Vordergrund (u. a. »Handbüchlein der Weltgeschichte«, »Handbüchlein der Missionsgeschichte und Missionsgeographie«, »Monathsblätter für öffentliche Missions-Stunden«, Mitarbeit an Barths »Jugendblättern«). In Bad Boll sah sich Blumhardt, entsprechend seinem jetzt verbreiteten Ruf als Prediger, zur Herausgabe von Andachten, Schriftauslegungen und Predigten gedrängt. Bekannt wurden vor allem seine 1873 bis 1877 erschienenen »Blätter aus Bad Boll«.

Zudem versuchte er sich, wie schon in Möttlingen, als Liederdichter und Komponist. Er veröffentlichte unter anderem ein Büchlein »Psalmlieder, oder die Psalmen, in singbare Lieder umgesetzt«. Er ließ sie bei seinen Andachten in Bad Boll singen; im Vorwort erklärte er seine Absicht und sein Vorgehen:

... Die Lieder verdankten... ihren Ursprung einem längst vorher von mir gefühlten Bedürfniß, mehr Gesänge, als ich vorfand, zu haben und gebrauchen zu können, die in biblischer Weise auf die zu hoffende Entwicklung und Vollendung des Reiches Gottes auf Erden oder auf die endliche Offenbarung der Herrlichkeit Gottes unter allen Völkern hinwiesen... Von Anfang hatte ich den Grundsatz, nur den Text geben zu wollen, so daß die Lieder keine Überarbeitung, sondern nur eine gereimte Übersetzung seyn, mithin gleich dem Texte als Gottes Wort zum Herzen sprechen sollten. Demgemäß habe ich nichts hinzugesetzt, was die ursprüngliche Haltung des Textes verändern oder demselben eine andere Färbung geben konnte, aber auch Charakteristisches nicht oder nur selten ausgelassen...

Besonders wichtig war Blumhardt zeitlebens ein in Möttlingen entstandenes Lied:

Jesus ist der Siegesheld,
Der all' Seine Feind' besieget.
Jesus ist's, dem alle Welt
Bald zu Seinen Füßen lieget.
Jesus ist's, der kommt mit Pracht
Und zum Licht führt aus der Nacht!

Bibellieder. Bad Boll 1877

Im Januar 1880 erkrankte Blumhardt an einer Lungenentzündung. Er, der gehofft hatte, die bevorstehende Gnadenzeit noch zu erleben, konnte im Gebet sein Sterben als den Willen Gottes annehmen. Seine Söhne berichteten:

Unser Vater war auch von da an frei von Unruhe bezüglich der Erhaltung seines Lebens. Sein Geist beschäftigte sich nur noch mit Gedanken an die Erfüllung der Weissagungen. »Dein Reich komme« und »Der Herr wird seine Sache herrlich hinausführen; der Herr wird seine milde Hand aufthun zur Barmherzigkeit über alle Völker«, das waren seine Reden. So nahte der letzte Tag, der schwerste. Am Dienstag Abend wurde er plötzlich ruhig mit dem vernehmlich gesprochenen Wort: »So, Heiland, jetzt kannst du kommen, wenn du willst!« ... Ruhig schlief er ein, nicht die geringste Zuckung war in seinem Gesicht oder sonst bemerkbar. – So schied dieser Mann Gottes.

Christlicher Volksbote aus Basel. 1880, S. 148

Blumhardts Naherwartung des kommenden Christus und die von ihm erlebten Heilungen, die er im biblischen Sinne als Vorzeichen des kommenden Gottesreiches verstand, machten ihn zu einem Theologen der Hoffnung, dessen Anstöße bis heute nachwirken. Während einige Gruppen, die sich auf Blumhardt berufen, das Hauptgewicht auf die Heilungen legen (so die Möttlinger »Rettungsarche«), wird die Erwartung des Reiches Gottes u.a. durch seinen Sohn Christoph repräsentiert, welcher in der sozialistischen Bewegung diejenige Gruppe sah, die erkannt habe, daß das Reich Gottes auch auf die Überwindung von Armut und Unterdrückung zielt. Christoph Blumhardt wurde so zu einem wichtigen Vertreter des Religiösen Sozialismus; er beeinflußte Hermann Kutter, Leonhard Ragaz und den jungen Karl Barth.

Die Landeskirche im revolutionären Umbruch 1848/1849

Die Revolutionsjahre 1848/1849

Eine eigentliche Revolution hat während der Jahre 1848/1849 in Württemberg nicht stattgefunden; es fehlte letzten Endes an den tragenden, zu politischer Gestaltung fähigen Kräften auf seiten der revolutionären Bewegung. Diese war getragen vom Bildungsbürgertum, das im Sinne des Liberalismus den alten Polizeistaat ablehnte, und von demokratischen Vereinen, in denen der Aufstand des Vierten Standes sichtbar wird. Unter dem Druck von Krawallen und Forderungen nach Reformen entließ der König am 6. März 1848 das bisherige Ministerium Schlayer und berief am 9. März das sogenannte Märzministerium, an dessen Spitze der Jurist Friedrich Römer stand. Das Kultministerium wurde aus dem Bereich des Innenministeriums gelöst und Paul Pfizer übertragen. Ende März wurde schließlich der alte württembergische Landtag aufgelöst, im Mai fanden die Wahlen für einen neuen Landtag statt. Schon Ende April 1848 wurden die württembergischen Abgeordneten für die deutsche Nationalversammlung gewählt, die in der Frankfurter Paulskirche tagte.

Am 17. Januar 1849 erkannte Württemberg als erster deut-

scher Einzelstaat die Deutschen Grundrechte an, die von der Versammlung in der Paulskirche verabschiedet worden waren und eine Trennung von Staat und Kirche vorsahen. Am 25. April 1849 nahm Württemberg als einziger größerer deutscher Staat die ebenfalls von der Paulskirchen-Versammlung erarbeitete Reichsverfassung an.

Anfang 1849 kam es in Württemberg zu einer politischen Krise größeren Umfangs und zu Unruhen. Der König konnte sich nicht entschließen, sich dem Haus Hohenzollern zu unterwerfen und den von der Paulskirche vorgesehenen Ausschluß Österreichs aus dem deutschen Bundesstaat gutzuheißen. Württembergische Freiwillige schlossen sich dem badischen Aufstand an, der König verließ seine Hauptstadt, da auch auf das Militär kein Verlaß mehr schien. In der Deutschen Frage wollte das Ministerium Römer aber keine Risiken eingehen und ließ das nach Stuttgart geflüchtete Rumpfparlament auseinandertreiben.

Im Herbst 1849 wurde dem König der Entwurf einer neuen Landesverfassung vorgelegt, das Ministerium Römer trat zurück, und vom August 1848 bis Herbst 1850 wurden nacheinander drei verfassungberatende Landesversammlungen gewählt. Nach außen gewannen kleine, radikale Gruppen das Übergewicht; angesichts dieser Radikalisierung verloren aber viele das Interesse an den aktuellen politischen Fragen, sie hielten sich bei den Wahlen zurück. So wurden alle verfassunggebenden Landesversammlungen vom König wieder aufgelöst, ohne daß ein Ergebnis erzielt worden wäre; er bildete eine konservative Regierung, ein nach dem alten Klassenwahlrecht gewählter Landtag trat im Frühjahr 1851 zusammen, die Deutschen Grundrechte wurden aufgehoben. Damit waren nicht nur die meisten Reformversuche gescheitert, Württemberg schien zum Polizeistaat des Vormärz zurückzukehren.

Schon im Jahr 1842 hatte Paul Pfizer seine »Gedanken über Recht, Staat und Kirche« in einer Broschüre vorgetragen. Nach der Berufung Pfizers zum Kultminister veröffentlichte das »Kirchen- und Schulblatt« in mehreren Fortsetzungen Auszüge aus dieser Broschüre und stellte damit den für Kirchen- und Schulfragen verantwortlichen Mann Württembergs der Pfarrerschaft vor.

Pfizer sieht Staat und Kirche als zunächst verschiedene, aber doch nicht völlig getrennte Größen:

... Wirkliche Unterordnung des Staats unter die Kirche oder der Kirche unter den Staat hat auch bei gesonderten Organen kirchlicher und weltlicher Gewalt dieselben Übelstände im Gefolge, welche die gänzliche Vermischung und Identificierung beider Gewalten zu begleiten pflegen, je nachdem entweder das geistliche oder das weltliche Princip die Oberhand hat. Nur im Verhältniß der Koordination, als gleichgestellte Mächte können Staat und Kirche ihre beiderseitige Aufgabe vollständig lösen... Ohne Staat und Rechtsordnung kann die Kirche so wenig bestehen als irgend eine andere Gesellschaft... Die beste Stütze der Staatsordnung aber ist die Sittlichkeit, und diese wurzelt wiederum am festesten im Glauben und im Geist der Religiosität, deren sichtbaren Mittelpunkt die Kirche bildet. Die Kirche ist für das innere geistig-sittliche Leben das, was für das äußere zunächst der Staat ist. Wie aber das Recht ursprünglich nicht auf äußerlichem Zwange, sondern auf dem Sittengesetz beruht, so wird auch bei den meisten Menschen der Wille, kein Unrecht zu thun und das Wohl ihrer Mitmenschen zu fördern, nicht erzeugt durch die kurzsichtige Gerechtigkeit des irdischen Richters und die Furcht vor seinen Strafen, auch nicht durch bloße Ehre, Selbstachtung und Pflichterkenntniß, sondern durch den Glauben an eine göttliche Gerechtigkeit und eine richtende Vergeltung, der gleichfalls aus der sittlichen Natur des Menschen stammt. Es ist ein und dasselbe Gesetz in der innersten Brust des Menschen, das ihn sowohl zu Recht und Staat, als zu der Gottheit und zur Kirche leitet... Ohne Sittlichkeit kein Gedeihen im Staatsleben, ohne Religion und Glauben aber auch keine Sittlichkeit im Volksleben, ohne Kirche keine allgemeine, das Volk durchdringende Religiosität; wenigstens geht mit dem Verfall des Glaubens und der Kirche gewöhnlich sittliche Auflösung Hand in Hand, und eben weil Kirche und Staat einander wechselseitig nicht entbehren können, liegt es im wohlverstandenen Interesse beider, daß keines das andere unterdrücke und verfälsche, zum bloßen Werkzeug seiner Zwecke herabwürdige.

Evang. Kirchen- und Schulblatt zunächst für Württemberg 1848, S. 88f.

Das letzte Ziel des Vernunftstaates sah Pfizer identisch mit Ziel und Aufgabe der Kirche:

... Der bloße Rechtsstaat mag die Kirche sich selbst überlassen und ihr nicht weniger und nicht mehr als jeder andern im Staat lebenden Privatgesellschaft einräumen. Dagegen darf und kann der Vernunftstaat, der nichts Anderes bezweckt als die gesicherte Erfüllung menschlicher Gesammtbestimmung, Religion und Kirchenthum aus dem Bereiche seiner thätigen Fürsorge nicht ausschließen; dem Begriff des Vernunftstaats wäre es zuwider, den edelsten Zweck menschlichen Gesammtlebens, die Pflege des religiösen, sittlichen und geistigen Lebens, dem Zufall zu überlassen. Dem Vernunftstaate, der alle menschheitlichen Interessen zu den seinigen macht und als die seinigen erkennt, muß ebenso viel daran gelegen sein, daß die Kirche ihren Zweck und daß der Staat den seinigen erreiche.

... Ihre Vollendung erhalten Staat und Politik erst durch die Kirche, auf höchster Stufe fällt der Staatszweck mit dem Kirchenzweck zusammen, und das Urbild des Staates ist der durch die Macht der Kirche sittlich regierte und vom Geist erleuchtete Staat, der Kirchenstaat, Vernunftstaat, die Theokratie des Geistes.

Evang. Kirchen- und Schulblatt zunächst für Württemberg 1848, S. 220 f.

Die Entfremdung zwischen Glauben und Wissen sieht Pfizer als eine bedauerliche, aber vorübergehende Stufe einer Entwicklung an, die einst überwunden sein wird:

... Wenn aber auch in unserem kritischen und reflectirenden Zeitalter der Staat sich von der Kirche, der Glaube von dem Wissen, der Begriff vom Leben, der Gedanke von der Phantasie getrennt hat, wenn sich die Nationen sondern und entgegensetzen, ein Glaube den andern, eine Wissenschaft die andere bekämpft, so wird der Genius der Menschheit das Zerrissene und Zerstreute doch einst wieder sammeln und alle ihre Lebensrichtungen und Kräfte in vollendeter Entwickelung zur ursprünglichen Übereinstimmung zurückführen. Denn neben der Entzweiung und Zertheilung ist immer auch der Trieb der Einigung in der Weltgeschichte thätig ...
... Auf der Grenzscheide zweier Weltalter, des heidnischen und des christlichen, steht eine stille, aber leuchtende Gestalt, der zweite, geistige Urmensch, welcher mit dem Untergang der römisch-griechischen Welt den Anbruch einer neuen Zeit verkündigt. Aber das Menschlich-Höchste, das in ihm erschien, hat sich im Staat, in der Gesammtheit noch nicht durchgebildet, die in ihm aufgegangene Verheißung ist an der ganzen Menschheit lange noch nicht erfüllt ... Und unter

irgend einer Gestalt muß der scheinbar verlorene Glaube wiederkehren, weil seine Wurzel im tiefinnersten Grund des Geistes unzerstörbar ist. Vertrieben aus dem Land der Dichtung und der Wunder, läßt er sich nieder in den Reichen des Gedankens, beseelt die todtgewordene Natur von Neuem, hört die uralte längst vergessene Sprache wieder, in der die Sterne zu den Erstgeborenen der Schöpfung redeten, weckt, seinen Mosesstab in dürre Felsen schlagend, neue Dichterquellen und fühlt den Athem aus der ewigen Stille, den Hauch des Immerlebenden wieder um sich wehen, der einen frischen Geistermorgen, eine neue Sonne heraufführt über die erstarrte Welt.

Evang. Kirchen und Schulblatt zunächst für Württemberg 1848, S. 343. 598–600

Einer der Pfarrer, die von einer Revolution sich einen entscheidenden Fortschritt hin auf das Ziel der Geschichte erhofften, war Dr. Wilhelm Zimmermann. Ihm war es in der Landeskirche zu eng geworden, er schied aus dem Pfarrdienst aus und war nachher Abgeordneter der Deutschen Nationalversammlung in Frankfurt. Nach dem Ende der revolutionären Wirren wurde er wieder württembergischer Pfarrer.
In seiner Geschichte des Bauernkriegs wollte er ein Kapitel deutscher Geschichte darstellen, aus dem der große Dreischritt der Geschichte von Aufbruch, Niederlage und letztendlichem Sieg hervorgeht; er schreibt im Vorwort:

Die Menschheit muß fort und fort sich neu schaffen, die Völker müssen zu höherer Befähigung sich durcharbeiten, ihr letztes Ziel durch Kampf sich erstreiten. Dieses Ziel ist Freiheit...
Als eines der unheilvollsten Ereignisse, als ein Einbrechen blinder Naturkräfte in den deutschen Staat pflegt man die be-

waffnete Erhebung des gemeinen Mannes zu betrachten, welche unter dem nicht ganz entsprechenden Namen des Großen Bauernkrieges bekannt ist. Man ist gewohnt, darin nur die düstere Brand- und Todesfackel zu sehen, welche die rohe Faust der Empörung gegen das Herz des deutschen Vaterlandes geschwungen, indem man mehr an einzelne Erscheinungen und Taten als an den inneren Zusammenhang und an den Geist desselben sich hält...

Die große Bewegung von 1525 hat ihre schöne wie ihre düstere Seite; reine und edle Kräfte walten darin neben unreinen und finsteren. Der Geist, aus welchem der ganze Kampf hervorging, war der Geist der Freiheit und des Lichtes. Die einzelnen Erscheinungen, in welchen sich der Geist Bahn zu brechen sucht, mögen noch so getrübt sein, dieser bleibt dennoch der, der er ist. Dieser Geist muß zuletzt mit allem aussöhnen. Die Geschichtsschreibung ging lange an diesem großen Ereignisse entweder mit halb abgewandtem Gesicht vorüber, oder die es berührten, mißhandelten dasselbe aus Mangel eines unparteiischen, eines höheren Standpunktes. Selbst diejenigen Bearbeiter der Einzelpartien, die eine freiere Gesinnung hinzubrachten, behandelten ihren Gegenstand fast zaghaft, ohne das Wesen desselben, die großen Sünden der Herrschenden einer- und das aus tausend Wunden blutende Herz des zur Verzweiflung getriebenen Volkes andererseits, nackt aufzudecken...

Wer der Geschichte sich weiht, dem muß es um die Wahrheit zu tun sein und das Wohl der Menschheit, nicht um Gunst. Es ist schön, der Gegenwart zu gefallen; besser aber ist es, der Zukunft zu genügen.

Wilhelm Zimmermann: Der große deutsche Bauernkrieg. Nachdruck 1939, S. 7ff.

Angesichts der sich abzeichnenden Veränderungen erkannten führende Männer des Pietismus es als Aufgabe, nicht nur vor dem Zeitgeist zu warnen, sondern selber politisch aktiv zu werden. In einer Predigt sagte der Herrenberger Dekan Sixt Karl Kapff:

Von äußeren Formen erwarte man nicht das Heil. Wer glaubt, eine Republik würde die Völker glücklich machen, der sehe nach Athen, nach Rom, nach manchen Kantonen der Schweiz, nach Frankreich. In manchen Republiken war größere Knechtschaft als in Monarchien wie unser Württemberg, und auch der Wohlstand ist in solchen Freistaaten oft tief gesunken. Eine Monarchie nur macht glücklich, das ist die des allmächtigen Lenkers der Welten. Nur seine Alleinherrschaft in Herzen, Familie und Gemeinde kann eine neue Zeit bringen.

C. Kapff: Lebensbild von Sixt Carl von Kapff, Teil 2. Stuttgart 1881, S. 30f.

Trotzdem verschloß er sich aber nicht mehr der Behandlung politischer Themen:

Ich wollte früher nicht über Politik predigen, aber in dem Jahr 1848 war es mir, als ob die Zuhörer zu mir herauf schrieen, ich soll ihnen doch einige Worte über die Zeitumstände sagen.

C. Kapff: Lebensbild von Sixt Carl von Kapff, Teil 2. Stuttgart 1881, S. 30f.

Nach der Auflösung des Württembergischen Landtags Ende März 1848 und vor den anstehenden Wahlen schrieb der »Christenbote« am 2. April 1848:

Über die Theilnahme an den Wahlen der Abgeordneten

Ein Christ darf und soll sich um das, was im Staatsleben oder im Gemeindeleben um ihn her geschieht, kümmern und in seinem Theil darauf einwirken. Wenn das die glaubigen Christen nicht thun, so fällt diese Arbeit in die Hände der Unglaubigen und das Volk muß nothwendig immer mehr verweltlichen...

Es kann dem Christen nicht gleichgültig seyn, welche Gesetze in unserm Lande herrschen, so kann er auch nicht gleichgültig zusehen, ob Der oder Jener zur Berathung der Gesetze in die Landstände gewählt wird. Es kommt aber gerade im gegenwärtigen Augenblick noch ein besonderer Grund hinzu. Man wird in der nächsten Zeit beim Landtag nicht blos Ausgaben und Steuern beschließen und Gesetze für unser Württemberg in Berathung ziehen, sondern die Verfassung von ganz Deutschland neu ordnen helfen. Das ist nichts Geringes...

Es gibt Leute in unsern Tagen, welche meinen und aussprechen, das Christenthum sey veraltet. Da dürfen wir nicht stille hinsitzen und warten, bis sie die Macht gewonnen haben, auf die Umwandlung der Sitten und Gesetze unsers Volks einzuwirken, sondern wir sollen »desto mehr Fleiß thun, unsern Beruf und Erwählung fest zu machen« (2. Petri 1, 10)...

Der Christenbote 1848, S. 163 f.

Der erbittertste Wahlkampf des Jahres 1848 fand im Bezirk Ludwigsburg statt; dort siegte bei den Wahlen zur Deutschen Nationalversammlung Christoph Hoffmann über seinen Gegenkandidaten David Fr. Strauß.

Das war für den demokratischen »Beobachter« Anlaß zu einem grundsätzlichen Artikel über die politische Rolle des Pietismus:

Der Pietismus

Aus Veranlassung der Reichstagswahlen hat es sich zur Genüge herausgestellt, zu welcher Macht der Pietismus im Stillen während der langen Zeit der Reaktion, die jede freiere Bewegung des Geistes in Staat und Kirche bisher niedergehalten hat, unter uns aufgewachsen ist. Der Sieg des Zeloten Hoffmann in Ludwigsburg hat alle freisinnigen Männer mit Schmerz und Trauer erfüllt; er wurde in allen Theilen des Vaterlandes mit Einem Schrei des sittlichen Unwillens aufgenommen. Der Mann, der es sich bisher zum Geschäft gemacht hatte, jede freiere Entwicklung bei dem Volk in seinem vielgelesenen Blatt, »der süddeutschen Warte«, zu denunciren, der noch vor wenigen Wochen die gewaltige Bewegung der Zeit und den geistigen Aufschwung der deutschen Nation als eine Ausgeburt von dem Thiere des Abgrunds bezeichnete, ... derselbe Mann scheute sich nicht, sich in die Reihe der Vertreter des deutschen Volks zu stellen, um demselben ein neues politisches Daseyn, gegen das er bisher sich gestemmt hatte, erkämpfen zu helfen. An diesem innern Widerspruch wird, wir hoffen es, der Pietismus noch zu Grunde gehen... Der Pietismus ist eine Macht unter uns geworden. Er besitzt Alles, was eine Parthei bedarf, um Einfluß zu gewinnen. Die Pietistenparthei hat überall mächtige, weitverzweigte Verbindungen, wie eine Kreuzspinne hat sie über alle Gebiete des Lebens ihr Netz ausgeworfen; sie hat ihre eigene Presse, in Hunderttausenden von Traktätchen verfälscht und fanatisirt sie den Geist des Volks, eine Menge besoldeter Kolporteurs und Agenten, welche ihre Nahrung bei diesem Geschäfte finden, halten ihre Verbindungen aufrecht, auch ist sie im Besitz bedeutender Geldmittel und weiß sie auf jede Weise zu gewinnen. Wo man mit diesen Mitteln nicht mehr ausreicht, da nimmt man seine Zuflucht zur Verdächtigung und heimlicher Verläumdung...

Ein Hauptmittel, um Einfluß zu gewinnen, findet die Pietistenparthei in ihrer Agitation für das Missionswesen. Indem der Pietismus die Sache der christlichen Mission befördert, befördert er im Grunde sich selbst, und er ist unbescheiden genug, sich für die einzig wahre Erscheinungsform des christlichen Geistes zu halten...
Es ist unglaublich, welche Rührigkeit der Pietismus in der Aufbringung von Geldmitteln für die Mission entwickelt. Da wird das ganze Jahr hindurch kollektirt, gebettelt und wieder gebettelt, daß man glauben möchte, die Leute seyen nur um der Mission willen in der Welt da. Und zwar wendet sich die pietistische Zudringlichkeit nicht bloß an die Reicheren, sondern vorzugsweise an die ärmere Klasse...
Das arme, geplagte Volk, das mit diesen Gaben einen Gottesdienst zu begehen glaubt, giebt den letzten blutigen Heller her, und wozu zuletzt? Um England, das uns ausbeutet, seine Eroberungsgelüste zu erleichtern, und den Frauen der Missionäre kostbare Aussteuern, seidene Sacktücher und Strümpfe zu verschaffen, während man unsere Armen verhungern läßt...

Der Beobachter 1848, Beilage zu Nr. 73/17. Mai 1848

Wie erwartet, wurde in den von der Nationalversammlung in Frankfurt festgestellten Grundrechten des Deutschen Volkes die Trennung von Staat und Kirche proklamiert:

Artikel V
§ 14: Jeder Deutsche hat volle Glaubens- und Gewissensfreiheit. Niemand ist verpflichtet, seine religiöse Überzeugung zu offenbaren.
§ 15: Jeder Deutsche ist unbeschränkt in der gemeinsamen häuslichen und öffentlichen Übung seiner Religion. Verbre-

chen und Vergehen, welche bei Ausübung dieser Freiheit begangen werden, sind nach dem Gesetze zu bestrafen.
§ 16: Durch das religiöse Bekenntnis wird der Genuß der bürgerlichen und staatsbürgerlichen Rechte weder bedingt noch beschränkt. Den staatsbürgerlichen Pflichten darf dasselbe keinen Abbruch thun.
§ 17: Jede Religionsgesellschaft ordnet und verwaltet ihre Angelegenheiten selbstständig, bleibt aber den allgemeinen Staatsgesetzen unterworfen. Keine Religionsgesellschaft genießt vor andern Vorrechte durch den Staat; es besteht fernerhin keine Staatskirche. Neue Religionsgesellschaften dürfen sich bilden; einer Anerkennung ihres Bekenntnisses durch den Staat bedarf es nicht.
§ 18: Niemand soll zu einer kirchlichen Handlung oder Feierlichkeit gezwungen werden.
§ 20: Die bürgerliche Gültigkeit der Ehe ist nur von der Vollziehung des Civilactes abhängig; die kirchliche Trauung kann nur nach der Vollziehung des Civilactes stattfinden. Die Religionsverschiedenheit ist kein bürgerliches Ehehinderniß.
§ 21: Die Standesbücher werden von den bürgerlichen Behörden geführt.

Artikel VI
§ 22: Die Wissenschaft und ihre Lehre ist frei.
§ 23: Das Unterrichts- und Erziehungswesen steht unter der Oberaufsicht des Staats und ist, abgesehen vom Religionsunterricht, der Beaufsichtigung der Geistlichkeit als solcher enthoben.
§ 24: Unterrichts- und Erziehungsanstalten zu gründen, zu leiten und an solchen Unterricht zu ertheilen, steht jedem Deutschen frei, wenn er seine Befähigung der betreffenden Staatsbehörde nachgewiesen hat. Der häusliche Unterricht unterliegt keiner Beschränkung.

§ 25: Für die Bildung der deutschen Jugend soll durch öffentliche Schulen überall genügend gesorgt werden. Eltern oder deren Stellvertreter dürfen ihre Kinder oder Pflegbefohlenen nicht ohne den Unterricht lassen, welcher für die unteren Volksschulen vorgeschrieben ist.

Zitiert nach Evang. Kirchen- und Schulblatt zunächst für Württemberg 1849. S. 5f.

Als Mitglied der Deutschen Nationalversammlung in der Frankfurter Paulskirche hatte Christoph Hoffmann für die Trennung von Staat und Kirche gestimmt. Es handelte sich für ihn nicht mehr darum, ob der Staat christlich bleiben und die Kirche nach christlichen Grundsätzen regieren wolle, sondern nur noch darum, »ob dem nichtchristlichen Staat die Herrschaft über die Kirche überlassen bleiben könne«. Vor diese Alternative gestellt, konnte er nur die Freiheit der Kirche vom Staat anstreben. Er lehnte auch kirchliche Synoden ab, da diese »ihre Gewalt nur kraft einer vom Staat übertragenen Autorität ausüben«. Dem gegenüber wollte er eine völlige Erneuerung der Kirche:

Um uns als evangelisch zu erhalten, ist nothwendig, daß die Mischung derer, welche zu der evangelischen Kirche gehören, mit denen, die in Glauben und Leben von ihr abgefallen sind, aufhöre. Zu diesem Ende muß unser Gottesdienst seine wahre Gestalt haben, wie das evangelische Bekenntniß sie ihm anweist, nämlich Verkündigung der reinen evangelischen Lehre für die Erwachsenen (Predigt) und für die Jugend (Schule, Confirmationsunterricht, kirchliche Kinderlehre), wobei den Mitgliedern der Kirche eine Bürgschaft dafür gegeben werden muß, daß Diejenigen, denen das Predigtamt befohlen wird, nicht von der Richtschnur der evangelischen Lehre abwei-

chen. Dazu muß ferner erhalten werden die schriftmäßige Feier der Sakramente, so daß fortan nur die Kinder wirklicher evangelischer Christen zur Taufe und Confirmation gebracht, nur wirkliche Christen als Taufzeugen und zum Abendmahl zugelassen und nur den wirklichen evangelischen Christen die kirchliche Feier ihrer Ehen und Begräbnisse gewährt wird...
Die Kirche muß eine Macht üben über die Gesinnungen der Menschen, nicht nur in Betreff derjenigen Handlungen, wo sie unmittelbar als Glieder der Kirche auftreten, sondern auch im ganzen Bereich ihres Lebens. Sie muß, was den Staat betrifft, sich ihm gegenüber behaupten, wenn die Staatsgewalt Eingriffe ins kirchliche Gebiet versucht...
Die Kirche befindet sich in Betreff ihrer Einheit und Ordnung im Zustand der Auflösung; und sie kann diesem Zustand nicht aus eigener Macht abhelfen, sondern sie muß die Abhilfe von einem besondern Eingreifen ihres Herrn erwarten, der seine Werkzeuge dafür zu finden und zu beglaubigen wissen wird. Einstweilen bis das geschieht, findet ein provisorischer Zustand statt, unter den sich die Kirche beugen muß...
Die Aufgabe der Kirche ist es also jetzt, das Priester- oder Predigtamt genau nach dem Wort Gottes fortzuverwalten, bis der Herr dem provisorischen Zustand ein Ende macht...

Chr. Hoffmann: Aussichten für die Evang. Kirche Deutschland. Stuttgart 1849. S. 49. 51

Der Gang der Ereignisse während des Jahres 1848 machte die Notwendigkeit einer neuen Verfassung für die Landeskirche offenkundig. Das Konsistorium berief auftragsgemäß eine Kommission ein, die aus Theologen und Laien zusammengesetzt war und im November 1848 den »Entwurf einer neuen Ordnung für die evang. Kirche von Württemberg« erarbeitete:

§ 1: Die evangelische Kirche von Württemberg bleibt auf dem Grunde der heiligen Schrift und im Einverständniß mit den ursprünglichen Bekenntnissen der deutschen Reformation, vornehmlich der Augsburgischen Confession.

§ 2: Sie besteht als ein Theil der evangelischen Kirche des deutschen Vaterlandes und gliedert sich als Landesgemeinde zunächst in vier Sprengel (Superintendenzen) und innerhalb dieser in Bezirksgemeinden (Diöcesen) und Pfarrgemeinden (Parochien).

§ 3: Sie ordnet und verwaltet, unter Anerkennung des staatlichen Aufsichtsrechtes, ihre Angelegenheiten selbstständig, theils durch freigewählte Vertreter, theils durch ständige Beamte.

§ 4: Sie vertraut dem Könige, als dem höchstgestellten unter ihren Genossen, auch fernerhin – in dem durch die nachstehende Ordnung bezeichneten Maße – höhere Befugnisse der Kirchenleitung an.

Entwurf einer neuen Ordnung für die evang. Kirche von Württemberg. Stuttgart 1849

Auf die Frage nach der künftigen Bindung an das Bekenntnis der Kirche ging der »Christenbote« in einem Aufsatz ein, der sich mit der Wahl der Synode beschäftigte, aus deren Beratungen die endgültige Verfassung der Landeskirche hervorgehen würde:

...Die Hauptfrage wird die sein: Zu welchem Zweck wird eine Synode zusammenberufen werden? Wird das Wahlausschreiben übereinstimmend mit dem Entwurf eine Synode berufen, deren Aufgabe es ist, für die alte, seit den Tagen der Reformation zu Recht bestehende evangelisch-lutherische Kirche Württembergs eine neue Ordnung festzusetzen? oder aber eine Synode, welche erst noch darüber zu berathen sich befugt hält, welcher Art und welchen Bekenntnisses die Kirche sein soll, deren Ordnung sie feststellen will? Das letztere wollen diejenigen, welche mit dem Glauben der Kirche zerfallen sind, aber statt, wie sie durch die Grundrechte befugt sind, ohne allen bürgerlichen Nachtheil aus ihr auszutreten und eine ihren Absichten entsprechende neue Religionsgesellschaft zu bilden, es vorziehen, an die Stelle der alten Bekenntnisse der Kirche neue zu setzen, welche so unbestimmt und weit sind, daß auch sie und alle ihre Genossen dieselben unterschreiben und somit Glieder der Kirche bleiben könnten. Sie geben vor, daß die gewährte Religions- und Gewissensfreiheit sie dazu berechtige. Dieses ist aber ein offenbarer Irrthum. Die gewährte Religions- und Gewissensfreiheit ist eine Freiheit *für Alle*, nicht blos für *Einzelne*. Sie ist vor allem eine Freiheit für die Freunde der alten Kirche und ihrer Bekenntnisse, unangefochten und ungehindert bei dem bleiben und alles das festhalten zu dürfen, was ihnen und ihren Vätern im Leben, Leiden und Sterben als das Ersprießlichste und Tröstlichste sich bewährt hat... Jeder Versuch, sie daran zu hindern, müßte als ein antichristischer bezeichnet und auf's entschiedenste abgewiesen werden; wäre aber zugleich auch eine grobe Verletzung der zu Frankfurt festgesetzten deutschen Grundrechte.

Der Christenbote 1849, S. 104f. (Nr. 9 vom 4. März 1849)

Seine Auffassung von Kirchenordnung und Bekenntnis legte Pfarrer Eduard Süskind in einem längeren Artikel nieder, den der »Schwäbische Merkur« veröffentlichte:

...Eine neue Kirchenordnung wird in ihren Hauptgrundzügen die Umgestaltung nachweisen, welche, den Grundrechten des deutschen Volkes gemäß, in dem Verhältniß zwischen

Staat und Kirche einzutreten hat... Auf diese Grundlagen selbst, welche für die Auseinadersetzung des Verhältnisses zwischen Staat und Kirche maßgebend sind, geht der Entwurf nicht ein, weil es, wie es scheint, nicht die Absicht gewesen ist, auf der neugewonnenen Grundlage kirchlicher Freiheit und Selbstständigkeit eine Umgestaltung und Fortbildung des kirchlichen Lebens vorzubereiten, sondern weil es feststand, die bisherige Kirchenordnung nach gewissen vorgefaßten Lieblingsgedanken eines einflußreichen, hochgestellten kirchlichen Würdenträgers umzumodeln und für das Staatskirchenthum, für welches sich in den zur Geltung gekommenen staatskirchlichen Grundsäzen kein Rahmen mehr findet, einen neuen Stüzpunkt zu erhalten in dem eigenthümlichen Verhältnisse, in welches sich die Kirche zum Staatsoberhaupte unmittelbar sezen soll.
Zu dem Ende wird nach zwei Richtungen hin Vorkehr getroffen. Einmal daß in der Kirche die Hauptbedeutung auf das Bekenntniß und die einmal für allemal abgeschlossene Kirchenlehre gelegt werde und eben damit die Bestimmung des § 14 der Grundrechte beseitigt bleibe, wonach »jeder Deutsche volle Glaubens- und Gewissensfreiheit hat«. Zum andern, daß die unverantwortliche und unbeschränkte Machtvollkommenheit des Staatsoberhauptes, dem die Kirchenleitung untergeordnet werden soll, die Umgestaltung der bisherigen Konsistorialkirche in eine »demokratische Kirchenrepublik« so lange als immer möglich beseitige...
Der Versuch, das geschichtliche Bekenntniß der evangelischen Kirche als den Ausdruck des Glaubens und der Überzeugung der Gesammtheit der Gemeindeglieder und als die »Voraussezung« geltend zu machen, von welcher eine Abweichung unzulässig sei, ist die Verläugnung der Grundlage des Protestantismus selber, welcher im Rechte des freien Glaubens das Verhältniß jedes Einzelnen zu Gott der eigenen Überzeugung und

dem besten Wissen und Gewissen überläßt und die Gemeinschaft des kirchlichen Lebens auf die Wahrheit vom allgemeinen Priesterthum aller Christen zurückführt. So haben zwar die kirchlichen Bekenntnißschriften ihren hohen Werth als ein geschichtliches Zeugniß von dem, was sich den Reformatoren zu ihrer Zeit als wesentlich christliche Wahrheit ergeben hat. Aber es haben dieselben, weil sie wie jedes Bekenntniß in der Form des durch wissenschaftliche Entwickelung bedingten Erkennens niedergelegt sind, keine bindende Geltung und keinen Anspruch darauf, daß in ihrem Namen und auf ihre Aussprüche hin die Rechtgläubigkeit äußerlich festgestellt und die Betheiligung an der Kirche von der äußerlichen Annahme der Glaubenssäze abhängig gemacht werden könnte... Soll die protestantische Kirche sich aus eigener Lebenskraft neu organisiren, so kann sie das nur in der Freiheit des Evangeliums, womit sie die eigene innere Vertiefung in die göttliche Wahrheit sichert und in der lebendigen Fortbildung der religiösen Überzeugung die Gewähr bietet, daß das sittliche Leben der Gemeinde und ihrer Glieder seines inneren Haltes nicht entbehre, so muß sie mit der Einheit im Geiste sich begnügen, die auch bei verschiedener Auffassung und Darlegung des Lehrgehaltes die Gaben und Kräfte fürs Leben einigt...

Schwäbischer Merkur, Kronik Nr. 35 vom 10. Februar 1849

Wie andere Reformen scheiterte auch der Versuch, der Landeskirche eine neue Verfassung zu geben.

In der Krisensituation des Frühjahrs 1849 wandte sich der Herrenberger Dekan Sixt Karl Kapff »im Namen und Auftrag vieler Amtsbrüder« in einer »Ansprache Evangelischer Geistlichen Württembergs an das Volk«. Er trat allem überzogenen

Streben nach Neuerungen entgegen und versuchte, zwischen den Pflichten gegenüber der Obrigkeit und denen der Obrigkeit gegenüber dem Bürger zu unterscheiden, wobei es für ihn keinen Unterschied bedeutete, ob das »Oberhaupt der Regierung Präsident oder König heißt«. Die »Schlußermahnung« war ein beredter Aufruf für eine nüchterne, abwägende Haltung, die nach den Gärungen der Revolutionsmonate im Lande Anklang finden mußte:

Zuletzt, liebe Mitbürger, bitten wir euch um eures eigenen Glückes willen: prüfet die Geister, ob sie aus Gott sind, ob sie Wahrheit reden oder Irrthum, ob sie euch zum Guten rathen oder zum Bösen. Solche Prüfungsgabe ist jetzt mehr als je nothwendig. Man darf ja nicht alles glauben, was gesagt, geschrieben oder gedruckt wird. Parteisucht macht blind, Lüge verführt, Murren steckt an, Ein Wortführer reißt Hunderte fort, die sich bereden lassen, Alle denken so, da jetzt oft manche Gesellschaft von etlichen wenigen Männern thut, als wären sie das Volk. Merket nicht auf das Geschrei derer, die immer etwas Neues wollen, die über alles spotten, was nicht denkt wie sie, die stets mit den Worten um sich werfen: Freiheit, Gleichheit, Fortschritt, Volkssouveränetät, Republik, Demokratie, Glaubenstyrannei, Geistesknechtschaft, Fürstenränke, Pfaffentrug, Aristokratie, Bureaukratie, Reaktion, Hilf dir selbst, so wird dir der Himmel helfen usw. In dem Allem ist Gutes und Böses so vermischt, daß geübte Sinne dazu gehören, Alles im rechten Lichte aufzufassen. Nicht auf das kommt es an, was die Leute im Munde führen, sondern auf das, was sie leisten und thun. Den rechtschaffenen Bürger wie den wahren Christen erkennt man an den Werken, nicht an den Worten...
Darum höret nur auf die redlichen und verständigen Männer, die zwar nicht Alles gut heißen und Vieles anders wünschen,

aber wissen, daß man nicht Alles auf einmal haben kann, daß die ungeheuren Aufgaben, die jetzt unsern Staatsmännern gegeben sind, Zeit und daher von uns viel Geduld erfordern, und wirkliche Verbesserungen nur auf dem Wege gegenseitiger Verständigung nach Recht und Gesetz erlangt werden können...

Der Christenbote 1849, S. 121–136 (Nr. 11 vom 18. März 1849)

In den Monaten, als das innere und äußere Scheitern der Liberalen Revolution als Gefahr erkennbar wurde, veröffentlichte Theodor Eisenlohr im »Beobachter« Aufrufe an die evang. Kirche, sich doch noch in den Zug des Fortschritts einzureihen und der Revolution schließlich Kraft und Maß für die Erreichung ihrer Ideale zu leihen:

Die evangelische Kirche und die Freiheit

Warum sollte aber die evang. Kirche sich nicht innerlich berufen fühlen, auf die Seite der Bewegung sich zu stellen? Möchte man doch eher anzunehmen berechtigt seyn, sie gebe, wenn sie dies nicht thue, ihre eigenen Prinzipien auf. Sie stößt sich an der Revolution von 1848, aber auf welch anderem als einem revolutionären Boden hat sich einst die evang. Kirche erhoben? Sie ist es, die zu ihrer Voraussetzung vor Allem das Palladium der Glaubens- und Gewissensfreiheit hat; die Grundrechte haben uns endlich dieses Gut unverkümmert geschenkt. Die Reformation war es, welche einst durch den frei gewordenen Gedanken und das frei gewordene Wort (auch unter mancherlei Verirrungen) das Volksleben befruchtete; welcher evangelische Mann muß nicht heute die Entfernung jeglichen Censurzwangs mit Jubel begrüßen? Die Reformation hat einst den Menschengeist sich selbst wiedergegeben und trägt in sich als Wurzel das Vertrauen auf Selbstprüfung und Selbstbestimmung des menschlichen Wesens; welcher wahre Anhänger der Reformation kann noch einem staatlichen und polizeilichen oder kirchlichen Bevormundungssystem das Wort reden, und muß nicht die Mehrheit anerkennen, daß hinfort das Volk durch das Volk und organische Einrichtungen, die dasselbe sich selbst schafft, zu leiten sey...

...Und wenn unsre Zeit theilweise eine Freiheit auf ganz anderer Grundlage predigt als die Reformation und die Revolution von 1848 zum Unterschied zu der von 1517 eine politisch-sociale ist, welcher nachdenkende Evangelische wird die unumstößliche Wahrheit zu verwerfen im Stande seyn, daß alle innere Freiheit des Menschen ohne die entsprechende äußere ein Phantom ist? Beurtheile man nur die Zeit nicht nach den trüben Elementen, welche jeder Zustand der Gährung mit sich führt, und verkenne darüber nicht all das Großartige einer aus dem Sumpf alt anerzogener Dumpfheit und Gemeinheit sich emporarbeitenden sittlichen und nationalen Volkskraft. Glaube man doch auch an einen Geist Gottes, der die Lebensgeschichte der Völker durchweht und der in unsern Tagen an der Verkörperung der höchsten Ideen der Humanität, der Gerechtigkeit, der Brüderlichkeit, der Gleichheit, der Bildung für alle, der freien Selbstbestimmung und des Gemeinsinns arbeitet...

Wer ist... mehr als die evang. Kirche dazu berufen, Hand ans Werk zu legen? Und trägt sie nicht – ohne dabei der Achtung vor der kath. Kirche irgendwie zu nahe treten zu wollen – ihre eigenthümlichen Kräfte dafür in sich? Sie stützt sich mit ihrer geistigen Wirksamkeit auf die Grundlage der klaren Vernunft; sie hat bereits einst gezeigt, daß sie das reine, wahre Menschthum gegenüber von verkehrten Menschensatzungen zu retten im Stande sey, sie bewahrt in sich die Weitherzigkeit, um die Berechtigung aller Individualitäten, aller menschlichen Lebensformen und verschiedenen Standpunkte auf sittlichem Boden anzuerkennen, ihre Frömmigkeit will nichts anders als auf psychologischer Grundlage, der Grundlage des göttlichen Ebenbildes im Menschen, die ewigen Bedürfnisse des Menschenherzens befriedigen...

Der Beobachter, Beilage zu Nr. 53 vom 3. März 1849

In seinem »Offenen Sendschreiben«, das daraufhin der Tübinger Dekan Albert Hauber im »Kirchen- und Schulblatt« an seinen alten Freund Eisenlohr erscheinen ließ, versuchte er, den Unterschied von Revolution und Reformation, von Streben nach Freiheit und Freiheit der Kirche herauszuarbeiten:

Mich nun, ich gestehe es offen, hat das Jahr 1848 in der Weise ergriffen, daß es mich mit unwiderstehlicher Gewalt in die Grundsätze der heiligen Schrift Alten und Neuen Testaments immer tiefer hineingeführt hat und daß ich alle Tage mehr fand, wie hier die ewigen Grundlagen für die wirkliche Wohlfahrt aller Völker gegeben sind und also auch für das unsrige. Mich hat es auch vom Neuem zurückgeführt zu dem Manne, der in einer politisch nicht minder bewegten Zeit stehend, unter den politischen Stürmen seiner Zeit, die deutsche evangelische Kirche gegründet hat, zu unserm Luther, den Du auch in Deiner Erklärung nennst, aber auf eine Weise, gegen welche ich Verwahrung einlegen muß...
Hätte Luther den Samen seiner Reformation den Winden der damaligen politischen Bewegungen anvertraut, so hätten diese Winde den Samen zerstreut und es wäre nichts übrig geblieben, weder für die Kirche noch für die Nation. Und ebenso müßte es unserer evang. Kirche jetzt ergehen, wenn sie oder ihre Diener mithelfen, Revolution machen. Da geben wir ein gewisses und heiliges Gut, das uns anvertraut ist, hin, um ein zweifelhaftes Gut erringen zu helfen...

Unsere Kirche ist nun einmal entschieden nicht demokratisch; daraus folgt aber nicht, daß sie der Volksfreiheit feindselig oder dem Volksboden entwurzelt ist. Sie hat vielmehr bisher mit dem Volk, das ihr angehört, ihre Wurzel in dem alten geheiligten Erbgut der von Christus gestifteten Religion gehabt und ist auf dem Grund der Apostel und Propheten gestanden, lauter freier Männer, die auch Prediger und Blutzeugen der Freiheit waren, aber – und das ist der große Unterschied – einer Freiheit, die aus dem Heilightum kam... Eine geheiligte Freiheit wünsche ich nun auch meinem Volk und meiner Kirche aus vollem Herzen...

Die Aufrufe von Eisenlohr und das Sendschreiben von Hauber klingen wie ein Epilog auf den zum Scheitern verurteilten Idealismus der Liberalen vom Frühjahr 1848, auf das Werben der Revolution um die Kirche und auf das Ringen der Kirche um einen eigenen Weg. Kirche und Revolution konnten nicht zusammenfinden.

Gerechtigkeit – Freiheit – Gehorsam: Wem gehört die Zukunft?

Für die Revolutionszeit um 1848 liegen uns drei Entwürfe vor, die sich mit dem Verhältnis von Glaube und Gesellschaft beschäftigen. Dabei geht es bei den drei Repräsentanten Gustav Werner, Gottlieb Rau und Sixt Karl Kapff vor allem um die Frage, unter welchem Leitgedanken die Zukunft zu gestalten ist. Alle drei Männer berufen sich auf die christliche Tradition, wobei jeder einen Aspekt besonders betont und danach handelt. Gottlieb Rau kämpfte 1848 für die Republik, Gustav Werner wollte mit seinen Anstalten ein Modell des Reiches Gottes unter den Menschen verwirklichen, und Sixt Karl

Kapff erwartete vom Einüben den Gehorsams (gegen König, Vater, Kirche, Fabrikherr) das Heil.

Gustav Werner (1809–1887)

Gustav Werner geht es darum, liebende Gerechtigkeit als Prinzip des gesellschaftlichen Lebens zu verwirklichen. Da die Industrie, so Werner, das gesellschaftliche Leben bestimmen wird, muß es sich zeigen, daß hier das Christentum die Kraft hat, die Gerechtigkeit zu verwirklichen. Arbeit und Kapital müssen gleichberechtigt sein; Vermögen ist eine Leihgabe Gottes; Rechte des einzelnen und Rechte des Ganzen müssen in Einklang gebracht werden. Jeder Mensch soll die Möglichkeit haben, einen adäquaten Platz zu finden: Das gilt für Kinder, Lehrlinge, Behinderte, Frauen.
Vergleicht man das Bild von den Anstalten und Fabriken Werners etwa mit dem Bild vom »Breiten und Schmalen Weg«, wird deutlich, wie sehr Werner, im Gegensatz zu Kirche und Pietismus, die gesellschaftliche Situation begriffen hatte. Ein Symbol dafür ist auch, daß sich die Erfinder G. Daimler und W. Maybach in Werners Maschinenfabrik getroffen haben: Daimler als Direktor und Maybach als Technischer Zeichner, nachdem ihn Werner als Waisenkind aufgenommen hatte.
In einem Brief an Wichern schrieb Gustav Werner am 7. Februar 1846:

Über meine Persönlichkeit, den Beginn meiner Wirksamkeit und anderes, wird Ihnen die mitfolgende Schrift »3 Tage in Werners Hause« genügenden Aufschluß geben. Sie werden daraus abnehmen, wie und warum ich in eine isolierte Stellung hinein geriet, in welcher ich großen Teils noch bin. Die

erste Triebfeder meines Wirkens war nicht die Gründung einer Erziehungsanstalt, sondern das Verlangen, das religiöse Leben zu heben, was mich antrieb, den durch Liebe tätigen Glauben zu predigen, wo immer eine Türe sich öffnet. Ich besuche gegenwärtig gegen 60 Orte, in welchen ich teils predige, wenn der Geistliche die Kirche öffnet, oder wenigstens Erbauungsstunden halte; so wurde ich, und bin noch, Reiseprediger, eine in unserem Lande ganz ungewöhnliche Erscheinung, welche schon an und für sich mir manchen Gegner erwecken mußte. Mein entschiedenes Dringen auf werktätige Liebe brachte mich in den Geruch der Ketzerei, in welchem ich noch bei vielen Frommen unseres Landes stehe.
Die Folge meiner religiösen Richtung war die Errichtung einer Rettungsanstalt, da ich, was ich predigte, auch durch die Tat beweisen wollte. Ich gab der Anstalt, die ich gründete, den Namen »Gottes Hülfe« – ich konnte auf keine menschliche Hilfe rechnen. Die Frommen wandten sich fast alle von mir ab, den Reichen schien mein Wirken verächtlich, den Hohen verdächtig, so war ich einzig auf den Herrn gewiesen, der mich noch nie verlassen, vielmehr mein Tun reichlich gesegnet hat...
Als ein Hauptmangel in den Erziehungs- und Rettungsanstalten erschien mir stets, daß mehr das Gesetz als die Liebe in denselben waltet, was fast notwendig ist bei der großen Kinderzahl, dem geringen Aufsichtspersonal gegenüber. Besonders nachteilig ist dieser Mangel bei kleineren Kindern; es fehlt diesen zarten Pflanzen die alles belebende Sonne, die zarte Mutterliebe, ohne welche sie, bei der besten Erziehungsmethode, verkümmern. In all meinem Wirken leitet mich der Hauptgrundsatz »die Liebe ist das größte«; sie in alle Lebensverhältnisse einzuführen, ist mein Ziel, und ich möchte diese mir gewordene Aufgabe auch zu der »inneren Mission« rechnen, wie Sie dieselbe so richtig bezeichnen und die so notwen-

dig für unsere Christenheit ist. Da das Weib hauptsächlich geeignet ist, Liebe zu üben, so suchte ich stets dasselbe in den Dienst der Liebe zu ziehen und die so wenig geachteten Anlagen desselben zu wecken. Ich erfahre von diesem Wirken Erfolge, die meine Verfahrensweise vollkommen rechtfertigen; unsere Kinder entwickeln sich in sittlicher und intellektueller Hinsicht auf eine erfreuliche Weise; von den ausgetretenen erhalte ich erfreuliche Zeugnisse: Sie werden offen, liebreich, gewissenhaft, und die Fehler, die man so oft den in Anstalten gebildeten Kindern zur Last legt, finden sich bei ihnen nicht. Meinem Hause den Charakter einer Familie zu erwerben und zu bewahren, lag mir immer als Hauptsache an. Die Familie ist der Boden, in welchem Kinder allein gedeihen können; es gelingt mir mehr und mehr, die Liebe, Treue, zarte Sorgfalt, Heimatlichkeit, welche in einer echten Familie wohnen, in mein Haus einzuführen.

Archiv der Gustav-Werner-Stiftung Reutlingen (Übertragung durch H. Winzer)

Die Papierfabrik

Unbestreitbar ist, daß unsere gesellschaftlichen Zustände sehr krank sind und gebieterisch eine gründliche und allgemeine Heilung verlangen, wenn nicht eine völlige Auflösung eintreten soll. Alle bisher angewandten Mittel haben den Schlund des Elends nicht geschlossen; wie viel Gaben und Dienste die christliche Liebe oder kluge Berechnung auch in denselben hineinwarf, er thut sich immer gieriger und drohender auf. Eine durchgreifende, auf alle gesellschaftlichen Verhältnisse angewandte Erfüllung der einfachen Gesetze der göttlichen Gerechtigkeit ist das einzige, ausreichende Mittel, welches diesen Schlund schließen und statt desselben eine Quelle des Friedens und Segens für die Menschheit eröffnen kann. Schon längst bin ich von der Heilkraft dieses einfachen Mittels überzeugt; so fest mein Glaube ist, daß Jesus als *Hohepriester* meine Seele rettet, so gewiß glaube ich, daß Er als *König der Gerechtigkeit* die zerrüttete Gesellschaft rettet und so *Heiland der Welt* im vollsten Sinne des Wortes ist; und weil ich glaube, darum rede ich; aber ich möchte auch meines Glaubens *leben* und der Welt in einer sichtbaren Erscheinung zeigen, was das Wort der Gerechtigkeit wirkt, wenn es *Fleisch* wird.

Ich glaubte dieß in keiner Weise entsprechender ausführen zu können, als in der Einrichtung einer Fabrik nach den einfachen Gesetzen der göttlichen Gerechtigkeit... Es wird mir damit ein Punkt gegeben, da ich die menschliche Gesellschaft an ihrem kränksten Theil anfassen und die Zulänglichkeit des Heilmittels am ehesten erproben kann.

Hier ist der eigentliche Sitz des Übels unserer Zeit zu suchen, dorthin muß sich demnach die Heilkraft des Christenthums wenden; heilt sie diesen Punkt nicht, sondern nur nebenher, so hat sie höchstens einiges Elend gelindert, ihm aber nicht abgeholfen; es quillt aus dem kranken Punkt mit immer neuer verderblicher Macht hervor. Durch den Aufschwung der Fabrikation geht der Mittelstand unter, der Grundpfeiler der heutigen Gesellschaft, und die Kluft zwischen Arm und Reich wird immer größer; die Handarbeit nimmt ab, der kleinere Handwerker verarmt; zudem wird durch diesen Aufschwung der Luxus genährt, und Bedürfnisse aller Art mehren sich; Hand in Hand mit diesem äußern Zerfall geht der innere, die Abnahme des religiösen und sittlichen Lebens und eine erschreckende Zunahme an Verbrechen aller Art. Daß hier der kränkste Punkt ist, beweisen die vielen Heilversuche unserer Zeit, namentlich die communistischen und sozialistischen Bestrebungen, die zuletzt alle nur dahin zielen, den Zustand der Arbeiter zu bessern; und der Menschengeist wird und kann nicht ruhen, bis er das rechte Heilmittel hiefür gefunden; und wird's nicht gefunden, so haben wir die gräßlichsten Leiden und Ausbrüche zu erwarten; die Erfahrung hat bereits gezeigt, daß in der verzweifelten Lage der Arbeiterklasse die eigentliche Ursache aller revolutionären Bewegungen zu suchen ist; hier muß und kann geholfen werden. Zudem ist die Industrie die herrschende Macht in unserer Zeit; ihr beugen sich nach und nach alle Größen, ihr Einfluß erstreckt sich in die Paläste der Großen wie in die niedrigsten Hütten; alle Kräfte Leibes und der Seele werden ihr dienstbar; soll Christus *König* werden, so muß Er auf diesen Stuhl sich setzen, in *diesem Gebiet* muß Er Seine Gerechtigkeit offenbaren und walten lassen; und wenn Er hier Frieden und Segen schafft, dann wird Er die Reiche der Welt einnehmen.

... Darin erkenne ich ein besonders sprechendes Zeichen, daß nun die Zeit gekommen ist, in welcher das Reich Gottes sich auf *Erden* verwirklichen soll oder die erhabenen, einfachen Gesetze desselben auch auf die *irdischen* Verhältnisse angewendet werden sollen; hiemit wird nach zwei Seiten gewirkt, der geistige Zustand der Menschen wird veredelt, und der äußere Wohlstand wird gehoben; die geistige und leibliche Seite des Menschen wird gefaßt und geheilt und so eine gründliche Heilung erzielt. Daß dieß erreicht wird, hat sich mir in kleinen, aber erfreulichen Anfängen in meiner Anstalt bezeugt, da ich unablässig bestrebt bin, in derselben jene Gesetze zu verwirklichen...

Rolle, rüstige Turbine, / Hauch' dem Werke Leben ein, / Daß sich rege die Maschine / Und die Räder groß und klein! / Schaff' dem Armen seine Speise / Und dem Nackenden sein Kleid! / Herrschen mög' in unserm Kreise / Liebe und Gerechtigkeit!

Gustav Werner im Friedensboten 1851, S. 49–54

Über seine theologische Haltung schrieb Gustav Werner:

Ich habe nach reiflicher Überlegung die Überzeugung gewonnen, daß eine Verpflichtung auf Glaubenssätze, welche Menschen aufgestellt haben, gegen die evangelische und protestantische Freiheit ist und dem Verfahren gleicht, da man den Christen an das von Mose gegebene Gesetz binden wollte (Gal. 4,9) und daß die Forderung einer solchen Verpflichtung besonders ungeeignet ist in unserer Zeit, wo sichtbar die Kirche einem entscheidungsvollen Kampf entgegengeht; sie hemmt die freie Entwicklung der Kirche und beengt das Walten des heiligen Geistes und des göttlichen Worts in der Gemeine. Aber von Herzen gebe ich die Versicherung, daß ich nur lehren werde das lautere Wort Gottes, das Geist und Leben ist, in seinem ganzen Umfang genommen, wie es vom Geist der Wahrheit mehr und mehr erschlossen wird. Ob ich so lehrte und ob dies genügt, darüber haben meine Zuhörer zu entscheiden. Ich für meinen Teil bin überzeugt, daß die protestantische Kirchengemeinschaft nur, wenn sie den Geist und das Wort Gottes frei in ihrer Mitte walten läßt, ihre große Aufgabe, die Kirche Christi ihrer Vollendung entgegenzuführen, lösen und die bereits ausgebrochenen und ihr noch drohenden Stürme bestehen kann.

Paul Wurster: Gustav Werners Leben und Wirken. Reutlingen 1888, S. 133

Gottlieb Rau (1816–1854)

Gottlieb Rau und seine Anhänger wollten im September 1848 die Württemberger im Gebiet zwischen Rottweil/Schramberg und Reutlingen für einen Marsch nach Cannstatt gewinnen.

In verschiedenen Städten und Gemeinden versammelten sich bewaffnete und unbewaffnete Personen und machten sich zum Teil auch auf den Weg zur »Volksversammlung« in der Residenz. Doch lösten sich die Gruppen auf, als eine allgemeine Volkserhebung ausblieb. Rau wurde auf dem Hohenasperg gefangengesetzt. Der folgende Text enthält einen Teil der Verteidigungsrede, die G. Rau am 27. März 1851 vor dem Rottweiler Schwurgericht hielt. Das Urteil lautete auf 13 Jahre Zuchthaus wegen Hochverrat. Aufgrund verschiedener Gnadengesuche wurde Rau 1853 mit der Auflage der Abschiebung in die USA vorzeitig entlassen:

Ich bin angegriffen auf allen Punkten meines Lebens und Wirkens, bin des Kommunismus verdächtigt, als Sozialist verschrieen, ja sogar da und dort als der leibhaftige Antichrist dargestellt. Ich kann es nicht als meine Aufgabe betrachten, mich in eine ausführliche Zurückweisung aller öffentlichen Angriffe und Verdächtigungen einzulassen oder die Begriffe von Kommunismus und Sozialismus zu erörtern. Das würde zu weit führen. Aber das bin ich Ihnen, meine Herren, und dem Publikum, das sich für diesen langwierigen Prozeß interessirt, sowie auch der Nachwelt schuldig, daß ich die Beweggründe zu den in Frage stehenden Handlungen klar entwickle und dabei sage, was ich eigentlich wollte und was ich heute noch will!...

Meine Herren! Obgleich es mir den Vorwurf zuziehen kann, als suche ich auf Ihre Einbildungskraft zu meinen Gunsten einzuwirken, so fühle ich mich dennoch gedrungen, Ihnen zu sagen, daß ich glaube, im Jahre 1846 das heilige Licht gesehen zu haben, das einer Reihe von Männern der alten Welt erschienen ist!

Erlassen Sie mir den Versuch, Ihnen, meine Herrn, ein geistiges Ereigniß mit Worten zu beschreiben; damit Sie aber dennoch ein äußeres Bild der Sache haben, so erläutere ich Ihnen dieses dahin, daß es ein Moment des ungeheuren Kampfes war, in dem mir das Herz vor unermeßlichem Gram und Leid zerspringen wollte. Der Geist siegte in jenem Augenblick! Über einen tiefen Abgrund von Unglück und Verzweiflung, von Vergantung und Kerker ward ich unversehrt bis hieher getragen. Die Erinnerung an jenen Augenblick hat mir mein Gefängniß zur Wohnung des Friedens gemacht...

Christus sprach aus Anlaß eines Rangstreites unter seinen Jüngern: »Ihr wisset, daß die weltlichen Fürsten herrschen und die Oberherren haben Gewalt! So soll es nicht sein unter Euch; sondern so Jemand will unter Euch gewaltig sein, der sei euer Diener. Und wer da will der Vornehmste sein, der ist euer Knecht. Gleichwie des Menschen Sohn ist nicht gekommen, daß er ihm dienen lasse, sondern daß er diene und gebe sein Leben zu einer Erlösung für Viele!«

Meine Herren! In diesen wenigen Sätzen ist einer christlichen Staatsgesellschaft die Form vorgezeichnet, in welcher sie sich zu bewegen hat. Nur dann ist die Obrigkeit Gottes Dienerin, wenn sie dem Volke dient und Aufopferungsfähigkeit besitzt, wie Christus vorschreibt. Die Worte: »So soll es nicht sein unter Euch!« beziehen sich auf alle, die sich zu der christlichen Lehre bekennen, also auf die aus vielen einzelnen Völkern bestehende Christenheit. Wo also eine Obrigkeit besteht, die, statt dem Ganzen zu dienen, sich mit einer Art von abgöttischer Verehrung bedienen läßt, zum offenbaren Nachtheile der Gesellschaft, da herrscht noch eine unchristliche Sitte, ein heidnischer Gebrauch...

Christus lehrt uns das Vaterunser beten, aber so wenig als in den 10 mosaischen Geboten erwähnt er eines Königs. Im Gegentheil, er lehrt beten: »Dein Reich komme zu uns!«

Meine Herren! Ich weiß, daß diese Bitte von Vielen so ausgelegt wird, als sei mit diesem Reich Gottes blos der innere Zustand jedes Einzelnen gemeint oder die Seligkeit nach dem Tode. Aber es heißt ja ausdrücklich: »Gottes Reich möge zu uns kommen«, und Christus, der Mann der hülfreichen That und des belehrenden Worts zugleich hatte offenbar im Geiste der Propheten den Freistaat im Auge, in welchem Einer dem Andern und Alle zusammen Gott freudig dienen...

Meine Herren! Gestützt auf den Gesammt-Inhalt der heiligen Schrift und ihrer Verheißungen behaupte ich: Sie alle sind auf den Freistaat getauft, konfirmirt oder gefirmt, sie genießen als Bürger des Freistaats das heilige Abendmahl und die anderen Sakramente. Die Monarchie ist ein Rest des alten Heidenthums, der bisher nach Gottes Rathschluß fortexistirte bis zu diesen Tagen der letzten Entscheidung. Jetzt ist die Frage zu beantworten: Ob Christentum oder Monarchie? Ob Humanität oder Barbarei? Ob Fortschritt oder Rückschritt?

Meine Herren! ich habe auf ewig mit dem Prinzip der Monarchie gebrochen, aber ich bin versöhnlich gesinnt gegen die deutschen Fürsten. Ich spreche mit dem Propheten: »Wenn eure Sünde gleich blutroth wäre, so soll sie doch weiß werden wie Wolle, so ihr umkehret.«...

Eingedenk des Spruches »Trachtet am ersten nach dem Reich Gottes und nach seiner Gerechtigkeit, so wird euch das übrige alles zufallen« bin ich der Meinung, unsere Generation werde sich zu begnügen haben mit Erringung des demokratischen Freistaats, mit allgemeinem Stimmrecht, und aus dieser Einrichtung wird den Völkern auch das Übrige noch zufallen, was die Vorsehung für so viele Leiden ihnen noch bescheeren wird...

Rottweiler Schwurgerichts-Blatt. Berichte über den Prozeß gegen Rau und Genossen. Rottweil 1851, S. 286–290

Sixt Karl Kapff (1805–1879)

Für Sixt Karl Kapff ging es um das Prinzip des Gehorsams und der Ordnung. In seiner Broschüre über den »Glücklichen Fabrikarbeiter« schreibt er:

... So können die großen Paläste der Industrie sehr wichtige Förderungsmittel des Fortschritts in höherer Bildung seyn. Auch die Arbeiter können durch die Arbeit und durch gute Ordnungen und Gesetze, wenn solche in einer Fabrik herrschen, an edlere Bildung, reinere Sittlichkeit, Sparsamkeit und Gottesfurcht gewöhnt werden. Wie das Militär für viele rohe und ungebildete Menschen eine Bildungsanstalt seyn kann, in der sie vieles lernen, so könnten auch die Fabriken treffliche Schulen werden, in denen mehr Anstand, mehr Ordnung, Gehorsam und gute Sitte gelernt wird.
Das alles zeigt uns die hohe Bedeutung der Fabriken für das ganze Volksleben. Daher ist es allerdings eine Ehre und Würde, einer solchen Anstalt anzugehören. Und es ist da auch das geringste Mitglied nicht zu verachten. Wenn von den vielen Rädern einer Fabrik eines zerbricht, so geht das Ganze nicht mehr, ja wenn auch nur eine Schraube oder ein Zahn eines Rades zerbricht, so ist es ein Schade für das Ganze. So sind auch geringe Arbeiter in der Fabrik wichtig für den Fortgang des Ganzen...
Nun höre einmal, lieber Fabrikarbeiter, du bist göttlichen Geschlechts. Was ist doch das für eine ganz andere Würde, als wenn ich dir oben sagte, es sei ehrenvoll, als tüchtiger Arbeiter zum guten Gang einer Fabrik beizutragen! Was ist's für eine ganz andere Würde, als wenn lügnerische Freiheitsapostel dir sagen, Volkssouverainetät sei die höchste Würde, und ihr Arbeiter seiet die Männer des Fortschritts und der Zukunft und so manches, das man nicht einmal versteht, und wir seien

alle gleich und alle Brüder. Die Gleichheit und Brüderlichkeit hat einen schönen Sinn, wenn's wahr ist und auf rechtem Grunde ruht. Vor Gott sind freilich alle gleich, alle gleich in der Unwürde als verlorene Sünder, aber alle gleich in der Würde, als bestimmt zu Gottes Bilde. Und in Christo sind alle Brüder, nemlich die lebendig an Ihn glauben und durch Ihn wahre Kinder Gottes sind. Aber außer dieser geistigen Verbindung der christlichen Liebe, wo ist denn da Brüderlichkeit, wo Gleichheit? Selbst leibliche Geschwister streiten mit einander, selbst die besten Kameraden werden uneins und vergessen die Gleichheit, wenn sie sich theilen sollen in einen Vortheil.

Und die größte Ungleichheit ergibt sich daraus, daß die einen fleißig sind, die andern nicht, die einen also viel erwerben, die andern wenig oder nichts; die einen sind sparsam, die andern verschwenderisch; die Sparsamen haben immer Geld, die Verschwenderischen nie. So sind die einen wohlhabend, die andern arm, und wenn heute alles Vermögen gleich getheilt würde, wie die Communisten es wünschen, so wäre in acht Tagen wieder die größte Ungleichheit, weil die Fleißigen und Sparsamen viel mehr hätten als die Faulen und Verschwenderischen ...

In einer Zeit der Theurung würde ein billiger Fabrikherr sein Möglichstes thun, den gewöhnlichen Arbeitslohn, der für das Brod einer Familie nicht mehr reicht, ein wenig zu erhöhen, obwohl da freilich zu bedenken ist, daß gerade in Zeiten der Theurung eben auch die Fabrikgeschäfte oft viel schlechter gehen und daher der Fabrikherr selber in Noth kommen kann. Aber das Schwierige ist das, daß die Arbeiter eine Erhöhung des Lohns gleich für immer ansprechen und murren, wenn man wieder auf den geringeren Lohn zurückgeht. Daher geben auch die billigsten Fabrikherren lieber keinen höheren Lohn, sondern theilen dafür als freies Geschenk Mehl oder

Brod aus. Aber die Arbeiter können nicht das Recht haben, sich zu verabreden oder zu verschwören, sie wollen nicht mehr arbeiten, bis daß der Lohn erhöhet werde...
Deßwegen muß alles in der Fabrik dem Haupt derselben ebenso folgen und gehorchen wie die Glieder dem Kopfe folgen und der ganze Leib dem Geiste. Ein Wille muß da alle beseelen, und jeder muß gern und willig seinen eigenen Willen und seine Ansichten dem Ganzen zum Opfer bringen. Wohin es führt, wenn der Einzelne nur seinem eigenen Kopfe folgen will, hat man schon öfters darin gesehen, daß ein Fabrikarbeiter die Warnungen nicht befolgte, er soll nicht zu nah an dieses oder jenes Rad hingehen; schnell faßte ihn das Rad und zerriß jämmerlich den ganzen Arm, ja den ganzen Leib.
Gehorsam gegen alle Ordnungen und Gesetze der Fabrik ist eine der ersten Pflichten, ohne deren Erfüllung das Ganze gar nicht gehen kann. Das Ganze ruht auf einem Hauptplan, wie bei einer Schlacht der Obergeneral den Plan macht, und wenn nicht alle seinen Befehlen gehorchen, so kann's nicht gehen. Ebenso dürfen in der Fabrik nicht vielerlei Meinungen herrschen, sondern Ein Wille, Plan und Gedanke, dem alle Einzelnen sich unterwerfen müssen, ohne zu fragen: warum so oder nicht so?

S. C. Kapff: Der glückliche Fabrikarbeiter, seine Würde und Bürde, Rechte und Pflichten, Sonntag und Werktag, Glaube, Hoffnung und Gebet. Stuttgart 1856, S. 10. 16f. 23. 32

Die Reich-Gottes-Arbeit während der Revolutionsjahre

Das Jahr 1848 bedeutete für die christliche Liebestätigkeit eine doppelte Weichenstellung. Zum einen wurde die politische Kritik an der Kirche und an der kirchlich gebundenen So-

zialarbeit härter und auch aggressiver, zum anderen gab Johann Hinrich Wichern durch seinen Aufruf zur Gründung eines Zusammenschlusses der einzelnen Aktivitäten in einem Centralausschuß für Innere Mission neue Impulse für eine Aktivierung dieser Arbeit.
Schon im Jahr 1846 hatte die Evang. Gesellschaft in Stuttgart sich entschlossen, ihre Tätigkeit durch die Anstellung von Kolporteuren und Stadtmissionaren zu erweitern, zur Verbreitung gedruckter Schriften also »das mündliche Wort der Erweckung und Erbauung hinzuzufügen«.
Einer dieser Kolporteure berichtete über seine Arbeit:

... Innerlich froh, verließ ich einen Ort nach erfüllter Berufspflicht, aber jedesmal überfiel mich Angst, wenn ich die Thurmspitze vom nächsten Ort erblickte. Unterwegs war es mir manchmal Bedürfniß, meine Bürde abzulegen, konnte aber meine Arme nicht aus den Trägern herausbringen, mußte mich mit der Kiste auf dem Rücken auf den Boden legen, bis das Blut wieder seinen Lauf hatte. Das war dann die Zeit der Sammlung, da wurde jedesmal ein Traktat gelesen, um mich nach und nach mit denselben bekannt zu machen. Durch den Inhalt wurde ich selbst erbaut und mein Trieb zur Verbreitung vermehrt. Erfüllt von dem segensreichen Inhalt konnte ich die Schrift sodann mit Überzeugung und mit Wärme des Herzens anpreisen und den Leuten wichtig machen, daß sie den Eindruck bekamen, es werde ihnen etwas Gutes angeboten. So war mein Wirken ein stetes Bekenntniß von Sünde, von Wahrheit und Gnade, die durch Jesum Christum geworden. Kranken und alten Leuten las ich öfter auch aus Rieger über die 8 Seligkeiten oder einen kleinen Abschnitt aus L. Hofackers Predigtbuch und schloß mit einem kurzen Gebet. So that ich auch bei Steinklopfern an der Straße, Leuten, die auf dem Feld arbeiteten, wenn sie gerade das Brod aßen, Holzmachern im Walde und Kohlenbrennern auf ihren Brandstätten...

In Oberschwaben wurde mir in einem katholischen Orte die unerwartete Freude zu Theil, daß ich in demselben einen erweckten Schulmeister antraf, welcher beim Singen der Messe am Charfreitag von der Gnade Gottes ergriffen wurde und von da an den Herrn Jesum als den einigen Mittler, der mit seinem Opfer unsere Gerechtigkeit und unser Heil geworden sei, erkannte. Wir erwärmten uns aneinander in der sonst frostigen geistlichen Luft, und mir that es in meinem Fremdgefühl ungemein wohl, einen himmlisch gesinnten Landsmann gefunden zu haben. Ein öffentlicher Bekenner war er noch nicht, weßhalb er den Namen Luther auf dem Titelblatt in seiner Bibel ausschnitt und denselben umgekehrt (Rehtul) einschrieb...

Mit schwer bepackter Kiste auf dem Rücken, an jeder Seite eine Kapsel von Blech hängend, gieng ich zu Fuß über Tübingen dem Schwarzwald zu... Es war mir zu Muthe wie einem Rekruten, welcher ohne einexerziert zu sein, in den Krieg ziehen sollte...

In einem Jahre durchwanderte ich einen großen Theil des Schwarzwaldes, die Umgegend vom Heuberg, wo sich überall ein großes Bibelbedürfniß zeigte, besonders auch in der Gegend von Balingen und Ebingen, von wo aus ich über Tuttlingen nach Oberschwaben gieng, um unter den Katholiken zu arbeiten...

L. Hofacker: Ein güldenes Jubiläum oder Geschichte der 50jährigen Wirksamkeit der Evang. Gesellschaft in Stuttgart. Stuttgart 1880, S. 77. 78. 85f. 96f.

Im Jahr 1847 übersiedelte der Apotheker Gottlieb Scholl von Leonberg nach Stuttgart und lebte hier »ausschließlich den Werken des Reiches Gottes«; er wurde zum »Mittelpunkt des

Kreises von Laien und Geistlichen, welche in der Liebe zum Volk und zum Evangelium näher verbunden waren«. Scholl zierte sich nicht, selber bei passender Gelegenheit seinen Mitmenschen ins Gewissen zu reden:

... Scholl war in einem der besseren Gasthöfe eingekehrt und saß dort Abends in der Nähe einer Gesellschaft von Herren aus der Stadt. Das Gespräch war leichtfertig und die Wirthin schämte sich nicht, theilzunehmen. Scholl hatte eben angefangen, den weiteren Verlauf der Unterredung mit innerer Entrüstung zu verfolgen, als ein Arzt, der es den andern zuvor that, sich zu der Wirthin wandte mit den Worten: »Wie, Frau N. N.? Setzen Sie sich zu mir her! Wissen Sie, bei mir heißt es: wo du nicht bist, Herr Jesu Christ!« Die zornigen Blicke Scholls trafen in diesem Moment das Auge der Wirthin, welche nun mit einiger Verlegenheit sich zu dem Arzte wandte und sagte: »Aber Herr Doktor! Sie sind heute wieder recht leichtsinnig!« »Ich leichtsinnig?« erwiederte der Doktor, »ich bin gar nicht leichtsinnig. Ich bete ja alle Tage.« »Sie beten?« fielen nun die Anderen ein, was werden denn Sie beten?« »Ich?« sagte der Doktor, »ich bete alle Tage den – 6. Vers vom – 70. Psalm.« »Und wissen Sie auch, Herr Doktor, wie dieser heißt?« fiel nun Scholl mit großem Ernste ein. Der Doktor sah ihn verwundert an und antwortete mit einem gedehnten »Nein«. »So will ich es Ihnen sagen«, versetzte Scholl. »Er heißt: Herr, ich bin elend und arm; eile mir beizustehen.« »Da hast's«, bemerkten die Anderen. Der Doktor aber sagte: »So möchte ich die Psalmen auch kennen.« »Lernen Sie sie nur«, entgegnete Scholl, »es wird Ihnen wohl anstehen.«

L. Hofacker: Ein güldenes Jubiläum oder Geschichte der 50jährigen Wirksamkeit der Evang. Gesellschaft in Stuttgart. Stuttgart 1880, S. 65

Das Verlangen nach politischer Freiheit und nach Verbesserung der sozialen Verhältnisse der unteren Schichten machte auch den Kolporteuren zu schaffen:

Im Wirthshaus zu E. traf ich eine Anzahl Freiheitsmänner; ich bot ihnen meine Schriften an, erhielt aber zur Antwort nichts als Spottreden und die Weisung: »Gehen Sie mit den Sachen nur zu den Pfarrern und Beamten, die haben Ermahnungen zur Buße nöthig.« Darauf fragte ich sie: »Ob sie denn glauben, die Beamten und Pfarrer seien es allein, die gesündigt haben?« und fing an, sie auf ihre eigenen Unterlassungs- und Begehungssünden zu führen. Da wurde Alles still, und ich durfte wahrnehmen, daß solche Leute von einem gemeinen Mann viel eher etwas annehmen als von einem Pfarrer.

L. Hofacker: Ein güldenes Jubiläum oder Geschichte der 50jährigen Wirksamkeit der Evang. Gesellschaft in Stuttgart. Stuttgart 1880, S. 72

Dem Kommunistischen Manifest, das im Jahr 1848 erschien, setzte Wichern sein Programm der Inneren Mission entgegen. Er wollte ohne Revolution die Herrschenden für die Leidenden, Entrechteten und Gefährdeten gewinnen; die Ursache von Elend und Not sah er in der religiösen Entwurzelung, die Entsittlichung und den Abstieg in die Armut nach sich ziehe. Er war davon überzeugt, daß mit den Formen der Volksmission und mit dem Instrument einer alle Ebenen umfassenden Sozialarbeit das Ziel einer geistlichen und sozialen Erneuerung des ganzen Volkes in allen seinen Ständen zu erreichen sei.

Im Jahr 1849 besuchte Wichern Stuttgart. Über seinen Vortrag am 6. Juli im Stuttgarter Bibelhaus berichtete der »Schwäbische Merkur«:

... Herr Wichern zeigte nun, wie die innere Mission auch nicht eine Lebensäußerung außer oder neben der Kirche sei, wie sie weder jetzt noch einst die Kirche selbst seyn, sondern nur eine Seite des Lebens der Kirche offenbaren wolle, und zwar das Leben des Geistes der gläubigen Liebe, welche die verlorenen, verlassenen, verwahrlosten Massen sucht, bis sie sie findet ...

Über den Vortrag Wicherns am 7. Juli schrieb der »Schwäbische Merkur«:

... Die innere Mission überhaupt ist nichts neues, sondern die alte lange versäumte Pflicht der Christenheit. Alles sociale, politische, kirchliche Übel der Zeit kommt aus einem Ursprung: Entfremdung vom Herrn. Wie vielerlei da mithilft, wer mag es sagen! ...
Die innere Mission hält es mit keiner Politik. Sucht man das unchristliche, widerchristliche, lieblose Wesen auf der linken Seite, so hat Wichern auf der rechten Äußerungen genug gehört, die um nichts besser sind. Innre Mission ist nicht blos für die Armen, sondern ebenso für die Reichen. Sie sind dem Evangelium als der Lebensquelle in großer Anzahl ebenso fremd. Die Armen haben wir vielfach empfänglicher, dankbarer gefunden ...

Sein eigenes Anliegen formulierte Wichern in Abgrenzung zu den politischen Strömungen:

Ich bin kein Communist oder Socialist, aber mein Studium zeigt mir, daß in diesen kolossalen Irrthümern riesenhafte Wahrheiten liegen. Durch dieses dämonische Wesen schimmert durch eine Sehnsucht der Kreatur, eine Mahnung von Gott an die Kirche: Werde Licht! Du hast vergessen, was für einen weltrettenden Beruf das Volk als erstes hat. Stehe auf, gib der dürstenden Menschheit den Trank von oben. Diesen Schatz zu heben ist das deutsche Volk und die evangelische Kirche berufen. Es soll aus sich geboren werden lassen die That der Inneren Mission.

Wichern in Stuttgart. Hg. von H. Zeller. Stuttgart 1849, S. 25 f.

Die Mitte seiner Arbeit sah Wichern in der Verkündigung des Evangeliums:

... Der Mensch braucht etwas, was ihm werther und wichtiger ist als das vergängliche irdische Leben, der Mensch braucht das Evangelium Christi, darum kann auch uns, wie Wichern, die innere Mission nur eine evangelische sein. Es ist uns außer allem Zweifel: nur das Evangelium Jesu Christi kann das deutsche Volk vom Abgrund des Verderbens, an dessen Rande es steht, erretten. Die hohen communistischen Versprechungen und Verheißungen der Menschenrechte sind lügenhaft; sie können nur zu Lüsternheit und allverschlingender Begehrlichkeit reizen; aber die Macht, Brod zu reichen für die Arbeit, haben alle Menschenmächte auf Erden nicht; diese Macht hat allein Gott der Herr im Himmel, er ist's, der nach seinem heiligen Willen Überfluß oder Mangel schickt, fruchtbare Zeiten oder Hungerjahre; hier haben Menschenrechte keine Geltung, hier sind nur Gnadenrechte, die nur das Kind, nur der kindliche Glaube empfängt, die sich Gott der Herr von keiner Faustgewalt der Hilfdirselbstmenschen abtrotzen läßt. Ohne das Evangelium Christi wäre auch alle innere Mission nur ein vergebliches Sichselbsthelfenwollen. Es liegt uns außer allem Zweifel: dem deutschen Volke wird das, wonach es so vergeblich getrachtet hat, für sein irdisches Bestehen erst dann zufallen können, wenn es gelernt haben wird, vor allem Anderen und am Ersten im Glauben an seinen Herrn und Heiland Jesum Christum nach dem Reich Gottes und seiner Gerechtigkeit zu trachten.

L. Hofacker: Ein güldenes Jubiläum oder Geschichte der 50jährigen Wirksamkeit der Evang. Gesellschaft in Stuttgart. Stuttgart 1880, S. 52

Dem Drängen Wicherns nach einem Zusammenschluß der verschiedenen Vereine und Anstalten konnten die württembergischen Pietisten nicht ohne weiteres zustimmen, ihnen ging es um die freie Entfaltung der einzelnen Zweige:

...Wichern vermißt aber eine Vereinigung dieser Zweige in einen organischen Zusammenhang mittelst eines Hauptvereins, während er jedoch nicht verkennt, daß eine ungehindert freie und eigenartige Bewegung und Selbstverwaltung der einzelnen Vereine eine Hauptbedingung ihres Lebens ist und bleiben muß; diese will er also in keiner Weise gehemmt und verkümmert wissen, sondern wünscht nur, daß sich zur Förderung brüderlicher Handreichung und zur Bereicherung und Ergänzung verschiedenartiger zerstreuter Erfahrungen verbindende Organe bilden; er will darum den Centralausschuß, dessen Mitglied er ist, auch nur als eine Art freiwilliger Briefträgerei angesehen wissen, in welcher die Nachrichten zusammenfließen könnten, um von ihr aus wieder zum Nutzen einzelner Freunde weitergetragen zu werden; er weist den Gedanken, diese letztern unter eine Centralverwaltung stellen zu wollen, weit von sich ab und will die einzelnen Zweige nur auf eine freie Weise einander näher rücken. Mit dieser Darstellung konnten sich die Freunde der innern Mission in Württemberg wohl befreunden... Die Mitglieder der Ev. Gesellschaft finden sich mit Wichern auch einverstanden in einem Grundsatz, welcher nicht stark genug ausgesprochen werden kann, darin nemlich, daß bei jeder Sorge für äußere leibliche Noth die Abhilfe der inneren geistlichen Noth der Grund und die Hauptsache sein und bleiben muß...

L. Hofacker: Ein güldenes Jubiläum der Geschichte der 50jährigen Wirksamkeit der Evang. Gesellschaft in Stuttgart. Stuttgart 1880, S. 50. 51

Zu einer verbindlichen Vereinigung der Inneren Mission in Württemberg kam es noch nicht. Die Evang. Gesellschaft in Stuttgart erklärte sich jedoch unter ihrem Vorstand Gottlieb Scholl dazu bereit, eine »Agentur« zu gründen, Geld für Einrichtungen im Lande zu sammeln und »durch persönliche Beteiligung« eine Verbindung zu den Einrichtungen zu halten. Die Landesvereinigung der Inneren Mission entstand erst im Jahr 1914.

Seit der Schaffung des Deutschen Bundes gab es mancherlei Bestrebungen, den in einzelne Landeskirchen zersplitterten Protestantismus Deutschlands zu einigen. Der erste Deutsche Kirchentag, der 1848 in Wittenberg stattfand und auf dem Wichern zur Gründung des Zentralverbandes für Innere Mission aufrief, brachte zwar die Gründung dieses Zentralausschusses, aber nicht einen Bund der Deutschen Landeskirchen.
Der dritte Deutsche Kirchentag in Stuttgart im Jahr 1850 führte einen kleinen Schritt weiter:

...Ein schönes Resultat des Kirchentages ist auch dies, daß die sämtlichen hier anwesenden Mitglieder von deutschen Kirchenregimentern, die privatim zusammentraten, so von Württemberg, Baden, Bayern, Sachsen, Nassau, Berlin, Schlesien usw., dahin übereinkamen, daß alle Kirchenregimenter ersucht werden sollten, wenn zunächst auch nur konfidentiell, den Kirchentag und den Kongreß künftig beschikken zu lassen, sodann daß man fortan, wenn auch nur privatim, miteinander in organische Verbindung treten wolle, um einander zu stärken...

Briefe und Tagebuchblätter D. Hinrich Wicherns, Bd. 2. Hamburg 1901: Brief vom 16. September 1850

Auf Veranlassung von König Wilhelm I. nahm Oberhofprediger Carl von Grüneisen seit 1846 an der Versammlung von Delegierten deutscher Landeskirchen teil, die als Eisenacher Konferenz deutscher evangelischer Kirchenregierungen seit 1852 regelmäßig in Eisenach tagte und deren Präses Grüneisen 1852–1868 war. Aus der Konferenz ging schließlich im Jahr 1903 der Deutsche Evang. Kirchenausschuß hervor. Immerhin war es aber auch der Zentralausschuß für Innere Mission, der die Notwendigkeit erkannt hatte, die Zersplitterung des deutschen Protestantismus zu überwinden.

Kirche und Schule

Der Beginn der Emanzipation von der geistlichen Schulaufsicht

Die Grundlage für die allgemeinbildende Schule im 19. Jahrhundert ist das Volksschulgesetz vom 29. September 1836. Die sechste Abteilung »Von der Aufsicht über die Volksschulen« beginnt mit der lapidaren Feststellung:

Die Volksschulen stehen in jedem Orte unter der Aufsicht des Pfarrers derjenigen Konfession, welcher der Schulmeister angehört, und der übrigen Mitglieder des Kirchenkonvents.

Diese sogenannte geistliche Schulaufsicht entsprach der Aufgabe, die von früher her der Schule zugewiesen war; sie sollte vor allem christliche Inhalte vermitteln, Hauptsache war deshalb Religionsunterricht, Lektüre der Bibel und des Gesangbuchs. Der Unterricht in den »Realien« (Rechnen, »gemeinnützige Kenntnisse«) war wenig ausgebildet. Der Lehrer gehörte zu den »niederen Kirchendienern«, er hatte auch den Mesnerdienst zu versehen. Trotz der Bemühungen vieler Pfarrer um Ausbildung und Fortbildung der Lehrer entstand zwischen Pfarrstand und Lehrerschaft eine tiefe Kluft; dies wurde in den Revolutionsjahren 1848/1849 vollends deutlich. Die liberalen Ideen, die von der Nationalversammlung in Frankfurt öffentlich propagiert wurden, gaben den Kritikern der geistlichen Schulaufsicht kräftigen Aufwind. Im »Christenboten« wird aus der Frankfurter Diskussion zitiert:

Die Grundrechte der Deutschen
in Betreff des Unterrichtswesens

Dieser Theil der Grundrechte ist durch die neuesten Sitzungen der Reichsversammlung auf folgende Weise festgestellt worden:

§ 17: Die Wissenschaft und ihre Lehre ist frei.

§ 18: Unterricht zu ertheilen und Unterrichts- und Erziehungsanstalten zu gründen, steht jedem Deutschen frei, wenn er seine moralische, wissenschaftliche und respektive technische Befähigung vor der betreffenden Staatsbehörde nachgewiesen hat. Das gesammte Unterrichts- und Erziehungswesen steht unter der Oberaufsicht des Staates und ist der Beaufsichtigung der Geistlichkeit als solcher enthoben. Der deutschen Jugend wird durch genügende öffentliche Schulanstalten das Recht auf allgemein menschliche und bürgerliche Bildung gewährleistet. Niemand darf die seiner Obhut anvertraute Jugend ohne den Grad von Unterricht lassen, der für die untere

Volksschule vorgeschrieben ist. Die öffentlichen Lehrer haben die Rechte der Staatsdiener. Die Gemeinden wählen aus den Geprüften die Lehrer der Volksschule.

Der Christenbote 1848, S. 498

Mit der knappen Mehrheit von zehn Stimmen, 200 gegen 190, wurde die Forderung einer Trennung von Kirche und Staat im Unterrichtswesen in dieser Form angenommen. Auch der Gedanke der Simultanschule (allerdings noch nicht unter diesem Namen) tauchte bei den Gesprächen in Frankfurt auf.
Die Impulse aus Frankfurt wurden in Württemberg zunächst durchaus positiv aufgenommen. Eine Königliche Organisationskommission erhielt den Auftrag, das Volksschulwesen im Land umzuordnen und damit dem Geist der neuen Zeit zu öffnen. Vom 2. bis 5. August 1848 tagte ein erweiterter Kreis, zu dem sechs evangelische und drei katholische Geistliche sowie sechs evangelische, vier katholische und ein israelitischer Lehrer eingeladen waren. Im »Evang. Kirchen- und Schulblatt« wurden die Ausgangspositionen vorgestellt, die in den Verhandlungen aufeinandertrafen und wohl auch als repräsentativ für das Meinungsbild im Land angesehen werden können:

Dieß war also der Stand der Parteien: 1. Die rationalistische *Staatsschule* mit einer allgemeinen Humanitätsreligion, deren Priester der Schulmeister sein soll, – der confessionelle Religionsunterricht geht, als bald von selbst aussterbend, anfangs noch neben her, – appellirend an das Bedürfniß der Zukunft. 2. Die *Vermittelungsschule,* halb herüber zur Kirche, halb hinüber zum Staat hangend, halb Staatsanstalt, halb Gemeindeanstalt, statt Staatsschule sich öffentliche Schule,

Volksschule nennend, halb religiös, halb rationell pädagogisch... an die Gegenwart appellirend, die so zerklüftet ist, wie sie selbst. 3. Die *Kirchenschule*, um so zu sagen, in der Gemeinde wurzelnd, von der Religion getragen und geweiht, das Verhältniß der Unabhängigkeit der Kirche vom Staat voraussetzend; der Staat als Rechtsstaat betrachtet, die Schule zwar beaufsichtigend und ein gewisses Maß der Unterweisung der Staatsangehörigen beanspruchend, sonst aber vollkommene Unterrichtsfreiheit gewährend; in der äußersten Consequenz bis zum Freiwilligkeitsprincip fortgetrieben, vorderhand aber an die bestehenden Verhältnisse sich anschließend, jedenfalls gleichfalls wie ihr Antipode Nr. 1 an die Zukunft appellirend. Diese principiellen Unterschiede muß man scharf ins Auge fassen, um die Verhandlungen im Einzelnen gehörig würdigen zu können. Sie machten sich immer wieder geltend, und wenn die verschiedenen Ansichten nicht immer consequent sich nach ihnen richteten, was aber doch im Ganzen so ziemlich der Fall war, so kam dieß von dem schwankenden Boden her, auf dem man sich bei der Berathung, dem Vermittelungsprincip gemäß, bewegte. Was das numerische Verhältniß der Parteien betrifft, so erfreute sich Nr. 1 mehrfacher Sympathien, Nr. 2 vereinigte die meisten Mitglieder in verschiedenen Schattirungen; Nr. 3 war so ziemlich eine Stimme des Rufenden in der Wüste.

Evang. Kirchen- und Schulblatt für Württemberg 1848, S. 549

Nicht überall im Land trafen die Fronten so heftig aufeinander, nahm der Streit so verletzende Formen an wie im Bezirk Heidenheim/Brenz. Dort veröffentlichten neun Lehrer, denen sich später noch 33 durch ihre Unterschrift anschlossen, mit Datum von 16. August 1848 im »Boten vom Brenzthal« Nr. 82 folgende Erklärung:

Es ist in den Blättern des Brenzthaler Boten bereits erwähnt worden, auf welch freche, schamlose Weise auch in den Gemeinden unseres Oberamts Unterschriften für die bekannten 3 Eingaben hinsichtlich der künftigen Gestaltung unseres Volksschulwesens erschlichen werden. Die unterzeichneten Volksschullehrer sehen sich deßhalb veranlaßt, zur Steuer der Wahrheit Folgendes öffentlich zu erklären.

1. Die Lehrer wollen, daß die Bibel auch in Zukunft die Grundlage und der Mittelpunkt des Schulunterrichts bleibe, sind aber durchaus der Ansicht, daß sich der Geistliche mehr denn seither geschehen als Religionslehrer an den Kindern zu beweisen habe, und zwar so, daß dieselben statt leeren Gedächtniskrams einen lebendigen Schatz sich sammeln, von welchem sie im Leben Zeugniß geben und geistige Nahrung schöpfen können. Zu dem Ende ist es nöthig, daß der Geistliche gehalten sei, den ganzen Religionsunterricht mit Ausnahme der biblischen Geschichte und des Bibellesens in der Schule zu ertheilen; damit aber dieser wichtigste Unterrichts-Gegenstand nicht wie seither sehr häufig durch Laune und Bequemlichkeit vernachlässigt werde, soll der Geistliche nicht nur seinem Gewissen, sondern auch den Menschen hiefür verantwortlich sein...

Wenn nun behauptet wird, »die Lehrer wollen die Bibel aus der Schule verbannt wissen«, so erklären wir dieß für eine unverschämte Lüge; stillschweigend aber diese Lüge in den Gemeinden verbreiten lassen oder der Verbreitung noch Vorschub leisten, ist eben so niederträchtig als selbst lügen.

2. Daß in geistiger Beziehung sich Schule und Kirche nie trennen können, so lange überhaupt noch von Religion und Religionsübung die Rede ist, daß vielmehr beide in beständiger Wechselwirkung sich unterstützen und fördern müssen, versteht sich von selbst; wenn jedoch die Lehrer nach jahrelanger schmachvoller Knechtschaft sich sehnen, von dem drückenden

Sclavenjoch ihrer geistlichen Peiniger befreit zu werden, wird ihnen dieß Niemand, der noch Sinn für Menschenrechte und Menschenwürde besitzt, verargen. Die Kirche hat sich seither durch einen großen Theil ihrer Diener das Vertrauen und die Zuneigung nicht erworben, denn sie hat dieselbe nach Art einer harten, griesgrämigen Stiefmutter mißhandelt und unterdrückt. Wenn sich nun die Schule aus solchen Liebesbanden zu befreien und unter den Schutz des Staates zu stellen sucht, ist dieß gar nicht zu verwundern. Die Volksschule will und wird fortan neben der Kirche wirken und wahres, vernünftiges Christenthum pflanzen und pflegen, sich aber nimmermehr von derselben geißeln lassen. Man hörte von Geistlichen schon die Klageworte: »Die Lehrer sind uns ein Pfahl im Fleisch!« Wir wollen ihnen den Pfahl aus ihrem Fett ziehen und sie ihres oberhoheitlichen Aufsichtsamts im Interesse der Volksschule selbst überheben. Dieß ist die als so unheilvoll verschrieene, lang gewünschte und jetzt doch gefürchtete Trennung der Kirche und Schule.

Verletzt, ja gekränkt reagierte die Geistlichkeit mit einer kurzen Erwiderung in einer der folgenden Nummern des gleichen Blattes:

Auf die Erklärung und Warnung in Nr. 82 des Brenzthaler Boten erklären wir, daß wir uns von diesem Tage an der Schulaufsicht enthalten, bis wir von der Oberschulbehörde durch Strafen dazu angehalten werden. Beschimpft, wie wir sind, können wir uns nicht entschließen, und Niemand wird es uns zumuthen, angesichts unserer Gemeinden, in deren Augen man uns auf's Tiefste herabgewürdigt hat, angesichts der Schuljugend, die von nun an in uns nur die Tyrannen ihrer Lehrer und ihre eigenen Verderber sehen kann, eines Berufes ferner zu warten, den wir bisher, wie wir wähnten, zu ihrem Segen, wie wir aber jetzt erfahren, zum Fluch geführt haben. Den Religions-Unterricht werden wir nach wie vor, aber in getrennten Localen ertheilen. Wir müssen es unsern Gemeinden überlassen, uns wegen dieser Pflichtversäumniß höheren Orts zu belangen.

Evang. Kirchen- und Schulblatt für Württemberg 1848, S. 562

Die Diskussion über neue Richtlinien im Volksschulwesen blieb nicht auf die Fachwelt beschränkt. Eine breite Öffentlichkeit nahm engagiert daran teil. Vor allem in den Gemeinden wurden die angestrebten Veränderungen kontrovers diskutiert. Hoffnungen und Erwartungen bei den einen, Befürchtungen und Ängste bei den anderen beherrschten die Auseinandersetzungen. Nicht allein in pietistischen Kreisen, sondern von kirchlich Gesinnten weit über den Pietismus hinaus wurden Bedenken gegen eine Trennung von Kirche und Staat angemeldet. Ja, es wurde davon geredet und lautstark dagegen protestiert, daß man Bibeln, Spruchbücher und Kirchengesangbücher aus den Schulen verbannen wolle. Die große Aufregung, die über jedes von der Sache her gebotene Maß hinausging, ist ein Symptom dafür, daß die Grundfesten einer traditionellen religiösen Volksbildung zu wanken begannen. Der folgende Beitrag aus dem »Christenboten« läßt zwei gegensätzliche Stimmen zu Wort kommen und zeigt damit, welche Argumente und Bedenken die Auseinandersetzungen bestimmt haben:

Die Kirche und die Volksschule

... Wiewohl die Schule ursprünglich von der Kirche ausging und von ihr vorzugsweise gepflegt und geleitet wurde, so hat eben doch auch der Staat, zumal nach seiner jetzigen Gestaltung, ein großes Interesse daran, ob und wie seine künftigen Bürger unterrichtet und gebildet werden. Dieß führt auf die in unsern Tagen so vielfach besprochene Frage von der Trennung der Kirche und Schule. Wenn Staat und Kirche das Band lösen oder doch auflockern, das sie bis dahin vereinigte, auf welche Seite wird die Schule zu stehen kommen? Diese Frage ist um so wichtiger und schwieriger, als wenigstens der Landschullehrer in der Regel ein dreifaches Amt in seiner Person vereinigt, das des Meßners, des Organisten und Vorsängers so wie des Jugendlehrers. Die beiden ersten Ämter müssen jedenfalls mit der Kirche verbunden bleiben, wenn gleich das dritte möglicher Weise von ihr könnte getrennt werden. Schon dieser Umstand sollte als ein Fingerzeig betrachtet werden, daß die Trennung nur dann vollzogen werden kann, wenn man entschlossen ist, eine nicht unbedeutende Kostenvermehrung sich gefallen zu lassen und auf mancherlei bisher ungekannte Mißverhältnisse sich gefaßt zu halten. Doch darnach fragen diejenigen nicht, welche um jeden Preis ihre neuen politischen Gedanken ins Leben einführen wollen. Der Staat bedarf nach ihrer Ansicht der Religion und Kirche nicht mehr, er wird daher künftig glauben, Alles, was ihm obliegt, gethan zu haben, wenn er sie als eine Privatangelegenheit derer behandelt, welche auch noch ferner Lust haben, sich darum zu bekümmern. Ob die Mehrheit des Volkes eben so denkt, ist freilich eine andere Frage. Sie läßt sich zwar bis dahin geduldig gefallen, was von ihren politischen Führern eingeleitet wird, aber offenbar nur darum, weil sie nicht weiß, wohin es führen wird. Es ist daher an der Zeit, diese Angelegenheit einer allseitigen, und gemeinfaßlichen Prüfung zu unterziehen. Bereits haben nicht allein Zeitungen, sondern auch Flugblätter sie zu erörtern angefangen. Dem »Boten« sind von letzteren in neuester Zeit folgende zwei zu Gesicht gekommen, welche vorzugsweise der Beachtung würdig seyn dürften. Die eine unter dem Titel: »Die Trennung der Schule von der Kirche, oder die Communalschulen, wie man sie im Großherzogthum Baden beabsichtigt. Karlsruhe 1848.« Die andere mit der Aufschrift »Die Neugestaltung der Volksschule. An die freisinnigen Männer Württembergs von J. Gottfried Rau, Pfr. in Rietenau. Stuttgart 1848.«

Die erstere stellt die Volksschule von der Seite dar, wie sie werden würde, wenn der religionslose Staat sie künftig ausschließlich unter seine Leitung nähme und einseitig für seine Zwecke benützte, und warnt vor den traurigen Folgen, die sich hieraus ergeben würden. Die zweite sucht zu vermitteln. Sie will, wie sie sagt, »eben so gründlich den Wühlereien politisch Radikaler, als denen heißköpfiger, herrschsüchtiger Kirchenzeloten begegnen«.

Hören wir denn, was beide für ihre Sache vorbringen:

Nr. 1. führt aus: Durch die Kirche entstand die Schule. Es war bald Anfangs die Sorge ihrer Lehrer, auch die Kinder frühe zum Worte Gottes anzuleiten und in Gottes Wegen zu erziehen. Das erste war daher der Leseunterricht, um die Kinder zur Quelle des Glaubens, zur heiligen Schrift und andern guten Büchern hinzuleiten. Die Schule sollte eine Pflanzstätte für die Kirche seyn, darum blieb auch die Religion und was sich darauf bezog, Bibel, biblische Geschichte, Katechismus, Sprüche und Lieder der Hauptunterricht in den Schulen. Bald wurden aber auch andere Gegenstände in den Schulunterricht mit aufgenommen. Man lernte schreiben, lernte rechnen und erhielt nebenbei auch von andern nützlichen Dingen Kenntniß. Immer aber blieben Religion und religiöse Gegenstände die Hauptsache der Schule, und besonders aus diesem Grunde schickten die Eltern ihre Kinder zur Schule und schickten sie gerne. In neuerer Zeit aber hat man so viel andere Dinge in die Schule eingeführt, daß für Religion kaum mehr Zeit übrig ist. Nun wird deutsche Sprache, Aufsatzübung, Erdkunde,

Himmelskunde, Naturgeschichte, Naturlehre, Geschichte, Geometrie, Zeichnen, Obst- und Baumzucht und vielleicht auch bald Verfassungskunde von den Kindern verlangt. Doch ist noch immer ausgesprochener und durchgeführter Grundsatz, daß Religion die Hauptsache der Schule sei, und die Lehrer haben das Recht und die Pflicht, die religiösen Gegenstände als die Hauptsache in der Schule zu treiben, alle andern Gegenstände aber als minder wichtig anzusehen und als Nebensache zu behandeln. So soll es aber nicht bleiben. Die Religion und alle religiösen Gegenstände und Bücher sollen aus der Schule entfernt und nur weltliche Dinge von den Schullehrern getrieben werden... Der kirchliche Religionsunterricht aber sollte den Kindern von den Pfarrern ihres Bekenntnisses außerhalb der Schule ertheilt werden.

Was würden die unausweichlichen Folgen hievon seyn? 1. Die Religion würde Nebensache, die bisherigen Nebenfächer die Hauptsache werden. Die Kinder würden durch die vielen weltlichen Dinge und die anhaltende Beschäftigung mit ihnen so verweltlicht werden, daß sie für religiöse Wahrheiten wenig Sinn und Lust mehr hätten, wie dieses schon jetzt bei höheren Bürgerschulen sich zeigt, die auf diesen Fuß eingerichtet sind. Überdieß ist zu befürchten, daß selbst die Gesundheit der Kinder Schaden nimmt durch ein erweitertes und gründlicheres Erlernen von Gegenständen, die mehr für ein reiferes Alter und einen kräftigeren Körperbau bestimmt sind; und doch würden sie das Erlernte bald wieder vergessen, weil in diesem Alter eine gründliche Kenntniß dieser Gegenstände noch nicht möglich ist, während dagegen dasselbe vorzugsweise für den Religionsunterricht sich eignet, der, recht betrieben, Kopf und Herz ausbildet und die unentbehrliche Grundlage zu dem bietet, worauf das ganze Leben hindurch fortgebaut werden muß, wenn man brave, solide, gottesfürchtige Bürger haben will, während dagegen durch die übertriebene Beschäftigung mit jenen Nebenfächern eitle Vielwisser herangezogen werden...

So weit die erstere Schrift, die in so fern mehr für Baden als für Württemberg ihre Bedeutung hat, als dort bereits die Mehrzahl der evangelischen, katholischen und jüdischen Schullehrer um Einführung derartiger Volksschulen gebeten hat, während man hier wenigstens nach den öffentlich kundgewordenen Stimmen keineswegs geneigt zu seyn scheint, die Sache auf diese Spitze zu treiben, zu welcher allerdings folgerichtig der Grundsatz hinleitet: der Staat dürfe sich nicht mehr um die Religion seiner Bürger bekümmern.

Von der Voraussetzung ausgehend, daß dieser Grundsatz ein unrichtiger sei und daher auch keine praktische Anwendung finden dürfe, sucht Nr. 2. vermittelnde Vorschläge zu machen. Beide, sagt der Verfasser, der Staat und die Kirche haben ein Recht auf die Schule, denn beiden muß daran liegen, daß die Jugend nach ihrem Sinne erzogen werde, sie müssen sich daher zu gemeinschaftlicher Leitung derselben verständigen. Der Staat hat bis dahin die Kirche zu unbeschränkt in der Schule walten lassen, und diese hat diese Vollmacht dazu mißbraucht, die Jugend ausschließlich oder doch vorzugsweise religiös zu erziehen. Dieß muß ins Künftige anders werden. Die Religion soll zwar nicht aus der Schule verdrängt, den Geistlichen die Aufsicht über sie nicht völlig entzogen werden, aber es ist nöthig, genau das Maaß des Einflusses zu bestimmen, welcher ins Künftige dem Staat und der Kirche auf die Schule zukommen soll. Er versucht dann dieses Maaß festzustellen, und zwar zunächst hinsichtlich der Lerngegenstände. Daß bis dahin innerhalb der acht Schuljahre etwa 1200 Sprüche, Liederverse, Katechismus und Konfirmationsfragen auswendig gelernt werden mußten, erscheint ihm viel zu viel, er wünscht dieses Material auf den dritten Theil beschränkt zu sehen, die bisherigen Bibellesestunden wünscht er auf die Hälfte herab-

gesetzt, damit die andere Hälfte einem weltlichen Lesebuch könnte gewidmet werden; eben so wäre bei den deutschen Aufsätzen mit religiösen und anderweitigen zu wechseln, und die durch Verminderung der religiösen Gedächtnißübungen ersparte Zeit auf das Auswendiglernen und Deklamiren von Stücken aus sogenannten deutschen Klassikern, auf vaterländische Geschichte und Geographie so wie auf andere gemeinnützige Kenntnisse zu verwenden; da jedoch durch dieses. Alles [Erweiterung des Lehrplans]... ein Grund zu weiterer Bildung gelegt, dieselbe aber nicht auf eine befriedigende Stufe gebracht werden könnte, sollte eine dreijährige Fortbildungsschule eingerichtet werden, welcher in Städten Sommers und Winters, auf Dörfern wenigstens Winters fünf Mal zwei Abendstunden gewidmet werden müßten, von denen die sonntäglichen der Religion zufallen sollten.
Da jedoch die bisherige Vorbildung der Schullehrer zu erfolgreicher Betreibung dieser Fortbildungsschulen nicht zureichte, so sollten sie künftig in den Seminarien nicht mehr wie bisher (?) zu halben Theologen, sondern vorzugsweise zu Reallehrern zugebildet werden. Immerhin aber müßte die Lokalaufsicht über die Schulen den Pfarrern bleiben, da in hundert Orten Niemand sich finden würde, der dieses mißliebige Geschäft mit gleicher Sachkenntniß, mit gleicher Milde, mit gleichem Interesse an der Sache, mit gleicher Volkszustimmung, mit gleicher Wohlfeilheit versähe wie der Pfarrer; der dann aber freilich dieses Amt nicht blos als Mann der Kirche, sondern zugleich als Beauftragter des Staats zu führen hätte, und zwar genau nach dem vom Staat vorgeschriebenen Lehrplane... Für das ganze Unterrichtswesen wäre aber eine, vom Konsistorium völlig unabhängige Centralbehörde (Studienrath) einzusetzen, welcher zwar auch einige Kirchenmänner beizugeben wären, aber unter der Einschränkung, daß das Personenreferat niemals einem Kirchenmann überlassen wer-

den dürfte, weil diesem die Übung gleicher Gerechtigkeit gegen Alle leicht eine sittliche Unmöglichkeit seyn könnte. Dieß der Vermittlungsvorschlag. Geben wir zu, daß von strenger Festhaltung des bisherigen Maaßes der religiösen Gedächtnisübungen nicht gerade das Wohl der Kirche abhängt, so ist doch zu bemerken, daß die Rechnung eine unrichtige ist. Der dritte Theil dieses Stoffes fordert nicht nur den dritten Theil von Zeit und Kraft; denn die Kraft des Gedächtnisses steigert sich vorzüglich durch Übung. Sodann beweist die zu Hilfe genommene Fortbildungsschule, wie wenig im Ganzen die vorgeschlagenen Änderungen des Schulplanes austragen würden. Diese Fortbildungsschulen aber sind ein Joch, das, auch abgesehen von den gar nicht in Berechnung genommenen bedeutenden Kosten, das Volk sich schwerlich wird aufbürden lassen...

Der Christenbote 1848, S. 491 ff.

Schon bald stellte sich heraus, daß die ganze Aufregung um den neuen Kurs des Schulwesens gegenstandslos war. Die konservativen Kräfte gewannen das Feld zurück, und die Chance einer Neuordnung wurde vertan, obwohl selbst in kirchlichen Kreisen die mangelnde Qualifikation der Geistlichen in Schulfragen gesehen wurde. Insgesamt wurde dem Lehrerstand vorgeworfen, viele seiner Vertreter, vor allem die jüngeren, hätten sich mit dem Gedankengut der Revolution identifiziert. Die Revolution, so hieß es jetzt, stelle eine Gefahr für Glauben und Kirche dar. Man fürchtete, daß die Grundlagen von Religion und Moral irreparablen Schaden leiden. Obwohl sich der Volksschullehrerverein zur Wehr setzte, mußten sämtliche Lehrer im Sommer 1850 den Empfang des folgenden Erlasses durch ihre Unterschrift bestätigen:

Die Untersuchung der bekannten Vorfälle bei der Reutlinger Volksversammlung und den damit in Zusammenhang stehenden Unternehmungen gewaltsamer Auflehnung, bewaffneten Auszugs und anderer, in näherer oder entfernterer Weise auf Umwälzung und Unordnung gerichteter Handlungen in den verflossenen Jahren hat eine bedeutende Anzahl von Angehörigen des Schulstands als in dieselben verwickelt nachgewiesen, und eine noch ungleich größere Zahl hat wenigstens in den sog. Volksvereinen als Vorstände, Schriftführer usw. an dem Treiben dieser Vereine tätigen Anteil genommen, ein Treiben, welches meist nur dahin abzielte, die politische Aufregung bei dem Volk zu unterhalten, den Samen der Zwietracht und der Unzufriedenheit auszustreuen, das Ansehen der Gesetze und der Obrigkeit zu untergraben, die Grundlagen der Sittlichkeit und Religiosität zu erschüttern und einen Zustand der Unruhe, des gegenseitigen Mißtrauens und Unbehagens, Argwohns und der Verdächtigung dauernd zu machen, bei welchem weder das Wohl der Regierung noch des Volks, weder Ordnung noch wahre bürgerliche Freiheit, weder Handel und Wandel noch Verkehr und Wohlstand bestehen und gedeihen kann. War ein solches Treiben an und für sich selbst mit dem Beruf eines Volksschullehrers schwer zu vereinen, so hat noch überdies die Erfahrung herausgestellt, daß, seltene Ausnahmen abgerechnet, die Folgen eines solchen Treibens fast immer in einem regellosen Leben der betreffenden Lehrer, in Trinkexzessen, Zerrüttung des Hauswesens, in Versäumnissen des Unterrichts, der Zucht und Ordnung in den Schulen sich kundgaben ... Schulmeistern, Unterlehrern und Lehrgehilfen, welche diese Warnung mißachten, werden Strafen bis zur Entlassung angedroht.

E. Schmid: Geschichte des Volksschulwesens in Altwürttemberg. Stuttgart 1927, S. 282 f.

Erst mit dem Volksschulgesetz vom 17. August 1909 kam die im Revolutionsjahr angestrebte Neuordnung zum Durchbruch. In diesem Gesetz wurde geregelt, daß nicht mehr das Konsistorium, sondern eine eigene Oberschulbehörde für die Volksschule zuständig ist. Qualifizierte Personen aus dem Lehrerstand lösten die Geistlichen im Amt des »Bezirksschulaufsehers« ab. Auch in der Ortsschulaufsicht wurde die Funktion der Pfarrer neu geregelt und das heißt eingeschränkt. Der Einfluß der Kirche auf die Schule ging zurück.

Die Einführung eines Lesebuchs

Was 1848 auf schulpolitischem Gebiet nicht möglich war, das gelang auf pädagogisch-didaktischem Gebiet: Der Geist einer neuen Zeit brach sich Bahn. 1854 wurde der »Entwurf eines Lesebuchs für die Volksschulen« freigegeben, nachdem viele Jahre Bibel, Spruchbuch und Gesangbuch, neben einer Fibel für den Erstleseunterricht, einzige Unterrichtsbücher gewesen waren.

Daß die Einführung des Lesebuchs als Grundlage für den Unterricht in den sogenannten Realien von heftigen Auseinandersetzungen begleitet war, zeigte allein die Tatsache, daß eine Reihe von Gemeinden die Anschaffung verweigerte, zum Teil wurden Kostengründe ins Feld geführt, häufig aber offen und direkt religiöse Bedenken genannt. Die Gemeinde Undingen wollte sogar eine eigene Schule errichten, um das Lesebuch »mit seinem verborgenen Gift« von den Kindern fernzuhalten. Eine etwas gemäßigtere, aber ebenfalls ablehnende Haltung nahmen die Gemeindeglieder ein, die den jungen Menschen zwar nicht säkulare Wissensstoffe vorenthalten wollten, jedoch an der Überzeugung festhielten, daß alle Unterrichtsthemen auch aus dem Bereich der Sprach- und Na-

turkunde sowie der Geschichte an Hand der Bibel erlernt werden können. Nur so sahen diese Kreise gewährleistet, daß die Bibel als Zentrum der Schulbildung erhalten bleibt. Um allen Mißverständnissen entgegenzutreten, verordnete das Ministerium durch Erlaß vom 8. August 1854:

Das Lesebuch wird zur Anschaffung und zum Gebrauch für die Volksschulen vom 10. bis 14. Jahr mit dem Anfügen empfohlen, daß dadurch der Bibel und dem Lesen in derselben die Stelle, die sie als *Hauptbuch* in jedem Lektionsplan einer evangelischen Volksschule einzunehmen hat, nicht im mindesten verrückt werden darf. Während aber die Bibel zur Unterweisung in allem, was zur christlichen Erkenntnis und zur Förderung eines gottseligen Lebens dient, den Mittelpunkt zu bilden hat, ist im Lesebuch für die meisten übrigen Kenntnisse, für die deutsche Sprache und Rechtschreibung, die Stilübung, die Realkenntnisse, die Übung im guten Vortrag eines Lesestücks u. a. ein Einheitspunkt gegeben, an den sie bei verständiger Behandlung am zweckmäßigsten angeknüpft werden.

E. Schmid: Geschichte des Volksschulwesens in Altwürttemberg. Stuttgart 1927, S. 325

Die Landeskirche zwischen 1850 und 1870

Beginnende Lösung der Kirche vom Staat

Ein konservatives Programm

Im Rückblick auf die Jahre 1848/1849 legte Sixt Karl (von) Kapff sein konservatives Programm zur Überwindung der Revolution und zur Verhütung neuer Umstürze vor. Seit seinem Eintritt in das Konsistorium im Jahr 1852 war Kapff einer der führenden Theologen der Landeskirche. Er wollte bei der weiteren Entwicklung nicht von strukturellen Veränderungen ausgehen, sondern durch Erkenntnis der wahren Natur des Menschen und durch Buße eine Heilung von innen heraus erreichen:

Ursachen der Revolution

Die Armuth
So gewiß es ist, daß die Quelle der Revolution vielfach nur blinde Leidenschaft, Übermuth und Losreißung von göttlichen und menschlichen Gesetzen war, so gewiß ist andernseits, daß der Boden nicht so unglaublich schnell und in solcher Ausdehnung hätte erschüttert werden können, wenn er nicht vielfach unterhöhlt gewesen wäre. Finstre Höhlen dieser Art bildete die Armuth, die zwar zu aller Zeit in der Welt ist, die aber zu einem Überschwemmungen drohenden Strom anschwoll durch die Theurung der Jahre 1846 und 1847...

Die Ursachen dieser steigenden Verarmung sind außer dem Mißwachs der Bodenerzeugnisse mancherlei: Überbevölkerung; allzugroße Güterzerstückelung; zu große Anhäufung von Capitalien in dem besonderen Stand der Capitalisten im Gegensatz gegen die Arbeiter, die ohne Capitalbesitz blos von ihrer Hände Arbeit, also von einem Tag auf den andern leben; dabei Aufhören der Associationen, durch welche früher die Arbeitenden... mehr geschützt waren.

Der Reichthum

Es läßt sich gewiß nicht läugnen, daß in manchem Pallast und Haus übermäßig große Reichthümer angehäuft worden sind, oft zwar auf rechtmäßige Weise, wo dann nur das »zu wenig geben« das Unrechte und Unchristliche ist, oft aber auch auf eine Art, die dem Hauptgrundsatz der christlichen Moral und der christlichen Politik widerstreitet... Die Bereicherung der Einzelnen betreffend war seit Jahren ein unmäßiges Streben bemerklich, in Handel und Gewerben Alles aufs Höchste zu treiben... Gegen den Fortschritt in den Mitteln höheren Erwerbs ist nichts zu sagen, aber die Rücksichtslosigkeit ist zu verwerfen, die nur auf ihren Nutzen sinnt, nicht auch darauf, andre daran Theil nehmen zu lassen.

Die Gemeinheit

So nenne ich die Gesinnung, die Alles gemein macht, die vor den heiligen Gesetzen der Sitte, des Rechts, der Menschenliebe und Gottesfurcht keine Scheu hat und mit schnödem Eigennutz nach fremdem Gut lüstet und trachtet. Diese Gemeinheit hat sich seit einigen Jahren den Namen Communismus und Socialismus gegeben und den Schein eines eigenen politischen Systems angenommen... Der Communismus verlangt eine Theilung des Vermögens unter Alle, so daß die Reichen Nichts mehr vor den Armen voraus haben. Auch die Ehe machen sie gemein, so daß sogar ein französischer Abgeordneter in der Nationalversammlung den Antrag auf Einführung der Vielweiberei stellte. Ja sie wagten die Ehe eine Unsittlichkeit zu nennen, weil sie eine Beschränkung der Freiheit ist. Indem sie so das heilige Familienband auflösen, heben sie überhaupt die göttlichen Ordnungen von Eltern und Kindern, Vorgesetzten und Untergebenen, Obrigkeiten und Unterthanen auf und bekämpfen alle bestehende Ordnung. Alle sündlichen Gelüste werden hier genährt und gerechtfertigt und eine Freiheit verlangt, bei der der Mensch völlig soll thun können, was ihn gelüstet, ohne durch irgend ein Gesetz oder irgend eine Macht beschränkt zu sein...

Die Unsittlichkeit
Davon wurde schon gar Manches bisher genannt, da die Rede war von der Faulheit und Verschwendung vieler Armen, von dem Mammonssinn und der Härte vieler Reichen, von der Gemeinheit derer, die nur ihre Ehre und ihren Vortheil suchen, wie von dem Vornehmthun der Übermüthigen, die das geringe Volk verachten, von der Plumpheit und Anmaaßung der Un- und Vielwissenden... Immer wieder müssen wir fragen: woher doch dieser ungerechte, unsittliche Geist, der alle deutsche Treue und deutsche Sitte, Ehre und Frömmigkeit verläugnet? Ehe ich den letzten Grund nenne, muß ich sagen: diese Unsittlichkeit rührt zum Theil von der religionslosen Sittlichkeit.

Von der Sittlichkeit ohne Glauben,
von der einseitigen Sittlichkeit, die des Christenthums und fast der Religion entbehren zu können glaubte und meinte Alles gethan zu haben, wenn sie den Leuten immer nur sagte: seid brav, seid artig, gesittet, redlich, honett, rechtschaffen und fleißig, dann geht es euch gut in dieser und auch in jener Welt. »Die Menschen sind gut, was wird es einen Teufel geben«, sagte eine Frau Professorin, und ein Staatsmann meinte,

wie wohl Hunderte seiner Brüder, dem Volk müsse man seinen Glauben lassen, aber ein Gebildeter sei doch wohl über das Christenthum hinaus. Diese Ansicht herrscht in unglaublicher Ausdehnung unter den sogenannten Gebildeten, die meinen, die höhere Bildung und Aufklärung gebe ihnen eine reinere Sittlichkeit, da es edler sei, das Gute um des Guten willen zu thun als um Gottes willen...

Folgen der Revolution
...O welche Verkehrtheiten der Selbstsucht, welche Gemeinheiten des Eigennutzes, welche Sünden der Fleischeslust, des Neides und Hasses sind neben all dem Gerede von Sittlichkeit, Bildung, Humanität hergelaufen bei denen, die Gebildete sein wollen! Furchtbar hat es an Staaten und Einzelnen sich gerächt, daß man den Grund, aus dem allein wahre Sittlichkeit sproßt, den christlichen Glauben hintangesetzt hat. Die Vergötterung des Staats, den man als höchsten Träger der Sittlichkeit prieß und der mit seinen Ordnungen Alles im besten Geleise führen zu können wähnte, hat dem Staat selbst den festen Boden unter den Füßen weggezogen...

Heilmittel gegen die Revolution
...Die äußerliche Revolution ist zunächst niedergetreten, aber die innere nicht. In viel tausend Herzen glimmen die glühenden Kohlen unter der Asche fort, und laßt wieder einen Sturm aus Frankreich daherbrausen, so könnte das Feuer bei uns aufs Neue in Flammen ausschlagen. Holz liegt genug umher. Zwar der schwersten Armuth hat der Herr gesteuert durch drei wunderbare Segensjahre, die manche Wunde heilten. Aber die Masse der Besitzlosen ist geblieben und die Geldnoth drückt fortwährend und die Gewerbsstockung hat in vielen Städten und Provinzen Deutschlands noch nicht nachgelassen, so daß gerade der unruhigste Theil des niederen Volkes am meisten zu klagen hat und den Verführungen der Ord-

nungsfeinde stets offen steht. Diese Feinde des Staates und der Kirche und aller bestehenden Ordnung, diese mit Gott, mit der Welt und mit sich selbst zerfallenen Unruhgeister sind noch nicht innerlich überwunden und die Verwilderung im Volk und in der Jugend noch nicht gehoben. Heilung von Innen heraus ist an den Wunden des socialen Lebens noch nicht geschehen und der Eiter könnte unter dem Pflaster fressender nach Innen sich wenden und die Wunde dann nur bedenklicher wieder aufbrechen. Deßwegen ist Ausheilung von Innen heraus durch bessere Lebenssäfte das einzige Mittel gründlicher Hülfe...

Sehr viel wäre gewonnen, wenn nur die zahlreichen Übelstände, die oben als Ursachen der Revolution genannt wurden, gehörig bekämpft und beseitigt würden...

Jene Bekämpfung ist nur da zu hoffen, wo es nicht fehlt an dem Universalheilmittel gegen die Revolution. Dieses ist wahre Gottesfurcht, lebendiges Christenthum und dadurch Erneuerung des Herzens und des Lebens, wodurch dann auch auf die untersten Stufen des leiblichen Lebens Segensströme fließen und die Quellen der Armuth verstopft werden: Das Universalheilmittel gegen den Revolutionsgeist und die Nothstände unsrer Zeit überhaupt ist lebendiges Christenthum...

S. K. Kapff: Die Revolution, ihre Ursachen, Folgen und Heilmittel. 1851, S. 7. 26. 33f. 66f. 84–86. 112f. 114

Ein Handbuch für Pfarrer

Der Versuch einer Revolution der Jahre 1848/1849 brachte der Landeskirche tatsächlich den Anfang einer Lösung aus der Umklammerung durch den Staat, obwohl sie immer noch nicht die Möglichkeit besaß, die sie betreffenden Gesetze

durch ein rein kirchliches Gremium verabschieden zu lassen. Die Eigenart der Kirche gegenüber Staat und revolutionärer Begeisterung begann sich aber abzuzeichnen.
In dieser Atmosphäre schuf Friedrich Albert Hauber aufgrund seiner eigenen Erfahrung ein Kompendium für eine geistliche Leitung der Landeskirche und für die geistliche Führung der Geschäfte eines Pfarramts. Rückblickend auf die Auseinandersetzungen um die Verfassung der Landeskirche schrieb er:

... Das Christenthum ist nicht eine menschliche Erfindung, die Kirche bewahrt an ihm eine göttliche Stiftung; daß die in ihr niedergelegten Schätze wohl bewahrt und verwaltet werden, ist ihre Aufgabe, und danach auch die Angemessenheit der Form des Kirchenregiments zu beurtheilen. Darum, nicht ob die staatliche Obrigkeit zugleich kirchliche Gewalt haben solle oder nicht, ist die erste Frage, sondern ob sie an und für sich und in ihrem Verhalten zur Kirche auf Wegen geht, die dem Reich Gottes, darinnen nach Lehrbegriff und Weltanschauung unsrer Kirche die Obrigkeit selbst ein Stand ist, zuführen. Wo nicht, dann haben die beiden andern Stände – Lehrstand und Hausstand – Pflicht und Fug, für Lösung des Bandes und für neue Ordnung des Kirchenregiments zu sorgen. Man darf nicht vergessen, wie die Reformation, durch die unsre Kirche ins Dasein gekommen, eine Gewissensthat ist. Diesem Character getreu muß Alles in ihr geschehen, was unternommen wird. Auch Verfassungsänderungen sind aus dieser Quelle zu schöpfen, sonst schöpft man Wind statt frischen Wassers ...

F. A. Hauber: Recht und Brauch der Evang.-Luth. Kirche Württembergs. 1854, S. 25

Die Bindung des Pfarrers an das Bekenntnis der Kirche wollte Hauber mit der notwendigen Freiheit des Theologen verbinden:

Die innere Stellung des Predigers zu dem Bekenntniß der Kirche ist seine eigene Gewissenssache, und bei abweichenden Ansichten wird sich fragen, ob sie mehr nur die wissenschaftliche Fassung oder die religiöse Grundanschauung betreffen; im letzten Fall soll er kein Lehramt begehren oder zurücktreten, denn er würde ohne Freudigkeit und ohne Segen das Amt als eine Last tragen. Sobald er in den öffentlichen Vorträgen abweicht und Anstoß gibt, verfällt er dem Gesetz, das er bei seiner Amtsübernahme selbst beschworen hat, und es ist nicht Gewissensbeschränkung, sondern Pflicht, wenn die Kirchenbehörde die Gemeinden gegen Lehrwillkür durch amtliche Einschreitung schützt.
Dagegen hat sie nicht die Pflicht, inquisitorisch den Zweifeln Einzelner nachzuspüren oder wissenschaftliche Entwicklungen vorzeitig zu unterbrechen oder ernstgemeintes Forschen, wenn es zuweilen auf Ab- und Umwege geräth, als ein Vergehen zu behandeln. Denn es ist kein Gedeihen dabei, wo die evangelische Kirche sich als ein Fragment von katholischer Kirche zu geriren sucht.
Die Kirche des Glaubens darf den Glauben und sein Bekenntniß nicht als eine Art von verdienstlichem Werk behandeln wollen und muß auch darin Glauben zeigen, daß sie dem Glauben den Sieg aus innerer Kraft zutraut.

Hauber, S. 70

Der Pfarrer und seine ganze Familie sind gebunden, auch im äußeren Erscheinungsbild die Verkündigung nicht unglaubwürdig zu machen:

... Daß auch die Frauen und Töchter der Geistlichen in das Verbot der Hoffahrt und Kleiderpracht mit eingeschlossen wurden, liegt in der Pflicht vorbildlichen Lebens, welches im Hausregiment nicht minder wie in der Selbstbeherrschung sich zu erweisen hat; und es ist übel anzusehen, wo ein Vater wider die Eitelkeit prediget und läßt seine Angehörigen sich als neueste Modebilder an öffentlichen Plätzen bewundern oder verspotten. Der Geistliche selbst aber darf es schon den Armen in seiner Gemeinde und den Kranken, die er besucht, nicht zu Leid thun, daß er als ein Geck sich producirt. – Es liegt nicht fern, um der Ausschreitungen willen wieder eine festvorgeschriebene markirte Tracht zu wünschen. Aber man darf nicht als Priesterkaste auftreten wollen, man muß das Scheinheilige meiden und die Vermehrung des Ärgernisses bei einem dem ausgesprochenen Stande widersprechenden Benehmen. Es wird am Ende würdiger sein, dem Anstandsgefühl und der theologischen Gesinnung selbst zu überlassen, wie sie unter den Wechseln der Mode sich den »theologischen Rock« anpassen, und nur da einzuschreiten, wo jene ihre Schuldigkeit versäumten ...

Hauber, S. 74

Pfarrgemeinderat und Diözesansynode

Der Entwurf einer neuen Verfassung für die Landeskirche im Jahr 1848 wollte dieser Kirche vor allem eine gesetzgebende Körperschaft in Gestalt einer Synode geben; damit waren grundsätzliche verfassungsrechtliche, auch den Staat betreffende Fragen berührt.
Für die einzelne Gemeinde wurde dann im Jahr 1851 durch königliche Verordnung der Pfarrgemeinderat geschaffen, der

von den erwachsenen Gemeindegliedern zu wählen war. Die Pfarrgemeinderäte sollten den Pfarrer grundsätzlich bei dessen Arbeit unterstützen. Die Befugnisse waren sehr allgemein gehalten und nicht sehr weitreichend; trotzdem war damit zum ersten Mal in der Geschichte der Landeskirche eine gewählte Vertretung der Kirchengenossen vorhanden. Im Jahr 1854 wurde das Reformwerk weitergeführt durch die Einführung einer Diözesansynode für die einzelnen Kirchenbezirke, deren Mitglieder von den Pfarrgemeinderäten gewählt wurden.

Pfarrgemeinderat und Diözesansynode waren natürlicherweise nicht mit dem Recht der kirchlichen Gesetzgebung ausgestattet. Sie konnten entstehen, weil mit ihnen die Befugnisse des Königs als Bischof der Landeskirche und staatliche Belange nicht in Frage gestellt waren.

Der »Christenbote« als Sprachrohr der pietistischen Kreise betonte auch nach der gescheiterten Revolution immer wieder, daß durch organisatorische Maßnahmen allein der Kirche nicht aufzuhelfen sei:

...Manche hoffen am schnellsten und sichersten durch zweckmäßigere kirchliche Organisationen, insbesondere durch Herstellung wohleingerichteter Kirchenkonvente und Presbyterien, und es wird sich nicht leugnen lassen, daß auch von diesen Versuchen Gutes zu hoffen ist, namentlich da wo in der größeren Masse der Kirchengenossen noch eine Ahnung davon vorhanden ist, wie es eigentlich sein sollte, und eine Bereitwilligkeit, zur Besserung redlich die Hand zu bieten, wo auch die Werkzeuge nicht ganz und gar fehlen, durch welche ein Neubau des kirchlichen Lebens in den Gemeinden kann vollführt werden. Wo aber im Gegentheil das Streben vorherrscht, christliche Ordnung, Lehre und Sitte anzufeinden und zu zerstören, da steht zu befürchten, daß durch sol-

che Organisationen, wofern sie nicht mit äußerster Vorsicht bewerkstelligt werden, wie man im Sprüchwort sagt: der Bock zum Gärtner gemacht, und aus übel nur ärger werde. Es wird daher auch noch ein anderer Weg versucht werden müssen, und der besteht darin, daß die bereits vorhandenen Ordnungen noch besser benützt und dafür gesorgt werde, daß die Heilmittel, die sie bieten, ungestörter wirken können ...
Es muß vor Allem von *unten* geholfen werden, d. h. es muß dafür gesorgt werden, daß, so weit solches von menschlicher Einwirkung abhängt, die Heranbildung solcher Diener der Kirche mit allem Ernste bezweckt werde, welche wahrhaft ihrer Aufgabe entsprechen, welche mit den nöthigen Kenntnissen Liebe zu dem Herrn und seinem Evangelium, möglichste Tüchtigkeit zur gesegneten Führung des Predigt- und Seelsorgeramts und den Eifer verbinden, hiemit gerne auch den Ärmsten im Volke zu dienen. Daher ist die Besetzung der lateinischen Schulen, der Seminare und der Universität mit entschieden glaubigen und dabei geschäftstüchtigen Männern, und eine höhere und niedere Schulordnung, welche diese Aufgabe streng in's Auge faßt, dringendes Bedürfniß ...

Der Christenbote 1851, S. 19 f.

Nach der Einführung des Pfarrgemeinderats begrüßte ein Pfarrer im »Christenboten« diese Einrichtung als ein Mittel zur Entfaltung und Bereicherung des Lebens in der Gemeinde:

Sind in einer Gemeinde Männer vorhanden, welche die vorausgesetzte Befähigung besitzen, und sind sie wirklich im Kirchengemeinderath gesammelt, so sind sie mit Nothwendigkeit darauf hingewiesen, die Hebung des *innerlichen* Lebens der Gemeinde zum Gegenstand ihrer Wirksamkeit zu machen;

denn die königliche Verordnung weist ihnen bekanntlich *nur* solche Gegenstände zu und macht es ihnen geradezu unmöglich, mit blos weltlicher Gewalt, mit blos äußerlichen Mitteln etwas auszurichten. Aus diesem Gesichtspunkt halten wir eine andere Einwendung, welche von gerade entgegengesetzter Seite herkommt, daß nämlich der neue Pfarrgemeinderath weder Geld- noch Strafgewalt besitze und daher nichts ausrichten könne, für unstichhaltig. Welche Versuchung wäre da für dieses neue Collegium gegeben, sich aus der Bahn der geistlichen Wirksamkeit unversehens zu verirren und sich im büreaukratisch-polizeimäßigen Geleis der bisherigen Kirchenconvente und Stiftungsräthe festzufahren und sich so um seine eigenthümliche Stellung, um sein Ansehen und seinen Credit zu bringen!

. . . Was will denn die Verordnung? Nichts anderes als innere Mission, nicht mehr und nicht weniger. Sie will die innere Mission zur *Gemeindesache* machen, sie in den Gemeinden einbürgern und wo möglich allgemein machen. Der Pfarrgemeinderath soll nichts anderes sein als ein Verein für innere Mission . . .

Der Christenbote 1851, S. 180–182

Die Einführung einer Landessynode

Der Ausbau der Verfassung der Landeskirche konnte nach dem Tode von König Wilhelm I. unter König Karl ab 1865 vollendet werden. Zu Ende des Jahres 1867 erschien eine königliche Verordnung, durch die eine Landessynode geschaffen wurde. Sie bestand aus je 25 geistlichen und weltlichen Abgeordneten, die von den Mitgliedern der Diözesansynoden gewählt wurden; dazu kamen ein Abgeordneter der Evang.

theol. Fakultät der Universität Tübingen und sechs vom Landesherrn ernannte Mitglieder. Die Verordnung enthielt wesentliche Teile des Inhalts des Verfassungsentwurfs vom Jahr 1848. Das Bekenntnis der Landeskirche bildete keinen Gegenstand der kirchlichen Gesetzgebung, blieb also unabhängig von den Beratungen und Entschließungen der Landessynode bestehen.

Die Synode erhielt noch nicht das Recht, von sich aus kirchliche Gesetze vorzuschlagen; ohne ihre Zustimmung konnten aber kirchliche Gesetze weder gegeben noch verändert noch aufgehoben werden. Gleichzeitig erhielt der Präsident des Konsistoriums das Recht des unmittelbaren Vortrags beim König. Damit hatte die Landeskirche zum ersten Mal in ihrer Geschichte die Möglichkeit, die sie betreffenden Regelungen aktiv mitzugestalten; außerdem war ein unmittelbarer, nicht mehr durch ein vorgeordnetes Ministerium unterbrochener Zugang der für die Verwaltung der kirchlichen Angelegenheiten verantwortlichen Stelle zum König als dem Bischof dieser Kirche vorhanden.

Die Tatsache der Einführung der Landessynode wurde innerhalb der Landeskirche einhellig begrüßt; das Verfahren, das hiebei gewählt wurde, blieb nicht unumstritten, vor allem die Tatsache, daß die Synode durch eine Verordnung des Königs, also nicht einer innerkirchlichen Stelle, zustande kam. Das »Kirchen- und Schulblatt« schrieb:

... Sollte Jemand diese längst ersehnte Ordnung weniger mit Freuden begrüßen, darum, weil es ein königl. Neujahrsgeschenk, d. h. eine königliche Verordnung ist und nicht das Ergebniß einer synodalen Selbstbestimmung aus der Kirche heraus: der sage zuvor, wie wir hätten zu einer Landes-Synode kommen können, ohne daß wenigstens das Wahlgesetz zu einer konstituirenden Synode und somit doch auch diese Synode selbst nach ihrem Wesen durch eine königliche Verordnung geschaffen worden wäre. Unseres Erachtens aber gibt die jetzt erlassene Synodal-Ordnung schon nach ihrer ganzen Genesis so sichere Gewähr einer gründlichen und allseitigen Überlegung, wie die von einer konstituirenden Synode fertig gemachte kaum hätte bieten können. Und wie sich das Urtheil im Blick auf die Entstehung dieser Kirchenordnung stellt, ebenso befriedigend muß sich dasselbe beim Blick auf den Inhalt und Geist der Verfassung bezeugen. Wer darf sagen, daß da hierarchisch oder bureaukratisch regiert werden wolle? Ist nicht mit dem ganzen repräsentativen Charakter der Landes-Synode, welche nach § 1: »zur Vertretung der Genossen der evangelischen Landeskirche gegenüber von dem landesherrlichen Kirchenregimente bestimmt« ist, mit deren Stellung zur Kirchenregierung, mit dem Ausschluß der General-Superintendenten als solcher aus der Landes-Synode, mit der Ausdehnung der Wählbarkeit in die Synode auf Alle, welche zum Amt eines Kirchenältesten qualificirt sind, auch wenn sie dies Amt nicht wirklich begleitet haben, wie mit der vierjährigen Periodicität der Synode und mit Einsetzung eines bleibenden Synodal-Ausschusses, also mit überaus wichtigen Bestimmungen den Kundgebungen und Wünschen der Diöcesan-Synoden so viel Rechnung getragen, daß die erlassene Synodal-Ordnung fast mehr diesen Stimmen aus der Geistlichkeit und Kirchengenossenschaft als den ursprünglichen Intentionen der Oberkirchenbehörde angepaßt scheint? Und ist nicht zugleich jedweder bureaukratischen Bevormundung der Kirche ein legaler und starker Riegel durch die zweite königliche Verordnung geschoben, welche dem kgl. Cultministerium, abgesehen von Fällen, in welchen ein Einschreiten des Staats nach *allgemeinen* Rechtsgrundsätzen begründet ist, eine selbstständige Instanz-Kraft nur in so weit zuerkennt, als es sich von der Dienstaufsicht über die landesherrlichen Kirchenregiments-Behörden oder von gemischten kirchlich-staatlichen Sachen handelt; so wie neben der ordentlichen Vermittlung des Verkehrs zwischen dem Landesherrn und der Kirche durch den Cultminister in außerordentlichen Fällen auch dem Consistorium für sich oder in seiner Erweiterung zum Synodus ein unmittelbarer Vortrag an den König verstattet ist? So wollen wir uns denn dieser Errungenschaft vieljähriger Bestrebungen von Herzen freuen und den Herrn bitten, daß Er sich dazu bekenne mit Seinem Frieden und die neue Ordnung der Kirche zum reichen Segen mache, damit alle Befürchtungen der Ängstlichen zerstreut und die Erwartungen der Vertrauensvollen übertroffen werden...

Evang. Kirchen- und Schulblatt für Württemberg 1868, S. 2f.

Bei der Eröffnung der 1. Sitzung der neugebildeten Landessynode im Jahr 1869 hielt der königliche Kommissar folgende Ansprache:

Hochzuverehrende Herren!
Von Seiner Majestät dem König ist mir der ehrenvolle Auftrag geworden, die evangelische Landessynode bei ihrem erstmaligen Zusammentritt zu eröffnen. Im Namen Seiner Königlichen Majestät heiße ich Sie, die Vertreter unserer evangelischen Landeskirche, freundlich willkommen.
Seit den Tagen des edlen Fürsten, dessen dreihundertjährige Gedächtnißfeier wir erst vor wenigen Wochen begangen haben, ist die Verfassung unserer evangelischen Kirche im wesentlichen unverändert geblieben. Auch unser Staatsgrundgesetz hat die von Herzog Christoph getroffenen kirchlichen Einrichtungen in ihren Grundzügen bestätigt... Die Behörden, durch welche das Kirchenregiment verwaltet wird, sind

dieselben geblieben; dagegen ist nunmehr ein neues kirchenverfassungsmäßiges Organ ins Leben getreten, dessen Hauptbedeutung in der Mitwirkung bei der kirchlichen Gesetzgebung besteht.

Von jeher galt in der evangelischen Kirche der Grundsatz, daß wichtigere Änderungen in der kirchlichen Gesetzgebung, insbesondere in der Gottesdienst- und Lehrordnung nicht ohne Zustimmung der Gemeinde ins Leben geführt werden sollen. Nach diesem Grundsatz wurde seiner Zeit auch in Württemberg bei der Einführung des neuen Gesangbuches und des neuen Kirchenbuches verfahren. Nicht nur sind damals Geistliche aus allen Theilen des Landes zur Berathung über diese Gegenstände kirchlicher Gesetzgebung einberufen, sondern es ist auch die definitive Einführung der neuen kirchlichen Bücher erst angeordnet worden, nachdem man sich über die beifällige Aufnahme derselben seitens der Kirchengemeinden vergewissert hatte. Jener alte Grundsatz des evangelischen Kirchenrechts bedurfte aber, um zu voller Wirksamkeit zu gelangen, einer organischen Einrichtung.

Diese hat er erst durch die Landessynode erhalten, deren Einführung von Seiner Majestät dem König auf den Antrag des evangelischen Synodus nach vorgängiger Vernehmung sämtlicher Diöcesansynoden des Landes beschlossen worden ist.

Ohne die Zustimmung der gleichheitlich aus Geistlichen und Laien bestehenden, auf die synodalen Organe der Kirchengemeinden und Diöcesen gegründeten Landessynode, als der ordnungsmäßigen Gemeindevertretung unserer Kirche, können von nun an kirchliche Gesetze weder gegeben noch verändert oder authentisch interpretiert noch aufgehoben werden. Hiebei erkennt unsere Synodalordnung ausdrücklich das Bekenntniß der evangelisch-lutherischen Kirche als die außerhalb der Verhandlungen der Synode liegende, unantastbare Grundlage aller kirchlichen Gesetzgebung an.

Da sodann die Landessynode überhaupt das zur Vertretung der evangelischen Kirchengenossen gegenüber dem landesherrlichen Kirchenregiment bestimmte Organ bildet, so kommt ihr auch die Befugniß zu, von sich aus in Wahrnehmung des Zustandes der Kirche nach den verschiedenen Lebensgebieten derselben Anträge, Wünsche und Beschwerden an die Oberkirchenbehörde zu bringen. Im Interesse der Continuität der Gemeindevertretung soll endlich auch für die Zeit, wo die Landessynode nicht versammelt ist, als Vertreter derselben mit entsprechendem Wirkungskreise ein Synodalausschuß in Thätigkeit bleiben...

Der erstmalige Zusammentritt der Landessynode bildet, wenn ihr auch diesmal von Seiten des Kirchenregiments keine Gesetzgebungsgegenstände von hervorragender kirchlicher Bedeutung übergeben werden können, jedenfalls einen wichtigen Zeitabschnitt in der Geschichte unserer evangelischen Landeskirche. Möge die lebendigere Wechselbeziehung zwischen dem Kirchenregiment und dem kirchlichen Gemeindeleben, welche unsere Synodalordnung im Gefolge haben wird, zum Wohle unserer evangelischen Kirche dienen! Mögen die Berathungen der Landessynode stets von dem Geiste des Evangeliums, von dem Geiste des Friedens und der Versöhnung getragen sein! Das walte Gott, ohne dessen Segen keinerlei Gedeihen ist.

Im Namen Seiner Majestät des Königs erkläre ich die Landessynode für eröffnet.

Verhandlungen der Landes-Synode der evang. Kirche Württembergs 1869, 1. Protokollband, S. 4–6

Die Mitglieder der Landessynode hatten folgendes Gelübde abzulegen:

Ich gelobe vor Gott, daß ich bei meinem Wirken in der Synode gehorsam dem göttlichen Worte, in Treue gegen das Bekenntniß der evangelischen Kirche, die Ehre Gottes und das Heil der Seelen unverrückt im Auge behalten und nach bestem Wissen und Gewissen das Wohl der evangelischen Landeskirche berathen werde.

Verhandlungen der Landes-Synode der evang. Kirche Württembergs 1869, 1. Protokollband, S. 4

Das evangelische Pfarrhaus

Das evangelische Pfarrhaus im Württemberg des 19. Jahrhunderts war ein Mittel- und Blickpunkt eigener Art. Das kirchliche Amt und die Aufsichtsfunktion über die Schule, über Moral und Ordnung verliehen dem Pfarrer und auch seiner Familie eine besondere gesellschaftliche Stellung. Das Pfarrhaus als Ganzes, in der Regel reich an Kindern und Begabungen, war zu Beispiel setzendem Leben verpflichtet, war ebenso geachtet wie beobachtet, eine Brücke zwischen den Ständen, eingebunden vielfach in eine schlichte Ländlichkeit zwischen Natur und kultureller Tradition.
Seit dem 18. Jahrhundert, zumal seit dem Erscheinen des Gedichts »Luise« von Johann Heinrich Voß (1795), war das Pfarrhaus auch beliebtes Thema der Literatur, und Goethe schrieb in »Dichtung und Wahrheit«: »Ein protestantischer Landgeistlicher ist vielleicht der schönste Gegenstand einer modernen Idylle.«

Unter den schwäbischen Dichtern hat Eduard Mörike mit seiner Idylle vom »Turmhahn« dem pfarrherrlichen Leben schönsten poetischen Ausdruck gegeben. Aber neben, vor und nach ihm haben nicht wenige Pfarrer auch gedichtet, ent-

stammen Schriftsteller dem Pfarrhause und wurde das Leben im Pfarrhause in erzählender Prosa, in Gedichten, Dramen und Autobiographien dargestellt. Die folgenden Proben mögen einige Einblicke in diese Literatur vermitteln.

Eduard Mörike, Der alte Turmhahn. Idylle

Eine knappe Vorform des bekannten Gedichts entstand 1840 in Cleversulzbach. Sie zählte 22 Verse und wurde 1845 etwas erweitert; doch erst 1852 erhielt die Idylle ihre gültige Fassung. Am 21. April 1854 schrieb Mörike an Theodor Storm:

Tatsache ist an dem Spaß, daß ich als damaliger Pfarrer in Cleversulzbach aus Anlaß einer Kirchenreparatur das alte Inventarstück zu mir nahm, auch es noch jetzt besitze. Der Pfarrer wurde aber durch Verlegung in eine frühere Zeit ehrwürdiger gemacht und ihm Weib und Kinder geschenkt. Das ganze entstand unter Sehnsucht nach dem ländlich pfarrkirchlichen Leben.

Im folgenden wird hier nur der Teil des Gedichts wiedergegeben, in dem der alte Turmhahn, der von seinem früheren Platz auf der Spitze des Kirchturms entfernt werden mußte, in seinem neuen Ort im Studierzimmer des Pfarrers diesem gleichsam über die Schultern schaut:

...
Hier wohnt der Frieden auf der Schwell'!
In den geweißten Wänden hell
Sogleich empfing mich sondre Luft,
Bücher- und Gelahrtenduft,
Gerani- und Resedaschmack,
Auch ein Rüchlein Rauchtabak.

(Dies war mir all' noch unbekannt.)
Ein alter Ofen aber stand
In der Ecke linkerhand.
Recht als ein Turn tät er sich strecken
Mit seinem Gipfel bis zur Decken,
Mit Säulwerk, Blumwerk, kraus und spitz –
O anmutsvoller Ruhesitz!
Zuöberst auf dem kleinen Kranz
Der Schmied mich auf ein Stänglein pflanzt'.

. . .

Seit daß ich hier bin, dünket mir
Die Winterszeit die schönste schier.
Wie sanft ist aller Tage Fluß
Bis zum geliebten Wochenschluß!
– Freitag zu Nacht, noch um die Neune,
Bei seiner Lampen Trost alleine,
Mein Herr fangt an sein Predigtlein
Studieren; anderst mag's nicht sein;
Eine Weil' am Ofen brütend steht,
Unruhig hin und dannen geht:
Sein Text ihm schon die Adern reget;
Drauf er sein Werk zu Faden schläget.
Inmittelst einmal auch etwan
Hat er ein Fenster aufgetan –
Ah, Sternenlüfteschwall wie rein
Mit Haufen dringet zu mir ein!
Den Verrenberg ich schimmern seh',
Den Schäferbühel dick mit Schnee!

Zu schreiben endlich er sich setzet,
Ein Blättlein nimmt, die Feder netzet,
Zeichnet sein Alpha und sein O
Über dem *Exordio.*

Und ich von meinem Postament
Kein Aug' ab meinem Herrlein wend';
Seh', wie er, mit Blicken steif ins Licht,
Sinnt, prüfet jedes Worts Gewicht,
Einmal sacht eine Prise greifet,
Vom Docht den roten Butzen streifet;
Auch dann und wann zieht er vor sich
Ein Sprüchlein an vernehmentlich,
So ich mit vorgerecktem Kopf
Begierlich bringe gleich zu Kropf.
Gemachsam kämen wir also
Bis Anfang *Applicatio*.
Indes der Wächter Elfe schreit.
Mein Herr denkt: es ist Schlafenszeit;
Ruckt seinen Stuhl und nimmt das Licht;
»Gut' Nacht, Herr Pfarr!« – Er hört es nicht.
...

Jetzt ist der liebe Sonntag da.
Es läut't zur Kirchen fern und nah.
Man orgelt schon; mir wird dabei,
Als säß' ich in der Sakristei.
Es ist kein Mensch im ganzen Haus;
Ein Mücklein hör' ich, eine Maus.
Die Sonne sich ins Fenster schleicht,
Zwischen die Kaktusstöck' hinstreicht
Zum kleinen Pult von Nußbaumholz,
Eines alten Schreinermeisters Stolz;
Beschaut sich, was da liegt umher,
Konkordanz und Kinderlehr',
Oblatenschachtel, Amtssigill
Im Dintenfaß sich spiegeln will,
Zuteuerst Sand und Grus besicht,

Sich an dem Federmesser sticht
Und gleitet übern Armstuhl frank
Hinüber an den Bücherschrank.
Da stehn in Pergament und Leder
Vornan die frommen Schwabenväter:
Andreä, Bengel, Rieger zween,
Samt Ötinger sind da zu sehn.
Wie sie die goldenen Namen liest,
Noch goldener ihr Mund sie küßt,
Wie sie rührt an Hillers Harfenspiel –
Horch! klingt es nicht? so fehlt nicht viel.

Eduard Mörike: Werke. Hg. von Harry Maync. Leipzig und Wien o. J., Bd. 1, S. 138 ff.

Karl Gerok, Jugenderinnerungen

Gerok, 1815 in Vaihingen/Enz als Sohn des Pfarrers und späteren Prälaten Christoph Friedrich Gerok geboren, war als Diakon, Dekan, Oberhofprediger und Prälat über vier Jahrzehnte in Stuttgart tätig, wo er eine vielseitige Wirksamkeit als beliebter, wortgewaltiger und hochangesehener Prediger und Redner entfaltete. Zugleich aber erzielte er auch als religiöser Dichter ungewöhnliche Erfolge; im besonderen gewannen seine »Palmblätter« eine große, wenn auch zeitgebundene Popularität.
In den 1875 erschienenen »Jugenderinnerungen« schildert Gerok seine Kinder- und Knabenzeit sowie die Jahre seiner Ausbildung zum Theologen.
Aus dem Kapitel »Die Familie« stammt die folgende Probe:

Etwas höher und ferner als die Mama stand uns der Papa. Viel beschäftigt im geistlichen Amt sahen wir ihn in der Regel nur zu bestimmten Stunden. Morgens vor dem Frühstück sprach er bei versammelter Familie mit Einschluß der Dienstboten das Morgengebet: ein Gesangsbuchlied, das Vaterunser und den Segen. Manche unsrer Kernlieder wurden dadurch meinem kindlichen Ohre vertraut, noch ehe ich sie verstand; so: »Wach' auf, mein Herz, und singe«; »Mein erst Gefühl sei Preis und Dank«; »O Gott, Du frommer Gott«; »Befiehl Du Deine Wege«! »In allen meinen Thaten«. Besser aber als die besten gefiel mir das unbedeutende von Münter: »Dir versöhnt in Deinem Sohne«. Dort heißt es nämlich im zweiten Verse: »Alles Fleisch von allen Enden kommt mit aufgehobnen Händen, kommt mit Hoffnung und Begier, Gott... der gern erhört, zu Dir«! Das Kindlein dachte dabei an »alles Fleisch von allen Enten« und ihm wässerte der Mund. – Beim Mittagstisch mußten die Kinder damals viel stiller sitzen als heutzutage, auch pflegten sie weder von einer beliebten Speise so viel zu bekommen als sie wünschten, noch von einem verhaßten Gerichte dispensirt zu werden. Wie manche Thräne haben mich z. B. die weißen Mehlspatzen gekostet, die immer wieder den Hals heraufquollen! Unmittelbar nach Tisch tranken Vater und Mutter ein Täßchen Kaffee, und Tag für Tag durfte abwechselnd eins der Kinder das Sahntöpfchen mit Brot austunken. Ein kleines Fest war's, wenn Winters nach dem Essen Papa zur Luftreinigung bei geöffneten Fenstern ein Wachholderholzfeuer in der Rauchpfanne anzündete, das auf den Zimmerboden gestellt gar lustig knisterte und flackerte. Wir Kinder hockten im Kreis um das Feuerlein und sahen bewundernd zu, wenn der Vater mit der Hand langsam durch die Flammen fuhr oder in besonders guter Laune ein paar Mal leichtfüßig darüber wegsprang. Um die Vesperzeit sprach er meist wieder im Wohnzimmer ein, um, etwa von seelsorgerlichen Besuchen heimkehrend, sich ein Stündchen im Familienkreis zu erholen, ehe er sein Studirstüblein unter dem

Dach bestieg. Er trat dann bei uns ein in dem Habit, den unsre Stadtgeistlichen damals noch auf allen Berufsgängen trugen, mit dreieckigem Hut, langem schwarzen Rock nebst weißen Bäffchen oder Überschlägen, schwarzseidenen Strümpfen und Schnallenschuhen; eine Tracht, die ihm trotz seiner damaligen Jugend bei seiner hohen Gestalt gar ehrwürdig stand. Beim Nachtessen sahen wir ihn gewöhnlich nicht, weil wir nach eingenommener Milchsuppe mit einem Handkuß bei der Mutter, von welchem ausgeschlossen zu werden die beschämendste Strafe war, ein paar Stunden vor den Eltern zu Bett geschickt wurden...

In würdevollster Gestalt bekamen wir den Vater auf der Kanzel zu sehen, und wenn es uns als evangelischen Predigerskindern ausgemacht war, die drei verehrungswürdigsten Personen auf Erden seien erstens der Heiland, zweitens der Doktor Luther (den wir in der Gypsbüste auf dem väterlichen Schreibtisch sahen) und drittens der liebe Papa, so wurde diese Überzeugung immer wieder bestätigt, wenn wir in der gedrängtvollen Kirche tausende zu seinen Füßen sitzen sahen und seinen gesalbten Vortrag, ohne noch vom Inhalt viel zu verstehen, durch die heiligen Räume hallen hörten.

Karl Gerok: Jugenderinnerungen. 2. Auflage, Bielefeld und Leipzig 1876, S. 53–55

Albert Knapp, Kindes-Erinnerungen

»Christoterpe« war der Titel eines weit verbreiteten »Taschenbuchs für christliche Leser«, das Albert Knapp 1833 begründete und viele Jahre herausgab. In der 17. Folge dieses Taschenbuchs, das auf das Jahr 1849 erschien, hat Knapp, der seine Kinderjahre in Alpirsbach verbrachte, Erinnerungen an seine frühe Jugend veröffentlicht.

Knapp (1798–1864) war eng mit Ludwig Hofacker befreundet und hat nach einem Bekehrungserlebnis als strenggläubiger Pfarrer nicht nur eine breite Fülle christlicher Gedichte geschrieben, sondern auch die geistliche Dichtung anderer Autoren gesammelt und herausgegeben, vor allem aber sich für das Kirchenlied und das evangelische Gesangbuch Württembergs eingesetzt.

Die Mutter war eine geist- und gemüthvolle, nach Leib und Seele sehr glücklich organisirte Frau. Sie gehörte, obgleich der neueren Bildung in keiner Weise fremd, zu jenen stets seltener werdenden Hausmüttern von altem Schrot und Korn, die ihre ganze Haushaltung auf sich nehmen und sich keines Geschäftes schämen. Bei allem früheren Wohlstande mußten die Büblein, wie man zu sagen pflegt, hinsichtlich der Kleidung meistentheils »in den Vater hineinschlüpfen«, und die unermüdliche Mutterhand, die Alles selbst strickte, nähte und flickte, machte uns die abgelegten Kleidungsstücke des Vaters stets auf die anständigste Weise zurecht, wobei ihr ihre kraftvolle Gesundheit trefflich zu Statten kam. Eine Nätherin habe ich als Kind fast niemals in meinem Hause gesehen; dafür ging aber die Mutter auch in keine Visiten, sondern gehörte ganz ungetheilt dem Gatten und den Kindern an. Es war nichts Seltenes, daß sie wenige Tage nach einer Entbindung ihr Strickzeug auf dem Bette hervornahm und ihre Erholungszeit mit äußerster Beflissenheit auskaufte. Auch wusch sie, nach altwürttembergischer Sitte, durchaus ohne Geiz, mit einer Magd wohl zwölf Stunden des Tages eine tüchtige Wäsche heraus, ohne ein saures Gesicht dazu zu machen, und las sodann nach dem Nachtessen ihrem Gatten noch einen Abschnitt aus einem deutschen Klassiker vor...
Ihre Kinder umfaßte sie mit zärtlicher Liebe. Sie gab ihnen den Bissen vom Munde und nahm stets mit dem Geringsten

vorlieb. Wenn sie den Hausvater je mit etwas zuweilen übte, so war's ihre oft an Ängstlichkeit und Heftigkeit gränzende Liebe. Mußte er, was vielfach geschah, auf seine Amtsorte hinausreiten, so trauerte sie manchmal Tagelang vorher aus Besorgniß für seine Gesundheit; kam er nicht accurat, wie es einem Beamteten leicht geschehen kann, auf die versprochene Stunde zurück, so schickte sie ihm entweder einen reitenden Boten, oder sie ging ihm, auch wohl mit den älteren Kindern, oder allein weite Strecken Wegs entgegen, um alles Mögliche zu thun, damit dem theuren Familienhaupt nichts Ungehöriges widerfahre, und damit der Vater mit Freuden wieder heimkehren möge...

Christoterpe auf das Jahr 1849. Heidelberg 1848, S. 249–251

Theodor Griesinger, Der protestantische Landpfarrer

»Silhouetten aus Schwaben« nannte Griesinger (1809–1884) kleine Skizzen, in denen er Figuren aus dem Stadt- und Landleben in humoristisch-satirischer Art porträtierte.
Der aus Kirbach bei Wolfach im Schwarzwald gebürtige Autor studierte Theologie, verließ aber bald den Kirchendienst, wurde Schriftsteller und Buchhändler, beteiligte sich an demokratischen Umtrieben, wurde verhaftet und auf den Asperg gebracht. Er wanderte 1852 nach Amerika aus, kehrte aber bereits nach fünf Jahren zurück und entwickelte eine geschäftige Tätigkeit als gern gelesener volkstümlicher Schriftsteller und Herausgeber.

Der protestantische Landpfarrer trägt gewöhnlich schwarze Beinkleider, die an den Knieen etwas abgeschabt sind, Stiefeln, denen man es ansieht, daß sie auf dem Dorfe fabricirt wurden, einen grauen, blauen, braunen, oder schwarzen Rock (diesen nur Sonntags der Schonung wegen), der vor sechs Jahren neu aber doch nicht in der Mode war, und einen alten Hut, oder eine Kappe mit breitem Rand und langem Stilpe.

Er hat vielerlei zu thun, der protestantische Geistliche. Vor Allem muß er alle Sonntage predigen und Kinderlehre halten, worauf er sich entweder gar nicht oder kaum einen Tag lang präparirt. Übrigens gibt's verschiedene Köpfe, entweder solche, die ihre Predigt abschreiben und ablesen, oder abschreiben und auswendig lernen, oder selbst machen und ablesen, oder selbst machen und auswendig lernen, oder endlich selbst machen und extemporiren. Das Letztere, das Extemporiren nemlich, kann nicht Jeder, Viele aber thuns doch, ob sie es gleich nicht können, und was dann für eine Predigt herauskommt, kann man sich denken. Am leichtesten macht sich's der, welcher eine abgeschriebene Predigt abliest, und das Ding kommt öfter vor, als man gewöhnlich glaubt. Freilich ist's verboten und der Decan sollte es eigentlich nicht zugeben; allein – wenn nun die abgeschriebene Predigt aus einem vom Herrn Decan selbst herausgegebenen Predigtbuche genommen ist, wie dann?

Außer dem Sonntagsgottesdienst hat der protestantische Geistliche auch noch Wochengottesdienste zu versehen, als da sind alle Mittwoche eine Betstunde, wobei er nichts verstehen muß, als das Lesen, alle Freitage eine Kinderlehre, in welcher Niemand erscheint, als seine liebe Schuljugend mit ihrem Lehrer, und diese nicht einmal freiwillig, sondern auf dem Wege der Execution, und endlich, je nachdem viel oder wenige Leute im Dorfe wohnen, manchmal eine Leichenrede, Hochzeitspredigt oder Taufe. Bei den Hochzeits- und Leichenreden macht sich's Mancher bequem. Er fabricirt ein für allemal etwa vier bis acht solcher Gelegenheitspredigten, damit er eine Auswahl hat, und da müßte es doch der Kuckuk sein,

wenn nicht eine derselben auf den gerade vorliegenden Fall passen würde...
Drittens hat der protestantische Pfarrer die Kirchenbücher zu führen, Tauf- und Communionsscheine zu schreiben, wenn solche verlangt werden (was ihm nicht unlieb ist, da sie, wenn nicht viel, doch wenigstens Etwas eintragen), die Schule zu besuchen, den Schulmeister und Provisor ein Bischen (oder vielmehr sehr viel, denn die neumodischen Schulmeister und Provisoren wollen Alles besser wissen und sind fast immer revolutionäre, emancipationssüchtige Menschenexemplare) zu corrigiren und manchmal zu riffeln [rügen], gelegentlich auch selbst Religions- und Confirmanden-Unterricht zu ertheilen, Ehesachen und andere ärgerliche Geschichten vor dem Kirchenconvente abzumachen, Conscriptionslisten zu verfertigen, das Volk zu zählen und was dergleichen Allotria mehr sind.
Viertens endlich und dies ist die Hauptsache, hat er dem eigenen Studium obzuliegen. Er soll nicht stehen bleiben, wo die Gelehrten zur Zeit seines Universitätslebens standen, er soll auch nicht verbauern und verrosten im alten Staube, sondern weiter schreiten soll er mit der Zeit und Alles wissen, was in den neuesten Tagen in der theologischen Welt Großes geleistet wird. Ja, das soll er, und deßwegen besitzt er ohne Ausnahme eine eigene Studierstube, in welcher es sehr gelehrt aussieht, wie bei einem Professor in Tübingen. Aber – kann man ihm denn im Ernste zumuthen, all' den Wust zu lesen, den die Exegeten und Dogmatiker schreiben? Im fünfzigsten Jahr sollte man doch wenigstens berechtigt sein, die Wissenschaft an den Nagel zu hängen und nach Bequemlichkeit zu leben! Oder wie? Zu was hat man denn sein Examen gemacht, als dazu, daß man nachher das Recht hat, das Gelernte zu vergessen?...
Der Herr Pfarrer lebt sehr glücklich mit seiner Frau. Abson-

derlich im Anfang der Ehe. Morgens trinken sie Caffee, d. h. Roggencaffee, wenn's nicht gar geröstete Gerste oder gelbe Rüben sind; Mittags essen sie Sauerkraut und Abends Erdbirnen mit etwas Milch. Die meiste Zeit bringt der Herr Pastor auf seinem Studierzimmer zu, wenn's nemlich so weit langt, auch dieses zu heizen. Da geht er dann auf und ab, und liest, und raucht. Denn so christlich er sonst ist, im Rauchen ist er ein Türke.

Theodor Griesinger: Silhouetten aus Schwaben, 3. vermehrte Auflage, 1. Lieferung. Stuttgart 1863, S. 9 ff.

Ottilie Wildermuth, Das gastfreie Pfarrhaus

Erzählerisches Talent und liebenswürdiger Humor zeichnen Ottilie Wildermuth (1817–1877) aus, die eine der erfolgreichsten und meistgelesenen schwäbischen Schriftstellerinnen ihrer Zeit geworden ist, aber keineswegs nur Volks- und Jugendschriften geliefert hat. Kulturhistorischen Reiz besitzen viele ihrer Erzählungen, im besonderen, bei aller Anspruchslosigkeit der Inhalte, die zunächst einzeln im »Morgenblatt« erschienenen »Schwäbischen Pfarrhäuser«, die später zusammengefaßt und immer wieder aufgelegt wurden.

Ist das grünliche Haus dort ein Gasthof? hätte in R. wohl jeder Fremde gefragt, wenn nach R. andere Fremde gekommen wären, als eben in das grünliche Haus. Wer aber in das sanfte, fast schüchterne Gesicht der Hausfrau sah und die abziehenden Gäste beobachtete, die niemals mit langem Gesicht und leerem Geldbeutel, sondern stets mit heitrer Miene und vollgepfropften Taschen abzogen, der konnte allmählich erraten, daß das kein Wirtshaus sei, sondern das Pfarrhaus des Orts.

In der Tat, es würden viele Gasthäuser für eine Frequenz dankbar sein wie die, mit der das Pfarrhaus zu R. gesegnet war. Selten verging ein Tag, wo nicht zu Fuß, zu Roß oder zu Wagen Gäste eingesprochen hätten, höchst mannigfaltige Gäste: flüchtig einkehrende aus der nächsten Umgegend, »nur so auf einem Spaziergang«, die man dann mit einiger Mühe zum Längerbleiben nötigen mußte; Gäste über Mittag, Gäste über Nacht; recht dauerhafte, solide Gäste, um Luftkuren, Wasserkuren, Traubenkuren zu brauchen; perennierende Gäste sogar, die das Landleben recht aus dem Grunde kennenlernen wollten, die sich beim Buttern beteiligten, indem sie frisches Butterbrot in Menge verschlangen, beim Melken, indem sie kuhwarme Milch tranken; die sich mit einem Buch in der Hand beim Grasmähen in das duftende Heu legten, wenn es eben zusammengerecht war, die in der Ernte die ersten Erntekuchlein aßen und im Herbst Trauben verzehrten, als müßten sie sich vorsehen bis an ihr Lebensende.
Da waren frühaufstehende Gäste, die den guten Pfarrer um seinen Morgenschlaf brachten; langschlafende Gäste, denen man den Kaffee bis neun Uhr warm halten mußte; trübselige Gäste, die man aufheitern und schonend behandeln sollte; lustige Gäste, deren Gelächter den Trübseligen die Nerven angriff; Kindergäste, die das Obst unreif abrissen, des Pfarrers Lieblingskatze in den Schwanz kneipten und das Schwein in den Garten ließen; alte Gäste, die keinen Kinderlärm ertragen konnten; kurz, Gäste von allen Arten und Sorten, die sich aber zuletzt unter dem gastlichen Dache des Pfarrhauses so friedlich vertragen lernten, als ob sie bei jenem Künstler in die Schule gegangen wären, der Katzen und Ratten, Tauben und Marder aus *einer* Schüssel speisen ließ.
Aber warum dieser erstaunliche Zulauf zu dem Pfarrhause? War es ein Muster von Eleganz, von komfortabler Einrichtung, war es ein Palast an Umfang, war es ein Sitz besonderen

Geistesreichtums, oder blühten liebliche Töchter darin? Nichts von alledem. Der Pfarrer spielte zwar Violine, war aber kein Paganini, noch Ole Bull; die Pfarrerin war ein guter, aber kein schöner Geist; das Pfarrhaus war ein alter Rumpelkasten, Kinder hatten sie keine, als eben die, die ihrer gerade bedurften. Wo also stak der Zauber? Das ist schwer zu sagen, wenn er nicht in der lautern Güte, der selbstvergessenen Liebe und ungeschminkten Herzlichkeit bestand, mit der hier alle Gäste aufgenommen und beherbergt wurden ...

Auf Eleganz und Komfort konnte dabei natürlich nicht immer Rücksicht genommen werden. Das Sofa des Wohnzimmers hatte schon seinen siebten Überzug zerrissen, da mußte man aufs Dauerhafte sehen. Der Raum des Pfarrhauses war für eine gewöhnliche Menschenfamilie berechnet, nicht für ein Weltbürgerobdach. Darum ging es hie und da eng genug zu, und die Betten, so reichlich sie auch vorhanden waren, mußten oft geteilt werden. Aber es hätten steinerne Herzen sein müssen, die nicht aus dieser warmen Liebesquelle ein Tröpfchen Genügsamkeit in sich aufgenommen hätten. Unter allen Mühen und Verlegenheiten, die aus dem Konflikt verschiedenartiger Gäste hervorgingen, wandelte die Pfarrfrau mit demselben sanften freundlichen Gesicht, überall aufmerksam, wo sie einen Wunsch erspähen, einem Mangel abhelfen könne. Selbst der Garten schien etwas von der Gabe überkommen zu haben, immer geben zu können, ohne arm zu werden, denn kein Gast wurde ohne einen duftigen Blumenstrauß oder süße Früchte entlassen, und doch blühte und duftete es drunten unermüdet fort ...

Ottilie Wildermuth: Schwäbische Pfarrhäuser, mit einem Vorwort von Erwin Ackerknecht. Stuttgart 1956, S. 64 ff.

Ottilie Wildermuth, An ihren Sohn Hermann
Brief vom 19. Mai 1868

Fast mehr noch als in den Erzählungen erweist sich Ottilie Wildermuth in ihren Briefen als eine Frau, die einen herzhaft festen Standpunkt klar zu vertreten und ebenso gewandt wie entschieden zu formulieren vermag. Außer den Briefen an Justinus Kerner wurde ihr Briefwechsel mit ihrem Sohn Hermann veröffentlicht.
In diesen Zusammenhang gehört der folgende, bisher nicht publizierte Brief an den Uracher Seminaristensohn, der über mancherlei Schwierigkeiten in seinem literarischen Jugendzirkel, »Dichterspinat« genannt, aber auch von religiösen Problemen berichtet hatte.

Lieber Hermann!
... Das sollte mir sehr leid tun, wenn Eurem Dichterspinat Auflösung, überhaupt Eurer ganzen Promotion Spaltung drohte; ich kann mir gar nichts Traurigeres und Verdrüßlicheres denken, als ein unfreundliches und gespanntes Verhältnis, wenn man so nahe, so ganz auf sich angewiesen ist, wie Ihr im Seminar. Das kommt mir wie Mehltau vor auf das freudige innere Wachstum. Ich habe mich immer herzlich daran erfreut, wenn alte Männer noch sich zurückleben in die Freundschaft und das gemeinsame Streben ihrer jungen Jahre, und es ist mir stets ein bedeutendes Dichterwort erschienen:

»Sag' ihm, daß er für die Träume seiner Jugend
Soll Achtung tragen, wenn er Mann sein wird.«

Darin liegt freilich von selbst, daß diese Träume der Jugend reine und edle sein müssen.
Was nun freilich den Grund betrifft, auf den wir unser Leben und Streben bauen wollen, so gehört der nicht unter die

Träume der Jugend, sondern muß früh schon klar und fest sein, wenn wir auch unser ganzes Leben daran zu lernen haben. Nun gebe ich Dir darin vollkommen recht, daß Du, namentlich in ernsten und heiligen Dingen, keine Farbe annimmst, die nicht wirklich Deine eigene ist, aber ein andres ist, blindlings und der Spur nach eine fremde Ansicht nachbeten, ein andres, sie redlich prüfen, ob es nicht die rechte ist...

Ist es Dir aber überhaupt nicht möglich, mit Wahrheit und Überzeugung diesen Glauben den Deinen zu nennen, so ist es Deine Aufgabe, ihn mit Gottes Hilfe zu gewinnen und nicht Dich schlechtweg davon abzuwenden und von denen, die ihn zu ihrem Leitstern gemacht haben. Wer einen Diamant verloren hat, der wird nicht mit dem nächsten, besten Glasscherben zufrieden sein, er wird suchen, bis er sein Kleinod wieder gefunden. Ein Königssohn in der Fremde, dem Zweifel aufsteigen oder erregt werden, ob er auch wirklich von königlicher Abkunft sei und ein so hohes Erbrecht habe, der wird sich nicht ohne weiteres zu gemeinen Gesellen halten und zufrieden sein mit niedrem Gut, er wird suchen die klaren Beweise seiner hohen Abstammung, seines edlen Rechtes festzustellen.

So hoffe ich findest auch Du, lieber Hermann:
Ein göttliches Gemüte
Einen königlichen Geist,
der durch kein leicht gefaßtes Vorurteil sich irre machen läßt an dem, was ihm zum Halt und Stab gegeben; und ich hoffe, Euer Dichterspinat soll in Eintracht grünen und blühen, wenn es auch jeder Zeit noch Meinungsverschiedenheiten und Streitpunkte geben wird...

Nun adieu für heute, genieße nur jetzt recht die herrliche Luft, besonders auch, wenn Du kannst, morgens und abends.

Die Großmutter und Ottilie grüßen Dich freundlich mit mir.
Von Herzen
Deine treue Mutter Ottilie.

Frau Rosemarie Wildermuth, der Herausgeberin des Buches »Ach, die Poesie im Leben...« Ottilie Wildermuths Briefwechsel mit ihrem Sohn Hermann. Pfullingen 1979, gilt mein besonderer Dank für die Überlassung dieses Briefes.

Sozialer Umbruch und religiöse Strömungen

Sozialer Umbruch

Bis über die Mitte des 19. Jahrhunderts hinaus herrschte in weiten Teilen Württembergs, insbesondere im mittleren Nekkarraum, bedrückende Armut. Die Zahl der mittellosen Einwohner war mancherorts so groß, daß sich Gemeindeverwaltungen und Gemeinderäte durch rigorose Heiratsverbote für Arme und durch die finanzielle Unterstützung der Auswanderung sozial schwacher Bürger vor einem allzu starken Anwachsen ihrer Soziallasten zu bewahren suchten. Das Land bewilligte gleichfalls finanzielle Reisebeihilfen, um mittellosen Familien und Einzelpersonen die Auswanderung zu ermöglichen. Es verstärkte seine konsularischen Vertretungen im Ausland, namentlich in Amerika, um Württembergern auch nach dem Verlassen der Heimat Beratung, Hilfe und Rechtsschutz angedeihen zu lassen. Ferner sah es Auswanderungsagenten und -agenturen auf die Finger, damit diese die Auswanderer beim Abschluß von Schiffsakkorden und bei Ansiedlungsprojekten nicht übervorteilten oder gar schlimm ausbeuteten. Angesichts des im Land beängstigende Ausmaße annehmenden Pauperismus hatte es die Regierung schon lange aufgegeben, vor den Gefahren der Auswande-

rung zu warnen oder durch bürokratische Hemmnisse Auswanderungswilligen das Verlassen der Heimat zu erschweren. Die Industrie, die einer großen Zahl von Menschen hätte Arbeit und Brot verschaffen und so die Auswandererflut hätte eindämmen können, faßte in dem verkehrsmäßig benachteiligten kleinen Königreich nur zögernd Fuß, auch blieb sie in ihren Anfängen von schweren Krisen nicht verschont. Mit dem Bau der Eisenbahnen und vor allem mit der Einbeziehung des Landes in einen gesamtdeutschen, ja europäischen Schienenverkehrsverbund wurde die Standortungunst der württembergischen Wirtschaft wenigstens zu einem Teil ausgeglichen. Seit dem Beginn der 1860er Jahre beschleunigte sich das Tempo der Industrialisierung rapide. Die Auswandererflut, die während der Krisenjahre 1851 bis 1857 auf eine Rekordmarke angestiegen war, ebbte ab. Allenthalben ging es jetzt wirtschaftlich aufwärts. Die zwangsläufigen Konjunkturschwankungen hielten sich in Grenzen. Der mittlere Neckarraum war nicht länger eines der Armenhäuser Südwestdeutschlands. Württemberg betrieb seit der Gründung der Zentralstelle für Gewerbe und Handel im Jahr 1848 eine sehr effektive Wirtschaftsförderung. Es tat alles, um den technisch-industriellen Vorsprung der westeuropäischen Länder aufzuholen. An schöpferischen technischen Begabungen und wagemutigen Unternehmerpersönlichkeiten fehlte es glücklicherweise nicht. Hochbefähigte Finanzexperten schufen gleichzeitig ein leistungsfähiges Bankwesen, das den Kreditbedarf der expandierenden Industrie befriedigte und der Wirtschaft zusätzliche Impulse vermittelte.

Daß der neue Stand des lohnabhängigen Industriearbeiters gesellschaftlich benachteiligt war, lag offen zutage. Sein Streben nach angemessener Mitsprache in politischen Angelegenheiten und nach sozialer Gerechtigkeit führte zu Spannungen. Die in den traditionellen gesellschaftlichen Verhältnissen

verwurzelte Kirche stand der Industriearbeiterschaft weithin fremd und hilflos, zum Teil ausgesprochen mißtrauisch gegenüber. Dies schloß indes nicht aus, daß sie diese bei der Verbesserung ihrer allgemeinen Lebensbedingungen und ihrer bildungsmäßigen Situation unterstützte.
In die in vielen Orten herrschende, heute kaum noch vorstellbare Armut geben einige Gesuche um einen Staatsbeitrag zur Auswanderung Einblick. Im März 1852 begründete der 35jährige arbeitslose Taglöhner Joseph Frank aus Eichelberg (Gemeinde Obersulm, Landkreis Heilbronn) eine entsprechende Eingabe an das Innenministerium:

...Die gegenwärtige Not [hätte] ohne die Unterstützung meiner Mitmenschen den Hungertod für mich und meine Angehörigen zur Folge gehabt. Bei der immer weiter um sich greifenden Verarmung meiner Gemeinde müssen aber die Quellen bisheriger Unterstützung immer mehr versiegen...

Und der Gemeinderat bezeugte dem Antragsteller:

...noch nie Vermögen besessen, wohnt seit sechs Jahren im Armenhaus und steht im öffentlichen Almosen. Sein Prädikat ist gut..., ein Mann von robustem Körperbau..., mit vielem Fleiß, Kraft, Gewandtheit und Geschicklichkeit zu jedem landwirtschaftlichen Geschäfte... Sollte durch Auswanderung Platz machen für andere Anwärter fürs Armenhaus...

Hauptstaatsarchiv Stuttgart: E 143 Bü 558 89

Dem neunmal wegen Bettelns, dreimal wegen Diebstahls und einmal wegen unberechtigten Hausierens vorbestraften 31jährigen Zainenmacher (Korbmacher) Ludwig Bohn bezeugte der Gemeinderat von Altlautern (Gemeinde Wüstenrot, Landkreis Heilbronn), er sei gänzlich mittellos und ohne Hoffnung auf auskömmliche Existenz im engeren Vaterland...

Und der Gemeinderat ergänzte seine Befürwortung eines Staatsbeitrags zur Auswanderung:

...da uns sehr viel daran liegt, nun auch einige von unseren arbeitskräftigen, vermögenslosen, aber leider teilweise leichtsinnigen jungen Leuten los zu werden, jedoch die eigenen Mittel hiezu nicht haben...

Hauptstaatsarchiv Stuttgart: E 143 Bü 558 96

Dem mittellosen Schneider Karl Klein in Neuenstadt am Kocher wurde die Ehe mit Friederike Gent[h] aus Unterheimbach verweigert. Er lebte deshalb mit ihr im »Konkubinat«. 1857 wurde dem illegitimen Paar, das drei gemeinsame Kinder hatte, mit finanzieller Gemeinde- und Staatsunterstützung die Auswanderung nach Kanada ermöglicht. Dort konnte es endlich heiraten. Wie sich dem Bericht des Stadtschultheißenamts Neuenstadt an das Oberamt Neckarsulm vom 24. Juni 1857 entnehmen läßt, behandelten die beiden Heimatgemeinden die Auswanderung der illegitimen Familie als Abschiebung:

Klein war hier bürgerlich und ledig, hatte aber eine Konkubine, die ledige Friederike Gent von Unterheimbach, OA Weinsberg, und diese hatte drei Kinder von ihm, welche letztgedachter Gemeinde ganz und gar zur Last waren. Die dortige Gemeindebehörde brachte daher die Auswanderung dieser illegitimen Familie in Anregung und auch zur Ausführung. Sie bezog hiezu neben einem Staatsbeitrag von der hiesigen Stadtgemeinde den konventionellen Beitrag von 135 fl zu Bestreitung der Kosten, und bei dieser Sachlage wurde von hier aus nur der Heimatrechtsverzicht von Klein und dessen Zulieferung nach Unterheimbach besorgt, und auf diese Weise ging am 11. März d. J. die Abreise des Klein, seiner Konkubine und Kinder von Unterheimbach aus vor sich, zu welchem Zwecke auch der Reisepaß des Klein vom Königlichen Oberamt Neckarsulm nicht an diesen selbst abgegeben, sondern an das Königliche Oberamt Weinsberg übermittelt wurde.

Hauptstaatsarchiv Stuttgart: E 143 Bü 485 237

Der in kirchlichen Kreisen in der Phase der Frühindustrialisierung, freilich auch später noch weitverbreiteten Meinung, die Fabrikarbeit wirke entsittlichend, trat die Zentralstelle für Gewerbe und Handel in einem Bericht an das Innenministerium vom 1. Juli 1857 nachdrücklich entgegen. In einer auf eingehenden Beobachtungen und umfangreichem statistischen Material beruhenden Untersuchung der Verhältnisse in den Oberämtern Esslingen, Heilbronn und Schwäbisch Gmünd, die damals bereits über ansehnliche industrielle Anlagen verfügten, wies sie das Gegenteil nach. Mit ihrem Resümee am Schluß ihrer Darlegungen verband sie einige Empfehlungen an die Arbeitgeber, aber auch an die Geistlichen:

Die geregelte Arbeit und die Aussicht, durch geordnete Tätigkeit die Mittel zu Begründung und Erhaltung eines eigenen Herdes zu erlangen, wirkt dem Reize zu Vergehen entgegen, der in der Aufsichtslosigkeit außer der Arbeitszeit liegt, und hat sich erst ein geordneter Arbeiterstamm zusammengefunden, so wirkt die gegenseitige Kontrolle und das Streben nach Achtung bei den Genossen auf Stärkung der Sittlichkeit hin. Besonders förderlich für die sittliche Kräftigung der Arbeiter

ist unseres Erachtens, wenn die Arbeitgeber mit sittlichem Wandel vorangehen, auf ihre Arbeiter sehen und erforderlichenfalls Mahnungen eintreten lassen, wenn ferner geeignete Bildungsmittel in den freien Stunden geboten werden und den jüngeren Leuten eine Wohnstätte verschafft wird, wo sie weniger Versuchungen ausgesetzt sind.
Auch den Einwirkungen der Geistlichen ist keine geringe Bedeutung beizulegen, wenn sie nicht über strafendem Eifer die Klugheit hintansetzen, durch welche die Mahnungen zum Herzen dringen, ohne abzustoßen. Das Wirken der Geistlichen wird schwieriger bei einer aus verschiedenen Elementen zusammengesetzten Arbeiterschar als bei einer seßhaften Gemeinde, deshalb bedarf es auch einer erhöhten Umsicht derselben, um zum Zwecke zu gelangen.
Wenn wir nun in den vorliegenden Verhältnissen eine überhandnehmende Entsittlichung der Arbeiterbevölkerung in keiner Weise dargelegt finden können, so finden wir uns auch nicht veranlaßt, besondere Maßregeln vorzuschlagen, um derselben zu begegnen.
Die Handhabung der Gesetze, die stetige Entwicklung der auf die Ausbildung abzielenden Anstalten und die Einführung derjenigen Maßregeln, welche die Hebung des allgemeinen Wohlstands überhaupt erfordert, wirkt auch auf die sittliche Kräftigung der Arbeiterbevölkerung ein. Die Ausdehnung der Sparanstalten, die Fürsorge für angemessenes Unterkommen der jüngeren Arbeiter und Arbeiterinnen erscheinen als nächste Aufgaben der Fabrikanten und örtlichen Vereine, wobei seitens des Staates nur eine Aufmunterung, Mahnung und Beihilfe, nicht aber ein unmittelbares Vorgehen und Eingreifen zum erwünschten Ziele führen wird.

Hauptstaatsarchiv Stuttgart: E 146 Bü 6064

Dem Wohl der Arbeiter diente der 1863 in Stuttgart gegründete Arbeiterbildungsverein. Sein Zweck war nach den Statuten:

Gesellschaftliche Hebung und geistige Bildung des Arbeiters durch Unterricht in notwendigen und nützlichen Kenntnissen vermittelst belehrender Vorträge, durch gewerbliche, gesellschaftliche, geschichtliche und schöne Literatur, durch Pflege des Gesangs und gesellige Unterhaltungen, ferner, soweit es die Mittel des Vereins erlauben, Unterstützung des Arbeiters durch Krankenkassen und Sparkassen, Kredit- und Konsumationsanstalten.

Hauptstaatsarchiv Stuttgart: E 14 Bü 1161

Ganz ähnliche Ziele wie der Arbeiterbildungsverein verfolgte der gleichfalls in den 1860er Jahren ins Leben gerufene Verein zur Fürsorge für Fabrikarbeiterinnen. Einen Schwerpunkt der Vereinstätigkeit bildete hier die Schaffung von Herbergen:

Der Zweck des Vereins ist die Hebung der sittlichen und ökonomischen Zustände der Fabrikarbeiterinnen durch Errichtung von Herbergen, in welchen dieselben gesunde und billige Wohnungen finden, sowie durch jede mögliche Tätigkeit, welche den obigen Zweck erreichen hilft.

Hauptstaatsarchiv Stuttgart: E 14 Bü 1244

Im Herbst 1869 zählte der Verein 550 seine Arbeit durch regelmäßige Beiträge und finanzielle Sonderzuwendungen fördernde Mitglieder: neben König Karl und Königin Olga sowie mehreren anderen Angehörigen des Königshauses Fabrikanten und anderen Gewerbetreibenden, Ministern, Beamten, Professoren, wohlhabenden bürgerlichen Privatleuten, Adli-

gen usw. auch eine Reihe von Geistlichen, so Prälat Karl von Gerok, Garnisonsprediger Prälat von Müller. Der Verein unterhielt in Stuttgart eine von Luise Josenhans geleitete Herberge mit 80 Betten. Die Herberge wurde in christlichem Geist geführt. Die Mädchen hatten sich einem strengen Hausreglement zu unterwerfen. Einige Paragraphen der Hausordnung machen dies deutlich:

§ 7

Personen, welche nicht in das Haus gehören, ist das Verbleiben in demselben weder bei Tag noch bei Nacht gestattet.

§ 8

In den Sommermonaten April bis September wird um 5 Uhr und in den Wintermonaten um 6 Uhr das Haus geöffnet; der Schluß findet um 10 Uhr [abends] statt. Ohne besondere Erlaubnis der Hausmutter darf niemand das Haus vor der Eröffnungsstunde oder nach Schluß verlassen oder über die Zeit ausbleiben.

§ 9

Bis zum Schlafengehen wird die Hausmutter dafür sorgen, daß die Mädchen ihre Zeit mit Nähen, Stricken, Vorlesen, Singen usw. nützlich ausfüllen (sogenannter Feierabend).

§ 10

Abends vor dem Schlafengehen verrichtet die Hausmutter mit den anwesenden Mädchen ein kurzes Gebet.

§ 11

Die Bezahlung hat seitens der Mädchen je für eine Woche im voraus zu erfolgen.

§ 12

Verfehlungen gegen die Hausordnung werden zunächst mit Verweis oder Strafen, welche den Betrag von 3 Kreuzern für den einzelnen Fall nicht übersteigen dürfen, im Wiederholungsfalle aber mit Ausweisung aus der Herberge gerügt.

Hauptstaatsarchiv Stuttgart: E 14 Bü 1244

Die Beschäftigung von Kindern und Jugendlichen in den Fabriken war in den fünfziger und sechziger Jahren des 19. Jahrhunderts durchaus üblich. Auf eine Beschwerde »über die Länge der Arbeitszeit und den Mißbrauch der Kinderarbeit« in der Baumwollspinnerei von Solivo und Fierz in Unterhausen (Gemeinde Lichtenstein, Landkreis Reutlingen) stellten die geistlichen und weltlichen Ortsbehörden sowie das Oberamt Reutlingen nach einem Bericht des Innenministeriums an den König vom 22. Juni 1868 fest:

... Wie in vielen anderen Fabriken beträgt in der Unterhauser Fabrik die tägliche Arbeitsdauer für Erwachsene 13 Stunden, dagegen für Kinder, deren zur Zeit 16 im Alter von 12 bis 14 Jahren mit leichten Arbeiten beschäftig sind, und zwar nur von Georgii [23. April] bis Martini [11. November], von 9 1/2 Uhr vormittags bis 7 1/2 Uhr abends mit Unterbrechung über die Mittagszeit, während der Sommervakanzen gleich den Erwachsenen von 5 1/2 Uhr bis 12 Uhr mittags und von 12 3/4 Uhr bis abends 7 1/2 Uhr. Der Verdienst dieser Kinder beträgt 18–22 Kreuzer täglich. Von einem nachteiligen Einfluß auf ihre Gesundheit ist durchaus nichts wahrzunehmen.
Das Oberamt Reutlingen bemerkt am Schlusse seines Berichtes vom 8. vorigen Monats, daß offenbar keine Veranlassung vorliege, Maßregeln gegen ein großes Etablissement zu treffen, das anerkanntermaßen von erheblichem vorteilhaftem Einflusse auf die wirtschaftlichen Verhältnisse seiner ganzen Umgebung geworden sei und gegen welches bis jetzt noch keinerlei Klagen, insbesondere nicht in Bezug auf die Behand-

lung des darin beschäftigten großen Personals zur amtlichen Kenntnis gekommen seien...

Hauptstaatsarchiv Stuttgart: E 14 Bü 1162 33

Religiöse Strömungen

In den vierziger und fünfziger Jahren bildeten sich, zum Teil als Protestbewegungen gegen die eng mit der staatlichen Obrigkeit verbundenen großen Kirchen, christliche Gruppierungen, die trotz mancherlei Bedrückungen und Anfeindungen in Bekenntnis und Lehre ihre eigenen Wege suchten und fanden. Eine dieser Gruppierungen waren die Deutschkatholiken, die sich von ihrer Mutterkirche abgespalten hatten, eine humanistisch-aufklärerische theologische Richtung vertraten und sich um Kontakte zu evangelischen Kreisen bemühten. Ihre Veranstaltungen hatten zunächst, so auch 1845 in Stuttgart, großen Zulauf, doch bald ließ das Interesse nach. Übrig blieb eine Splittergruppe.

Am 23. Januar 1846 legte ein Erlaß des Ministeriums des Innern und des Kirchen- und Schulwesens an die Kreisregierung in Ludwigsburg fest, zu welchen Bedingungen der Staat dem »Verein katholischer Dissidenten« in Stuttgart eine religiöse Betätigung gestattete:

1) Der Verein wird auf den Grund der vorgelegten »Grundsätze und Bestimmungen« als besondere Religionsgesellschaft, welcher jedoch keine Korporationsrechte zustehen, unter der Bedingung geduldet, daß er nichts vornimmt, was der Verfassung des Staats und den Rechten anderer Religionsparteien zuwider ist, sich auch aller verletzenden Angriffe gegen letztere zu enthalten hat. Dem Verein ist gemeinsame Religionsübung in der Form eines Privatgottesdiensts gestattet.

2) Die Religionsgesellschaft steht unter der unmittelbaren Aufsicht der Stadtdirektion Stuttgart, und es ist dieser Behörde von jeder Veränderung der vorgelegten Grundsätze und Bestimmungen, von den Namen der Mitglieder und von den Namen der Bevollmächtigten der Gesellschaft Anzeige zu machen.
3) Die gemeinsamen Religionsübungen sind als Privatgottesdienst, ohne Geläute, in einem der Zahl der Mitglieder entsprechenden Lokal abzuhalten.
4) Der von der Gesellschaft aufgestellte Geistliche unterliegt der jedesmaligen Bestätigung der Regierung. Ausländischen Dissidenten ist ohne besondere Genehmigung der Regierung nicht erlaubt, auch nur einzelne Gottesdienste abzuhalten.
5) Von den gemischt kirchlich-bürgerlichen pfarrlichen Verrichtungen wird den von der Regierung bestätigten Geistlichen die Vornahme der Taufen und der Beerdigungen gestattet. Sie haben jedoch von jeder solchen Handlung sogleich demjenigen evangelischen Stadtpfarrer, in dessen Bezirk die betreffende Person ihre Wohnung hat, behufs ihres Eintrags in die öffentlichen Kirchenbücher und in das Familienregister Anzeige zu machen...
6) Die eheliche Trauung der Dissidenten hat nur dann bürgerliche Gültigkeit, wenn sie von einem evangelischen Geistlichen unter Beobachtung der für die Protestanten bestehenden Staats- und Kirchengesetze vorgenommen worden ist.
7) Niemand darf in die Gesellschaft aufgenommen werden, wenn er nicht zuvor seinem bisherigen Parochus seinen Austritt angezeigt und ein schriftliches Zeugnis hierüber der Stadtdirektion vorgelegt hat.
8) Übertretungen dieser Bestimmungen sind als Ungehorsam polizeilich zu rügen und haben nach Befund der Umstände Abänderungen oder Zurücknahme der erteilten Bestimmungen zur Folge.

Vorstehende Anordnung ist den katholischen Dissidenten zu genauer Nachachtung unter dem Anfügen eröffnen zu lassen, daß in Ansehung des staats- und gemeindebürgerlichen Rechts einer geduldeten, zu keinem der drei christlichen Glaubensbekenntnisse gehörigen Sekte die §§ 27, 135, 142 der Verfassungsurkunde und der Art. 47 des Bürgerrechtsgesetzes Ziel und Maß geben.
Für die Aufsichtsbehörden wird zur Vollziehung obiger Bestimmungen Folgendes beigefügt:

a) Der Dissidentenverein, welcher keine Korporationsrechte hat, darf nie »Gemeinde« genannt werden, ebenso ist in amtlichen Erlassen der Ausdruck »Deutschkatholiken« stets zu vermeiden.
b) Die Aufsicht über den Dissidentenverein steht zunächst der Stadtdirektion Stuttgart, in höherer Instanz aber der Kreisregierung und dem Ministerium des Innern zu...

Landeskirchliches Archiv Stuttgart: A 26 Bü 451

Die Anfang der fünfziger Jahre von Christoph Hoffmann (1815–1885), dem Sohn des Gründers von Korntal, und von Georg David Hardegg (1812–1879) ins Leben gerufene Gemeinschaft der »Jerusalemsfreunde«, die spätere Tempelgesellschaft, war aus dem württembergischen Pietismus hervorgegangen. Sie erstrebte angesichts der durch schlimme soziale Mißstände, durch die Not und das Elend weiter Bevölkerungskreise charakterisierten »Entartung der menschlichen Gesellschaft« eine Glaubens- und Lebensgemeinschaft im urchristlichen Sinn. Erfüllt von eschatologischen Vorstellungen, die er auf die »Weissagungen« der Bibel gründete, wollte Hoffmann in Jerusalem, dem Ort der bevorstehenden Wiederkehr Christi, den Tempel wieder aufrichten, das heißt er wollte dort die Gemeinschaft des »Volkes Gottes« verwirk-

lichen. Da der Auswanderung nach Palästina kaum zu überwindende Schwierigkeiten entgegenstanden, riefen er und Hardegg zunächst zur »Sammlung des Volkes Gottes« in Deutschland auf. Schon bald gerieten die Häupter der Tempelbewegung in schroffen Gegensatz zu der evangelischen Kirche Württembergs, die sie ob ihrer Lauheit und ihrer engen Bindung an den Staat hart tadelten.
In einem Schreiben an den königlichen Kabinettschef vom 19. April 1860 ging Staatsrat von Rümelin, der Chef des Departements des Kirchen- und Schulwesens, mit Hoffmann und seinen Anhängern scharf ins Gericht:

... Christoph Hoffmann, evangelischer Theolog, 44 Jahre alt, Bruder des Generalsuperintendenten in Berlin, früher Vorstand einer pietistischen Erziehungsanstalt auf dem Salon [bei Ludwigsburg], seit etwa 7–8 Jahren Haupt einer kirchlichen Sekte, ist ein Mann von nicht gewöhnlichen Gaben und Kenntnissen, von ehrenhaftem Wandel und Privatcharakter, aber dabei ein starrsinniger und rücksichtsloser Fanatiker und von großer Selbstüberhebung. Auf Grund einiger alttestamentlicher Weissagungen bezeichnet er als das Ziel der Menschheit und als das Mittel, um aus den augenblicklich grundverderbten und rettungslosen politischen, sozialen und kirchlichen Zuständen der Gegenwart herauszukommen, die Sammlung eines »Volkes Gottes« und die Aufrichtung des Tempels in Jerusalem. Eine Reise, die er vor einigen Jahren mit wenigen Angehörigen ins Heilige Land unternahm, überzeugte ihn, daß die Erreichung seiner Zwecke daselbst für sich ohne Aussicht sei, und bestimmte ihn, vorerst im Lande, auf dem Kirschenhardthof (Oberamt Marbach), sich niederzulassen und sich mit vorbereitenden Schritten oder, nach seiner Ausdrucksweise, mit der Errichtung des »geistlichen Tempels« zu beschäftigen. Er sucht seine Ansichten teils durch

Predigten und Reden, teils in dem Wochenblatt »Süddeutsche Warte« zu verbreiten. Die Zahl seiner Anhänger ist klein, doch in einigen Gegenden, namentlich auf den Fildern, nicht ganz unbedeutend. Das Konsistorium hat ihm infolge seiner heftigen Agitation die Eigenschaft eines evangelischen Predigtamtskandidaten (nach vorausgegangener vieljähriger Ignorierung der Sache) entzogen und die Vornahme kirchlicher Handlungen wie Taufen, Reichung des Abendmahls etc. untersagt, und da er sich dieser Weisung nicht fügte, seine Weigerung als eine Erklärung seines Austritts aus der evangelischen Landeskirche behandelt, was Hoffmann und seine Anhänger akzeptierten, die somit nunmehr als Sektenangehörige anzusehen sind. Hierauf erließ er einen öffentlichen Aufruf zu einer »ersten Synode zur Wiederherstellung des geistlichen Tempels«, die am 8. Februar d. J. mit 400 Teilnehmern stattfand... Auf dieser Synode wurde unter anderem eine zweite Synode beschlossen, in welcher eine Adresse an Seine Königliche Majestät beraten werden sollte. Diese zweite Versammlung fand *heute* hier statt und soll ziemlich besucht gewesen sein. Näheres konnte ich noch nicht darüber erfahren...

Für das sicherste Mittel, diese Sekte unschädlich zu machen, hielt ich indessen und halte ich noch, wenn man sie gewähren läßt und ihr keinerlei Märtyrertum zuwendet. An sich, ihren Grundsätzen und in Anwendung gesetzten Mitteln nach aber halte ich diese Sekte für keineswegs ungefährlich, sondern für eine in ihren Tendenzen höchst radikale und die sozialen wie politischen Zustände von Grund aus negierende, wiewohl die politischen Konsequenzen des Standpunkts bis jetzt mehr nur angedeutet worden sind...

Hauptstaatsarchiv Stuttgart: E 14 Bü 1585

Auf der Versammlung auf dem Kirschenhardthof am 19. und 20. Juni 1861 zogen die »Jerusalemsfreunde« die Konsequenzen aus ihrer religiösen Überzeugung. Sie erklärten sich unter der Bezeichnung »Deutscher Tempel« zur eigenständigen Religionsgemeinschaft. 1868 brachen Hoffmann und Hardegg ins Heilige Land auf. Sie gründeten dort mehrere Niederlassungen, die sich nach einem nicht leichten Anfang zu florierenden Siedlungen entwickelten und bis zum Zweiten Weltkrieg Bestand hatten: Haifa, Jaffa, Sarona, Jerusalem, Betlehem (in Galiläa) und Wilhelma. Am 9. Februar 1870 hielt es Christoph Paulus, der Leiter der Gemeinschaft des Tempels in Deutschland, für angezeigt, König Karl von Württemberg Kenntnis von dem in Palästina begonnenen Siedlungswerk zu geben:

Königliche Majestät!
Es ist Eurer Königlichen Majestät wohl nicht unbekannt geblieben, daß von einigen Ihrer Untertanen ein Werk unternommen worden ist, das auf die Erneuerung Palästinas im Sinne des Evangeliums und der Weissagung abzielt, und seit 1½ Jahren unter der Führung von Chr. Hoffmann und G. D. Hardegg bereits einen kleinen Anfang genommen hat. Nachdem das Werk nun so weit gediehen ist, daß auch diejenigen anfangen an seine Ausführbarkeit zu glauben, welche es früher für eine geistige Verirrung hielten, so glauben wir, eine gebotene Untertanenpflicht zu erfüllen, wenn wir Eure Königliche Majestät von der Sache unterrichten, und erlauben uns daher, höchstderselben ein soeben erschienenes kleines Schriftchen zu übergeben, in welchem Chr. Hoffmann Nachricht über die Anfänge dieser Kolonisation erteilt.
Wenn das Unternehmen unter Gottes Segen auch ferner wie bisher sich zu gestalten und zu befestigen fortfährt, so wird dasselbe für Württemberg ohne Zweifel eine große Bedeu-

tung gewinnen und von wohltuenden Folgen sein. Als ein Werk mit geistiger Grundlage, das auf die Heilige Schrift gegründet ist, wird es dazu beitragen, daß der Glaube bei vielen wieder erfrischt und fester gegründet wird, die jetzt in Gefahr stehen, in den Unglauben zu versinken, der die Menschen ruchlos und unlenksam macht und alles Bestehende beständig bedroht. Sodann wird es vielen Kräften, die jetzt bei der Abgeschlossenheit unseres Vaterlandes brachliegen, ein Feld der Entwicklung bieten und sie auf nützliche Weise beschäftigen. Endlich wird es Württembergs Handel und Industrie beleben, denn es wird allmählich in Palästina eine deutsche Kolonie entstehen, welche den Verkehr des Morgenlands mit dem Abendland in deutsche Hände bringt. Wenn also dieses Unternehmen manche Württemberger zunächst hinausführt aus dem unmittelbaren Verband mit dem Vaterland, so hören sie damit nicht auf, gute Patrioten zu sein und zu bleiben, weil sie das Wohl des Vaterlands fördern und dem Zug nach Auswanderung eine Bahn anweisen, wo die Scheidenden nicht dem Vaterland verlorengehen, sondern als gute christliche Schwaben erhalten und in beständigem geistigem und materiellem Verkehr mit dem Vaterland bleiben. Wir hoffen, den Beweis zu geben, daß das Achten auf die Weissagung das Heilmittel ist, um dem Verderben zu entrinnen und glückliche Zustände hervorzurufen. Indem wir unser Werk der Gnade Eurer Königlichen Majestät empfehlen und um Ihr Königliches Wohlwollen bitten, verharren wir in tiefer Verehrung

Eurer Königlichen Majestät
untertänigster
Chr. Paulus
Vorstand der Gesellschaft des Deutschen Tempels

Hauptstaatsarchiv Stuttgart: E 14 Bü 1585

Vor der Mitte des Jahrhunderts entstand neben Hamburg auch in Winnenden ein Zentrum des Methodismus. Christoph Gottlob Müller, heimisch im württembergischen Pietismus, wanderte 1806 aus und schloß sich in London der dortigen Methodistengemeinde an. Er versah das Amt eines Leiters von Gebetsstunden, tat Besuchsdienst bei Kranken, war Klaßführer und Kapellenverwalter und wurde schließlich zum Predigtdienst herangezogen. Im Jahr 1830 besuchte er seinen Vater in Winnenden; aus den Betstunden, die er hielt, erwuchs eine religiöse Erweckung.
Nach Müllers Rückkehr nach London schrieb ihm am 4. November 1830 der Flaschner Immanuel Strubel über diese Bewegung und über das enge und gute Verhältnis zur Landeskirche:

In Jesus Christus, unserem Heiland, geliebter Bruder!
Wir waren sehr erfreut darüber, daß wir Deinen Brief erhalten haben; Gott sei Dank, daß er Dich wohlbehalten zu Deiner Familie gebracht hat! Er hat in Gnaden unsere Gebete erhört. O, lieber Bruder, meine Worte sind bei weitem zu schwach, von all der Güte zu berichten, die er uns unwürdigen Geschöpfen seit Deiner Abwesenheit erwiesen hat. Ich darf Dir mit Freuden berichten, daß unsere neue Gemeinschaft sehr stark gewachsen ist, so daß wir gezwungen waren, die Klassen zu teilen. Ich halte eine Klasse in meinem eigenen Hause, die aus 25 Mitgliedern besteht, unter denen sich auch solche befinden, die mit der vergebenden Gnade gesegnet worden sind, während Du hier warst. Herr Reisch hält ebenfalls eine Klasse in seinem eigenen Hause. Am Sonntagmorgen um 7 Uhr kommt in einem der Räume Deines Vaters die ganze Gemeinschaft zu einer Gebetsversammlung zusammen; jedoch können nicht immer alle daran teil nehmen, infolge ihrer verschiedenen häuslichen Verpflichtungen. Am Nachmittag

kommen sie wiederum, mit vielen aus den benachbarten Dörfern, in der Taubstummen-Anstalt zusammen, wo der 2. Stadtpfarrer und ich den Vorsitz führen. Der Pfarrer gibt eine Liedstrophe aus, die von uns stehend gesungen wird, danach kniet der Pfarrer nieder und betet mit uns, dann verliest er das Evangelium des Sonntags und legt es kräftig aus, so daß sich alle daran selbst prüfen können. Danach wird wiederum gesungen und gebetet und die Leute aus Winnenden gehen heim, doch die aus den Dörfern bleiben zurück und der Pfarrer hält mit ihnen eine Klaßversammlung... Die Pietisten wurden ebenfalls aufgerüttelt. Sie haben Gebetsversammlungen am Freitag und Dienstag Abend, sie knien dabei alle nieder...

Ludwig Rott: Die englischen Beziehungen der Erweckungsbewegung und die Anfänge des Wesleyanischen Methodismus in Deutschland. Frankfurt 1968, S. 174–177

Müller wollte nun den Menschen, die durch sein Zeugnis erweckt worden waren, weiterhin seelsorgerlich dienen. Er gab seinen Beruf auf und ließ sich von der Wesleyanischen Missionsgesellschaft als »Klaßführer und Ermahner« nach Württemberg senden; von 1831 bis zu seinem Tod im Jahr 1858 war er dann in Winnenden tätig.
Schon 1833 zählte die Gemeinschaft 290 Glieder und 24 Probeglieder, es gab 17 Predigtplätze und 16 Klassen; 1836 hatte die Gemeinschaft sich bis in den Schwarzwald ausgebreitet. Nach anfänglichen Versuchen, das Umsichgreifen der neuen Richtung zu verhindern, entschied die Kreisregierung in Ludwigsburg im Jahr 1837, die Methodisten zwar durch die Pfarrer und Ortsvorsteher zu beobachten, sie aber nicht zu verbieten. Die Versammlungen konnten nach den Vorschriften für pietistische Erbauungsstunden stattfinden. Grundvorausset-

zung war der feste Wille Müllers, innerhalb der Kirche zu bleiben. Nach Müllers Tod allerdings entwickelte sich die Gemeinschaft zur Freikirche.
Bei seiner Arbeit übernahm Müller die von Wesley an die Hand gegebenen »Regeln« als eine Hilfe zur Heiligung des Lebens und zu einer biblischen Lebensordnung im Blick auf die sozialen Fragen der Zeit. Über seine Verkündigung schrieb er:

Es ist meine größte Freude, diese erstaunliche Gnade allerorts bekannt zu machen: Christus kam in die Welt, um Sünder zu erretten... Gott sei Dank, er schenkt mir noch immer die Erfahrung seiner Gegenwart, indem er Sünder überführt, überzeugt und errettet; seinem Namen sei allein die Ehre!

Ludwig Rott: Die englischen Beziehungen der Erweckungsbewegung und die Anfänge des Wesleyanischen Methodismus in Deutschland. Frankfurt 1968, S. 187

Bedingung für die Aufnahme in die Gemeinschaft war nicht die Bekehrung, sondern der ernste Wille, sich von Christus retten zu lassen:

Wer sich entschließen will, ein Mitglied dieser Gemeinde zu werden, von dem wird nur erfordert, daß er ein ernstliches Verlangen habe, vor dem zukünftigen Zorn Gottes zu fliehen und sich hier von Sünden reinigen zu lassen. Wo das wahrhaftig der Fall ist, da wird es aus den Werken erkannt...

Ludwig Rott: Die englischen Beziehungen der Erweckungsbewegung und die Anfänge des Wesleyanischen Methodismus in Deutschland. Frankfurt 1968, S. 194

Johann Hinrich Wichern gab nicht nur Impulse für eine Verbindung der einzelnen Werke und Vereine der Inneren Mission in einem zentralen Ausschuß, als revolutionär wurde in Preußen sein Plan einer Gefängnisreform empfunden: Ausgebildete Diakone sollten an die Stelle der fachlich nicht vorgebildeten Gefängniswärter treten. Die Notwendigkeit von gut ausgebildeten Mitarbeitern wurde auch in Württemberg erkannt; Pfarrer Haldenwang wandte in dem von ihm 1838 in Wildberg gegründeten Heim für Schwachsinnige und Taubstumme auch heute noch gültige heilpädagogische Methoden an. In Mariaberg wurde diese Arbeit seit 1847 durch den Arzt Dr. Karl Heinrich fortgesetzt.
Angeregt durch die Berichte des »Christenboten« über die Mutterhausdiakonie Theodor Fliedners in Kaiserswerth und durch das Straßburger Diakonissenhaus, bemühte sich Charlotte Reihlen, die Frau eines Stuttgarter Kaufmanns, Jahre hindurch, in Stuttgart eine solche Einrichtung zu schaffen. Im Jahr 1854 konnte sie mit der Unterstützung von Prälat Sixt Karl von Kapff das Stuttgarter Diakonissenmutterhaus gründen, das zunächst im Hofkrankenhaus untergebracht war, das vom Königshaus zur Verfügung gestellt wurde. Es war nun möglich, die Versorgung Kranker als Lebensberuf auszuüben.
Die neue Anstalt mußte sich allerdings zuerst gegen Bedenken verschiedenster Art durchsetzen:

Einmal erscheint in Württemberg der Diakonissenberuf mehr als anderswo auf die Krankenpflege beschränkt. Die Schwestern empfangen zwar so reichlich Unterweisung in der Religion, dem Gesang usw., daß sie nicht nur an Krankenbetten trösten und erbauen, sondern auch bei Sonntagsschulen und

Kleinkindergruppen tätig sein können... Charakteristisch und beschähmend für uns Schwaben ist zum anderen das beinahe völlige Fehlen von Namen der gebildeten Stände oder gar der Aristokratie in dem Verzeichnis der Schwestern. Kaum der Pfarrerstand hat etliche spärliche Vertreterinnen. Das ist aus mehr als einem Grunde bedauerlich. Vor allem als Zeichen mangelnden Opfersinns in diesen Ständen – trotz der vielen alten Jungfern, die ein trübes Dasein fristen ... So dann aber sollte gerade hier sich zeigen, wie das Evangelium die Standesunterschiede verwischt, wie es die Gebildeten zu Dienerinnen, die Niedrigen gebildet machen kann ... Ohne Zweifel ist so, daß das Evangelium gebildet macht und daß manches arme Mädchen, das im Evangelium lebt, sogenannte gebildete Töchter tief beschähmt.

Hermann Schmidt: Die Innere Mission in Württemberg. Hamburg 1879, S. 181

Im badischen Nonnenweier hatte Wilhelmine Canz, die Tochter eines Arztes, das Mutterhaus für Kleinkinderpflege kennengelernt, das im Sinne von Friedrich Oberlin arbeitete. Ihr ganzes Erbe brachte sie dann in das Mutterhaus für Kinderschwestern ein, das sie 1856 in Großheppach gründete. Sie hatte die Notwendigkeit einer soliden Ausbildung der Kinderpflegerinnen erkannt:

... Solch eine Kinderschar ist lebendig und regsam genug. Es muß ihr etwas geboten werden, was sie zusammenhält und beschäftigt, und je mehr das in rechter Auswahl und im rechten Geiste und im rechten Maß geschieht, wird der gute Eindruck und der gute Geist unter der kleinen Schar die Oberhand gewinnen. Das, was man sollte geben können, muß man selbst vorher sich aneignen, muß sich einen Schatz sammeln, um wie ein guter Hausvater Altes und Neues hervorholen zu können.

Initiativen. Lebensbilder evangelischer Frauen. Hg. von Erika Stöffler. Stuttgart 1984, S. 26

Die Auswirkungen der Arbeit an den Kindern waren Wilhelmine Canz wohl bewußt:

...Wenn die Kindergärtnerinnen als christliche Persönlichkeiten und zugleich fachlich geschickt bei ihren Kindern stehen und sie frisch anfassen, dann bekommen sie nicht nur die Kinder, sondern durch die Kinder die Mütter, durch die Mütter die Väter und durch die Väter am Ende noch die Stadt- und Dorfherren...

Initiativen. Lebensbilder evangelischer Frauen. Hg. von Erika Stöffler. Stuttgart 1984, S. 25

Im Lauf der Jahre wurde das Bedürfnis nach Fachkräften innerhalb der Inneren Mission immer dringender. Das »Korrespondenzblatt der Südwestdeutschen Konferenz für Innere Mission« schrieb in seiner ersten Nummer des Jahres 1876:

Der Mangel an Arbeitern ist für die Innere Mission schon längst ein äußerst fühlbarer. Sie hat wie die Industrie, freilich in anderem Sinne, auch ihre Arbeiterfrage. So oft eine ihrer Anstalten einen Hausvater oder einen Gehilfen sucht, so oft die Arbeit der Stadtmission oder der Kolportage erweitert werden soll, so oft die Pflegeanstalten für Blödsinnige und Epileptische mannigfache Kräfte nötig haben, stellt es sich heraus, daß die Arbeit zwar groß und dringend ist, der Arbeiter aber, die willig und fähig sind, ... nur wenige sind.

Theo Lorch: Eine diakonische Gemeinde. Stuttgart 1976, S. 15f.

Die von Dr. August Hermann Werner 1866 geschaffene Brüderanstalt in Ludwigsburg kannte nur eine auf den Pflegedienst ausgerichtete Ausbildung; Regierungsrat Clausnitzer von der Centralleitung des Wohltätigkeitsvereins regte deshalb die Errichtung einer umfassenden Ausbildungsstätte an. In Anwesenheit des Königs wurde dann im Jahr 1876 die »Evang.-Brüder- und Kinderanstalt Karlshöhe bei Ludwigsburg« eingeweiht.

Der erste Inspektor, Pfarrer Rupp, schrieb über die Ziele der neuen Einrichtung:

Junge Christen, die sich den Dienst der Inneren Mission zum Lebensberuf erwählen, sollen herangebildet werden, um dann als Hausväter und Gehilfen nicht allein für Rettungsanstalten, sondern auch für andere Armen- und Krankenanstalten, Lehrlings- und Gesellenherbergen, Vereinshäuser als Aufseher und Arbeitslehrer in Waisen- und Beschäftigungsanstalten, als Kolporteure guter Schriften, als Stadtmissionare usf. tätig sein zu können.

Theo Lorch: Eine diakonische Gemeinde. Stuttgart 1976, S. 19

Wissenschaftliche Theologie

Die an der Landesuniversität vertretene wissenschaftliche Theologie wendet sich in der zweiten Hälfte des 19. Jahrhunderts deutlich ab von dem früheren bestimmenden Einfluß der Philosophie Hegels. In den Vordergrund treten die Aufgaben des Pfarrers, wie sie sich aus dessen Dienst für seine Kirche ergeben, und eine unvoreingenommene Hinwendung zum Gang der Geschichte.

Christian Palmer (1811–1875)

Christian Palmer, im Pfarramt bewährt, literarisch und als Kirchenmusiker bekannt, wurde 1852 als Professor für Moral und Praktische Theologie in die Tübinger Fakultät berufen. Im ersten Band der von ihm mitherausgegebenen »Jahrbücher für deutsche Theologie« hat er sich zu seinem Fach geäußert, speziell zu dessen Verhältnis »zur gesamten theologischen Wissenschaft, namentlich zur Ethik«:

... So ist nun auch jene allgemeine Aufgabe, die den Erkenntnisstoff der praktischen Theologie ausmacht, eine zweifache. Sie ist jedem Einzelnen gestellt, sofern er Person ist und durch den Geist Christi erst eine wahre Person werden soll. Das ist die sittliche Aufgabe, die jeder zu lösen hat; mit ihr hat es die Ethik zu thun. Sie ist aber auch ein Problem, das die Kirche, als Gesamtheit, lösen soll, und nach dieser Seite liegt das Gebiet der praktischen Theologie.

Jahrbücher für deutsche Theologie 1856, S. 333

Seinen Handbüchern über Homiletik (1842), Katechetik (1844), Pädagogik (1853), Pastoraltheologie (1860) und Hymnologie (1865) hat Palmer im Titel das sie charakterisierende »Evangelische« vorangestellt. Der Vermittlungstheologe wollte in der Substanz und in der Nähe zu den Menschen der damaligen Welt Eigenart und Kraft des evangelischen Glaubens zur Darstellung bringen und zu dessen Weitergabe anleiten. Seine erzieherische, Mut machende Wirkung auf die württembergische Pfarrerschaft war stark. Als Mann, der nicht nur im äußerlichen Sinn Wert auf Form gelegt hat, wollte er auch die Predigt als Kunstwerk und »die schöne Form« des Gottesdienstes lieb machen. Daß Württemberg da-

für nicht den besten Boden darstellte, hat ihm weh getan. Bei der ihm geltenden Trauerfeier in der Tübinger Schloßkirche am 13. Juni 1875 wurde ausgeführt:

Er wollte überhaupt nicht bloß lehren, sondern zum Amte erziehen. Als treuer Sohn der evangelischen Landeskirche, deren Eigenart er in pietätvollem Verständniß hochhielt und in seinem Theil wahrte, ... wie er wohl ein Typus eines echten schwäbischen Theologen und Predigers der Gegenwart gewesen ist, als treuer Sohn dieser Kirche hat er auch uns Herz und Sinn für das Wohl und Wehe derselben geöffnet...

Worte der Erinnerung an... Christian Palmer, S. 33

Über die evangelische Predigt schreibt Palmer:

Dem Wort eines tüchtigen Redners – trage er nun Geistliches oder Weltliches vor – lauscht unser ganzer Sinn und Geist; es liegt, das ist gewiß, eine zauberische Macht darin. Aber die Predigt gehört nicht in dieselbe Kategorie mit einer Parlaments- oder Advokaten-Rede, wo man es darauf anlegt, eine bestimmte Meinung und Resolution, wo möglich auf der Stelle, zu bewirken; sondern sie hat den Charakter einer Festrede; in dieser Hinsicht steht die Beredsamkeit den übrigen edlen Künsten darin gleich, daß, wie die echte Poesie und Musik nicht leidenschaftliche Erregung hervorbringen, sondern in ruhigem Anschauen genossen werden will, so auch die Rede nie auch nur den Schein eines Überredenwollens annehmen darf; das Verhalten des Zuhörers ihr gegenüber ist ein wesentlich ästhetisches, es ist das tiefe Wohlgefallen, die Freude an der in edler Form sich kund gebenden Wahrheit, die uns dadurch immer aufs neue teuer wird: diese Wirkung nennen wir auf dem Gebiete des christlich religiösen Lebens Erbauung.

Damit stimmt noch eine andere, wie uns dünkt, sehr treffende Sach- und Worterklärung von Erbauung zusammen. Erbauen ist das Gegenteil von Aufregen; Andacht ist von wahrer Erbauung unzertrennlich. Was mir, freilich nicht die falsche, fleischliche Beruhigung, sondern die Ruhe in Gott gibt, das erbaut mich; daher ist denn auch z. B. eine methodistische Erschütterungspredigt, ein Sturm auf das Gefühl im Geschmack der Heilsarmee, je mehr er wirkt, d. h. je stärker er aufregt, desto weniger erbaulich.

So fügt sich die Predigt als ein eigentümliches und doch genau passendes, wesentlich ergänzendes Glied ins Ganze des christlichen Gottesdienstes ein; bei dem geistigen Festmahle, das der Gemeinde der Sonntag mit Gesang und Sakrament bereitet, ist sie die Festrede; die Gemeinde soll sich auf sie freuen. Ist das nicht der Fall, so liegt entweder die Schuld am Prediger; gäbe er bessere Gedankennahrung, so würde sich die Lust daran alsbald kund geben; oder ist in der Gemeinde das religiöse Leben noch so wenig entwickelt, daß sie nicht mit Gedanken sich zu bereichern, Gedanken in sich zu bewegen, an Gedanken sich geistig zu erfreuen und zu nähren das Bedürfnis hat, sondern sich mit mechanischem Zeremoniendienst vollständig begnügt, also von einer Anbetung, einem Gottesdienst im Geist und in der Wahrheit noch keine Idee hat. Es ist jedoch sicher darauf zu rechnen, daß, wer auch solch einem Volke geistige Nahrung in rechter Weise anbietet, eben damit die Lust daran und das Bedürfnis derselben weckt...

Die Gegenwart ist an dem Punkt angelangt, wo auch die religiöse Wahrheit schlechterdings nicht mehr als bloße Tradition auf Autorität der Kirche hin aufgenommen oder als absolutes Geheimnis in Devotion hingenommen wird. Das Recht der Subjektivität, das der Protestantismus erkämpft hat, schließt in sich, daß sich die Wahrheit auch dem Laien, der religiösen Persönlichkeit als Wahrheit ausweist; und so dieselbe ihm nahe zu legen, daß er sie in sich selbst bejahen kann, das ist unsre Aufgabe. In diesem allgemeinen Sinne gefaßt, ist die Ansicht richtig, die man dermalen öfters aussprechen hört: die evangelische Predigt der Gegenwart müsse eine wesentlich apologetische Haltung [den Glauben verteidigende und erläuternde] annehmen. Öttinger hat einst öfters, wenn er nach seiner Weise tiefere Erkenntnisse auseinandersetzte und an einen Punkt kam, wo keine Beweise mehr zu führen, keine Erklärungen mehr zu geben waren, seinen Zuhörern treuherzig gesagt: fraget nicht, wie oder warum? Jetzt aber läßt es sich der Wahrheitssinn nimmermehr wehren, so zu fragen; und wir dürfen es nicht mehr ablehnen, sondern wir müssen allen Ernstes die Kunst lernen, auf solches Fragen rechten Bescheid zu geben, nicht in theologischer Schulsprache, nicht mit scholastischen Argumenten, die den Denkenden erst ins Zweifeln und in Mißtrauen hineintreiben, sondern so, daß der Zuhörer in seinem eigenen Innern, in seiner Erfahrung, in seinem menschlichen Gefühl wie in einfach klarem Denken die Wahrheit erproben kann, daß eben damit des Evangeliums Inhalt nicht als künstliches System von Behauptungen, die nur durch ihr Alter ehrwürdig sind, als eine von der Wirklichkeit des Lebens abgesonderte Gedankenwelt, sondern als eine einfache, jedem zugängliche und jeden beseligende Lebenswahrheit, als erfahrungsmäßige Wirklichkeit erscheint.

Chr. Palmer: Evangelische Homiletik (1842). 6. Auflage Stuttgart 1887, S. 24f. 204

Bei der Einweihung der neu hergestellten Stiftskirche in Tübingen am 8. September 1867 hielt Palmer die Predigt über Hebräer 13,8: Jesus Christus, gestern und heute und derselbe in Ewigkeit. Im Schlußteil heißt es:

... Aber, liebe Freunde, ein Denkmal nur, wie etwa das Standbild eines großen Mannes oder ein merkwürdiger Grabstein soll eine Kirche nicht sein; nicht dazu haben wir diese Hallen hergestellt, daß man künftig dann und wann hereintrete oder einen Gast hereinführe, diese Räume als eine Sehenswürdigkeit beaugenscheinige und wieder seines Weges gehe. Die Kirche ist nur dazu gebaut, daß die Gemeinde sich versammle als vor Gottes Angesicht, und der schönste, gottgefälligste Schmuck des Gebäudes ist nicht Stein und Holz, nicht Malerei und Vergoldung, sondern die Menschen sind's, die Gott suchend dasselbe füllen; was die Kirche am besten ziert, das sind nicht Grabdenkmäler aus alten Zeiten, sondern die Lebenden, deren Herzen noch kräftig schlagen, die hörend und betend sich sammeln um die unversiegbare Quelle alles Trostes und aller Wahrheit.
Wollt ihr also, daß dies Haus nicht vergeblich hergestellt sei, wollt ihr, daß auch die Gemeinde, die künftig unsre Stelle einnehmen wird, in jedem Menschenalter sich desselben freue, daß auch ihr Jesus Christus derselbe sei, was er gestern und heute, was er den Vätern und uns war: so werdet selber zuerst recht einheimisch an diesem Ort; ist's euch heute in diesen Mauern, als müßtet ihr mit Petrus sagen: ›Herr, hier ist gut sein‹: so lasset die neuen Bänke auch fortan nicht mehr leer stehen; dann lernen es von euch auch eure Kinder, von einem Geschlecht lernt's das andere, daß kein Sonntag ein wirklicher Sonntag ist, an dem man ferne bleibt vom Hause Gottes; und ist das einmal festgewurzelte Sitte in jeder Familie, dann wird der Sinn fürs Evangelium, dann wird der Glaube an Christus auch in unserer Stadt durch alle die zersetzenden Kräfte, die ihm entgegenwirken, nicht zerstört, nicht entkräftet werden.

Chr. Palmer: Predigten aus neuerer Zeit. Tübingen 1874, S. 452 f.

Carl (von) Weizsäcker (1822–1899)

Der Franke Carl (von) Weizsäcker hat viele und hervorragende Aufgaben in Kirche, Universität und für das Königreich wahrgenommen: Pfarrer in Billingsbach, 2. Hofprediger, Hilfsarbeiter im Kultusministerium und Mitglied des Consistoriums, seit 1861 Nachfolger von F. C. Baur auf dem kirchengeschichtlichen Lehrstuhl in Tübingen und Frühprediger an der Stiftskirche; dazu Rektor der Universität im Jubiläumsjahr 1877, Kanzler, Mitglied der Abgeordnetenkammer, dreifacher Doktor, Staats- und Geheimrat. Diese Pflichten hinderten ihn nicht, in seinem Hauptamt gründliche und zu seiner Zeit anerkannte Arbeit zu leisten durch eine Fülle von Aufsätzen und Rezensionen, durch große Bücher über die evangelische Geschichte, deren Quellen und den Gang ihrer Entwicklung (1864) und das Apostolische Zeitalter der christlichen Kirche (1886).
Schluß der Predigt über Matthäus 6,1–18 (Almosengeben, Beten, Fasten – Freiheit, verlorener Lohn, gefundener Lohn), gehalten in Tübingen am 16. Juli 1876:

... Eben diese heilige Ruhe ist das Gegenteil des Werkdienstes, es ist aber auch das Gegenteil der Unruhe derjenigen, welche dieser Werke spotten. Im Werkdienst verzehrt die Seele das Mark ihres Lebens, der Ruhm, den sie sucht und den sie an sich reißt, beweist nur, daß sie nicht hat, was ihr den Frieden gibt. Aber was ist es mit dem Ruhme derer, die nicht beten, nichts geben, nicht entsagen, jawohl dem Ruhme. Denn auch sie meinen besser zu sein als die anderen oder sie tun doch desgleichen. Warum würden sie sonst nicht die andern in Ruhe lassen? bei ihrer Überzeugung wie sich selbst? Sie können es nicht, eben weil ihnen selbst die Ruhe fehlt und weil es sie daran mahnt, der Wurm, der nicht stirbt. Darum

sagt der Herr: er wird dir's vergelten öffentlich. Es kommt beides ans Licht. Dies also ist der gefundene Lohn. Aber wo finden wir ihn? Auch dafür kann uns das Wort zum Fingerzeig sein: der Vater, der ins Verborgene sieht, wird dir's vergelten öffentlich. Aus dem Verborgenen kommt es heraus ans Licht, was drinnen ist, muß offenbar werden. Wo das Leben und der Geist ist, da kommt das Werk, die Tat von selbst. Zum rechten Almosengeben muß erst die Liebe da sein, zum Beten muß der Friede mit Gott, der Zugang zu ihm da sein, zum Entsagen muß die Weltverleugnung da sein. Wir können auch sagen, rechte fromme Werke gibt es nicht, ohne daß die Frömmigkeit da ist. Es gibt kein religiöses Leben ohne Religion, kein christliches ohne Christentum. Und freilich darf es nicht ein Christentum sein, das nur darin besteht, den alten Glauben zu bestreiten und zu protestieren gegen alles, was einst verkehrt gewesen sei. Sondern ein Christentum mit Glauben, ein Christentum mit Christus. Der, der uns heute wieder in die Tiefen des Herzens einführt und richtet, läutert, heilt mit göttlicher Kraft, der aber auch verkündet im Namen des Vaters, was öffentlich vergolten werden soll, steht vor uns als der Weg und die Wahrheit und das Leben...
Halten wir im Gedächtnis den Zugang frei ohne Furcht und Zagen, den wir durch ihn zu Gott haben, so kommt das Beten von selbst, es bedarf nicht erst einer Überwindung, es treten nicht innere Schranken entgegen, daß es für uns ein großes Werk wäre, das Herz strömt von selbst aus dahin, von wo es aufgetan ist und wo ihm aufgetan ist. Sind wir in seiner Nachfolge treu, so fragen wir uns nicht lange, zu verzichten, wo es uns heilsam ist, wir werfen von selbst weg, was uns an das Fleisch bindet. Wes das Herz voll ist, des geht der Mund über, und was wir glauben, das bekennen wir. Amen.

Monatsschrift für Pastoraltheologie 1908, S. 77 f.

In der 2. Auflage seiner Darstellung des Apostolischen Zeitalters der Christlichen Kirche schreibt Weizsäcker am Schluß des Kapitels über die Versammlungen der Gemeinde:

Die beiderlei Versammlungen der ersten Christen [Versammlung zum Wort – Versammlung zum Herrenmahl] sind der ganze Gottesdienst dieser Gemeinde. Die Versammlung zum Wort hat die meiste Ähnlichkeit mit der Synagoge, ihrem Belehrungswerk, ihren einfachen Formen, der Freiheit des Redens. Aber sie ist doch etwas anderes, mit der Mannigfaltigkeit ihrer Mitteilung, dem allgemeinen geistigen Austausch. Anders auch als die Feier von Mysterien... Es geht ihr die Wirkung der Symbole, das Mittel von Bild und Aufführung ab; es ist doch alles freies geistiges Hervorbringen und ruht auf dem Gemeingut eines in sich vollendeten Glaubens, der nichts bedarf als sich aussprechen und mitteilen. Die heiligen Mahle können an die Opfermahlzeiten, ebenso an die Mahlzeiten der Pharisäer, der Essäer und an die Gewohnheit heidnischer Vereine aller Art erinnern. Von den Opfermahlzeiten unterscheiden sie sich durch den heiligen Ernst; die Stimmung ist eine andere. Der Teilnehmer kommt nicht mit dem Gefühl, sein Opfer gebracht zu haben, er hat keines zu bringen; aber er bekennt sich zu dem Opfer, das für ihn gebracht worden ist, dem höchsten sittlichen Opfer. Kein anderes Gesellschaftsmahl hat diese Bedeutung und diesen Charakter. In beiden Versammlungen spricht sich aus, daß der Mensch hier nicht auf die Gottheit einwirken will; er hat das höchste empfangen, und das beweist und erkennt er. Einen anderen Cultus gibt es in dieser Religion nicht; in der Geschichte der Religionen ist mit ihm ein neuer Tag angebrochen.

C. (von) Weizsäcker, Das Apostolische Zeitalter der Christlichen Kirche, Band 2. 1892, S. 583

Die Deutsche Frage 1866–1870. Der Deutsch-Französische Krieg 1870/1871

Im Krieg von 1866 um die Vorherrschaft in Deutschland stand Württemberg wie die anderen süddeutschen Staaten auf der Seite Österreichs. Nach dem Sieg Preußens hatte es eine Kriegsentschädigung zu zahlen und mit Preußen, das ganz Norddeutschland unter seiner Führung in einem Bundesstaat, dem Norddeutschen Bund, vereinigte, ein Schutz- und Trutzbündnis zu schließen. Die allgemeine Wehrpflicht wurde eingeführt, das Heer nach preußischem Vorbild reorganisiert, württembergische Offiziere zu Lehrgängen nach Preußen entsandt. Neben die linksliberale Volkspartei, die sich 1864 von der alten Fortschrittspartei abgespalten hatte und die erste politische Partei im modernen Sinn in Württemberg war, trat nunmehr die rechtsliberale Deutsche Partei. Diese propagierte im Gegensatz zu der großdeutsch orientierten Volkspartei eine nationale Einigung unter preußischer Führung, jedoch mit Ausschluß Österreichs, eine kleindeutsche Lösung also, so wie sie der preußische Staatsmann Otto von Bismarck zielstrebig zu verwirklichen suchte. Im Land überwog eine preußenfeindliche Stimmung. Die Wortführer der Volkspartei und der politisch nur locker organisierten Großdeutschen lehnten einen Anschluß Württembergs an den Machtstaat Preußen ab. Die Souveränität des kleinen Königreichs sollte keinesfalls zugunsten eines von Preußen beherrschten kleindeutschen Reiches preisgegeben werden. Bei der Landtagswahl vom 8./9. Juli 1868 errangen die preußenfeindlichen politischen Kräfte, Volkspartei und Großdeutsche, einen großen Sieg.

Nach dem Ausbruch des Deutsch-Französischen Kriegs schlug die Stimmung um. Eine Woge nationaler Begeisterung erfaßte das Land. Frankreich war jetzt der gemeinsame Feind. Die

Zahl der Preußenfreunde und der Befürworter eines kleindeutschen Reichs stieg sprunghaft an. Die Landtagswahl am 5. Dezember 1870 kam einem politischen Erdrutsch gleich. Unter dem Eindruck der großen deutschen Siege erlangte die Deutsche Partei 30 Mandate, wogegen die Volkspartei und die mit ihr zusammengeschlossenen Großdeutschen lediglich noch 17 Sitze (zuvor 40) behaupten konnten. Mit Jahresbeginn 1871 wurde Württemberg ein Bundesstaat des neugegründeten Bismarckreichs.
Der gedrückten Stimmung in Württemberg bei Beginn des Krieges von 1866 gibt ein Artikel im Evangelischen Kirchen- und Schulblatt vom 20. Juni 1866 Ausdruck:

Ach Gott, vom Himmel sieh darein!
Unser Blatt ist ein kirchliches und kein politisches. Aber wenn die Kirche es nicht mehr lassen kann, daß sie zum Himmel aufschreit über die politische Lage, wenn Kanzel und Altar ins Feld geführt werden, damit die Söhne des Vaterlandes nicht ohne Gott in den Tod, nicht ohne Trost aus der Welt gehen, dann darf auch ein Kirchenblatt anheben, von den politischen Dingen zu reden.
Nach langem Wogen und Zerren sind wir nun an den Vorabend der entscheidungsvollsten Tage gestellt. Der deutsche Staatenbund ist zerrissen. Deutsche Regierungen führen ihre Heere gegeneinander. Der schwerste Bürgerkrieg bricht heran. Wer mißt das Unheil, welches er im Gefolge haben kann? Wehe denen, die es zu verantworten haben! Wir haben nur den Trost, daß Gott im Himmel die Zuchtrute selbst führt. Sie darf schlagen nicht länger, als Er's haben will. Wann's ihm genug ist, wird sie in's Feuer geworfen. Darum soll nun alles deutsche Volk lernen, daß es kein leeres Zeremoniell ist, wenn wir in unsern Kirchengebeten den Herrn des Himmels und der Erde um seine Gnade und seinen Segen,

um Frieden und Einigkeit, Gerechtigkeit und Wohlfahrt in allen Landen anrufen. Heil jedem Menschen und Stamm, der nun mit getrostem Sinn und klarem Gewissen Gott um seinen Schutz und Beistand eben zu dem anrufen kann, was er tun soll nach dem Drang der Dinge. Aber tiefes Mitleiden dem Soldaten und Bürger, der sein Gut und Blut nun setzen soll an das, was er im Innersten seiner Brust verdammen muß als bloße Kabinettswillkür, als Gewalt für Recht, als Lug und Trug! Aber wie wird nun wieder der heilige Name Gottes und die Religion in ärgerlichster Weise mißbraucht, um die Lüge zu weihen und das Recht zu verdrehen! Wie müssen nun wieder Kirchenratserlasse und Kirchengebete, Heerbefehle und Feldpredigten herhalten, um die klagenden Gewissen zu beschwichtigen und den Wahrheitssinn der Herzen zu betrügen! Wie wird nun wieder mit der heiligen Sprache des Zeugnisses und des Gebets Übermut zu erschöpfter Geduld, Annexionswut zu Verteidigung, Herrschsucht zu Friedensliebe gestempelt! Diese fromme Falschmünzerei, diese Verwirrung der Gedanken und Gewissen ist gewiß eines der schwersten Stücke von all dem unsäglichen Unheil, welches über das deutsche Vaterland und Volk heraufbeschworen wird. Ach Gott, vom Himmel sieh darein!

Stadtarchiv Stuttgart: Bibliothek

Das Kirchen- und Schulblatt sah nach dem Krieg von 1866 die politische Zukunft Württembergs in einem kleindeutschen Reich unter preußischer Führung. Doch erwartete es, daß Preußen die Berechtigung für seinen Führungsanspruch erst noch nachwies. Am 2. Januar 1867 schrieb es:

... Keineswegs und nie haben wir eine Bewältigung Deutschlands durch Österreich gewünscht, sondern das Herz trugen wir von jeher auf Seiten des lebenskräftigeren Preußens, an welchem auch das Evangelium in Deutschland einen Hort hat. Wir akzeptieren daher mit dankbarer Befriedigung auch alles Gute, was wir vom Vorherrschen dieser Macht und von der unter dieser Vormacht herbeikommenden Einigung und Kräftigung Deutschlands als Segen Gottes erwarten dürfen, wenn auch solcher Segen nach den wunderbaren Wegen der göttlichen Weltregierung nur durch den Kampf menschlicher Sünde gegen Sünde uns errungen werden konnte. Aber eben gegen diesen Kampf der Sünde wider Sünde, des Unrechts wider das Unrecht konnten wir die Augen auch nicht verschließen und kehrten unsere Stimme zunächst gegen denjenigen Teil, welcher nach wohlbegründetem Urteil alles süddeutschen Volkes den Kampf, wenn auch siegreich, so doch ohne Not begonnen hatte. Wir konnten ... nicht schweigen zu der Mißachtung des förmlich bestehenden Rechts und zu der Deckung dieses Vorgehens mit dem Schilde der heiligen Religion und Kirche. Und ist dieses unserem Gewissen abgenötigte Zeugnis nicht nach und nach auch im preußischen Lager gerechtfertigt worden? Ist nicht nach und nach die Aufstellung, welche auch in Kirchenzeitungen, Predigten etc. aus Preußen ebenso oft als zuversichtlich wiederholt worden ist, daß nämlich Österreich den Krieg angefangen, daß Württemberg und das übrige Süddeutschland Preußen bedroht, daß Preußen zur notgedrungenen Wahrung seiner bedrohten Existenz in diesen Krieg gegen seinen Willen und nachdem es alle friedlichen Ausgleichungen versucht, eben jetzt hineingenötigt worden sei – ist, fragen wir, diese Aufstellung nicht preußischerseits selber mehr und mehr verstummt, weil sie im eigenen Lager widerlegt wurde?... Aber was dürfen wir hier auch aussprechen: Beruft sich Preußen für seine Taten von 1866 auf seine göttliche Mission für Deutschlands Zukunft, so hat es den Beweis für seine Berechtigung zum großen Teil erst noch zu führen. Wird es durch gesegnete Herstellung eines freien Deutschlands, in welchem Gerechtigkeit und Friede sich küssen, eines mächtigen Deutschlands, dem auch der äußere Feind nichts anhaben darf, den Beweis, welchen es noch schuldig ist, führen, und bekennt sich Gott, der Herr, noch weiter zu seinem Werke, dann wollen wir gerne als skrupulöse Anhänger des alten Rechtes durch die göttliche Justiz widerlegt bleiben und mit freudigem Danke gegen den himmlischen Lenker der Welt bekennen, daß durch die Gerichte von 1866 eine neue Rechtsordnung geschaffen sei, welche uns besser denn die alte gefalle...

Stadtarchiv Stuttgart: Bibliothek

Der Allianzvertrag mit Preußen erregte die Öffentlichkeit. Vor seiner Beratung durch die Kammer der Abgeordneten im Herbst 1867 publizierte der engagierte Gegner eines von Preußen geführten Deutschlands Moriz Mohl (1802–1888) eine Schrift »Mahnruf zur Bewahrung Süddeutschlands vor den äußersten Gefahren«. Hierin war zu lesen:

Gott, wie muß ein Süddeutscher verblendet oder arm an Herz für sein biederes Volk, der Liebe zu seinem schönen Vaterlande bar sein, um es hingeben zu wollen an die Oberherrschaft eines anderen, überdies unserem Volke im innersten Herzen antipathischen Volksstammes und seines Adels- und Militär-Wesens, gegen welches die preußische Volksvertretung selbst ganz unmächtig ankämpfte, dem sie schließlich wegen seiner Verdienste um die Niederwerfung Deutschlands Absolution erteilt und sich gefügt hat. Wie muß ein Süddeutscher bei solchen Gesinnungen bar sein des gerechten Stolzes auf die oberdeutschen Volksstämme, welche eine so ehrenvolle Geschichte als irgend ein Volk auf allen Gebieten des

menschlichen Wirkens haben und, um nur dies Eine hervorzuheben, von den Minnesängern bis zu dem Wieland, Schiller und dem Uhland'schen Dichterkreise, den Hebel, Auerbach und wie sie alle bis zur heutigen Stunde heißen, reich an den schönen Talenten sind, welche die Blüte des nationalen Lebens bilden, aber auch hinter keinem anderen in andern Beziehungen zurückstehen. Wie muß man von Einsicht oder von Liebe und Teilnahme für unser arbeitsames Volk, für unsern rastlos tätigen Bauern, unsern tüchtigen Gewerbsmann entblößt sein, wenn man ihm zumutet, für die Fremdherrschaft eines ihm nach Ursprung und Charakter ferne stehenden Volksstammes arbeiten zu sollen, welcher Süddeutschland so eben mit den Waffen überzogen und gebrandschatzt hat.
Und ebenso auf staatlichem Gebiete. Seit 400 Jahren leben wir in Württemberg in Vertrags-Verhältnissen mit unsern Regenten, und hat das Land sich Schritt für Schritt eine freie Verfassung errungen. Seit Jahrhunderten besitzen wir, was die sechs preußischen Ostprovinzen heute noch nicht haben, im kleinsten Dorfe eine nur dem Staate untergeordnete Gemeindeverfassung; seit Jahrhunderten haben unsere Städte das Steuerverwilligungsrecht und übten auf die Staats-Verwaltung einen wichtigen Einfluß aus. Zwei Minister starben in Württemberg auf dem Schafott, weil sie die Verfassung des Landes verletzten. Vor einem halben Jahrhundert erkämpften unsere Väter in jahrelanger zäher Ausdauer und erhielten endlich durch das freisinnige Entgegenkommen eines dem Lande durch Anstammung und gemeinsame Verteidigung gegen Außen angehörigen Regenten einen neuen Verfassungs-Vertrag, und seither hat unsere Landes-Vertretung Preßfreiheit, Schwurgerichte, Ablösungsgesetze, Freiheit des Bodens und eine in das allgemeine Rechtsbewußtsein und die tägliche Ausübung übergegangene bürgerliche Freiheit, um die uns wahrhaftig das preußische Volk beneiden darf, in wechselvol-

lem Kampf von Jahrzehnten durch Ausdauer und Festigkeit errungen. Ebenso in Bayern, in Baden, in Hessen, wo man hierin gegen Württemberg nicht zurückgeblieben ist. Bald war das eine, bald das andere süddeutsche Volk in den Bestrebungen nach Verbesserung seiner öffentlichen Verhältnisse glücklicher; aber unsere staatsrechtlichen und Freiheitszustände sind in ganz Süddeutschland gegen die preußischen wie Tag und Nacht. Ist ein Mensch in Deutschland, der dies mit Wahrheit leugnen kann? Und ist dies Alles bloßer Zufall? Beruht es nicht auf der ganzen Beschaffenheit des Landes, der urwüchsigen deutschen Natur der süddeutschen Volksstämme und auf ihrer ganzen Geschichte? Wenn Süddeutschland auch nur in dem bayerischen Hochlande die Schweizer Alpen-Natur hat, so trägt es doch in einem großen Teil den Charakter eines mehr oder weniger gebirgigen oder hochgelegenen Landes und einer schönen blühenden Natur und das Wort Wilhelm Tells in Schiller:

auf den Gebirgen aber ist Freiheit,
der Hauch der Grüfte
weht nicht hinauf die Lüfte,

hat sich nicht bloß bei den Alemannen südlich vom Bodensee und Rhein, sondern es hat sich auch in Oberdeutschland, seinen Reichsstädten, seinen Städtebünden und Städtekriegen mit den Dynasten, seinem Bauernkrieg, seinem Verfassungsleben und den Territorialherrschaften und in den männlichen, erfolgreichen Verfassungskämpfen seit einem halben Jahrhundert in allen süddeutschen Staaten erprobt. Sind solche Stämme zum Dienen für Fremde, zum Sich-ausbeuten-Lassen durch diese da?

...

Deshalb rufe ich den Leuten – Gott sei Dank, den wenigen Leuten in Süddeutschland, welche uns preußisch machen oder unter preußische Herrschaft bringen wollen, zu: Geht doch fort in Euer geliebtes Sandland oder geht nach Schleswig-Holstein, Hannover oder Frankfurt und seht Euch nach Eurer preußischen Glückseligkeit um! Aber macht, daß ihr uns arme Leute in unserem Elende allein laßt! Wir wollen uns schon ohne Euch zu helfen wissen.

...

Nun ist aber Preußen der Staat des »Eisen und Blut«. Die Geschichte Preußens seit Jahrhunderten ist die der Eroberung; sein Weg – so lange es nicht groß genug ist, um keine Macht der Welt fürchten zu dürfen – kann nach dem großmächtlichen Ziele, dem es unabänderlich nachgestrebt hat, nur und wird ein kriegerischer sein.

...

Jedenfalls aber heißt es uns zu Vasallen an Preußen hingeben, wenn wir den König von Preußen zu unserem Kriegsherrn machen, ihm vertragsmäßig im Kriege für alle Zukunft und für alle Fälle unsere Heere zur Verfügung stellen, ihm gestatten, sie im Kriege, wohin er will, z. B. aus Süddeutschland weg nach Preußen, zu verlegen. Es heißt unsere ganze Existenz, unsern ganzen Wohlstand, unsere ganze Zukunft, es heißt unsere waffenfähige Mannschaft, unser Land und Volk von der Gnade und Willkür Preußens abhängig machen, eines Staates, der uns aus geographischen Gründen nicht einmal schützen kann...

Moriz Mohl: Mahnruf zur Bewahrung Süddeutschlands vor den äußersten Gefahren. Eine Denkschrift für die süddeutschen Volksvertreter. 1867, S. 11 ff. und 15 ff.

Unter dem Eindruck der ersten Siege schrieb das Evangelische Kirchen- und Schulblatt für Württemberg am 24. August 1870:

Dieser Krieg wird große Folgen haben, wenn Deutschland

siegt. Durch das Jahr 1870 wird das Recht von 1866 bestätigt und erhärtet. Jeder Deutsche, auch jeder Widersacher wird bekennen müssen: das sind Gottes Wege, auf denen wir einer großen Zukunft entgegengehen...
Noch ist der Krieg nicht zu Ende; er beginnt erst. Noch brauchen wir den Allierten im Himmel, der nur durch aufrichtige Buße und wahren Glauben gewonnen wird. Er wolle die Kriegstage verkürzen und die Herzen mit seinem Geiste durchdringen, daß auch im Streit das Engelwort sich erfülle: Friede auf Erden. Wir aber wollen in der Freude des Sieges nicht vergessen des Jammers der Besiegten und in dem Donner des Kampfes gedenken an die Sterbenden und Gefallenen. Der Herr behüte ihre Seelen. Wir wollen auch im Siegesjubel den Ernst des Todes wie die Ohnmacht des Lebens im Gedächtnis behalten; und unser Spruch sei jetzt und in Zukunft: der Sieg kommt vom Herrn. Wenn die Feinde unter den wilden Klängen der Marsaillaise sich in das Feuer stürzen, so singe unser Heer das alte, in Deutschland wohlbekannte Kriegslied: Ein feste Burg ist unser Gott!

Stadtarchiv Stuttgart: Bibliothek

Der Beitritt Württembergs zum neuen Deutschen Kaiserreich am 1. Januar 1871 inspirierte Karl Gerok, den Stuttgarter Prälaten, zu dem Gedicht »Zwei Berge Schwabens«. In ihm wollte er zum Ausdruck bringen: Das untergegangene Reich der Hohenstaufen war im Reich der Hohenzollern wieder erstanden.

1. Zur Wendenacht des Jahres
beim stillen Sternenlicht
ward mir ein wunderbares,
erhabnes Nachtgesicht.

2. Nachts um die zwölfte Stunde
stand ich an Bergesrand,
sah dämmern in die Runde
mein schwäbisch Heimatland.

3. Vom Zollern bis zum Staufen
sah ich die Schwabenalb
am Horizont verlaufen;
der Mond beschien sie falb.

4. Aus Nachtgewölken ragte
des Staufen kahles Haupt,
das edle, vielbeklagte,
des Diadems beraubt.

5. Doch wie die Wolken wallten,
wuchs langsam draus empor
von riesigen Gestalten
ein geisterhafter Chor.

6. Die alten Schwabenkaiser,
das edle Staufenblut,
die starken Eichenreiser,
die tapfre Löwenbrut,

7. sie reckten ihre Glieder,
sie standen hoch und stark,
als fühlte jeder wieder
das alte Heldenmark.

13. Die Nebelmäntel schleiften
langhin am Bergessaum,
die Wolkenschuhe streiften
der Wälder Wipfel kaum.

14. Und wo zur letzten Strecke
sich das Gebirg verzweigt,
als Hüter an der Ecke
die Zollernburg aufsteigt,

15. da schien der Zug zu halten;
im letzten Mondenschein
zerflossen die Gestalten
zum grauen Wolkenreihn.

16. Mir war's, die Fürsten legen
am Berg die Kronen hin;
mir schien's, die Geister flögen
wie segnend rings um ihn.

17. Und wie ich stand und lauschte,
kühl streifte mir's das Haar,
ein Morgenwehen rauschte,
auf stieg das junge Jahr.

18. Und allgemach im vollern,
im klaren Tageslicht
erhob der Hohenzollern
erwachend sein Gesicht.

19. Den Kaiserpurpur legte
das Morgenrot ihm an;
zu krönen ihn, bewegte
die Sonne sich heran.

20. Und bis hinab zum Staufen
mit hellem Rosenschein
begann's zu überlaufen
der Berge grau Gestein.

21. Ein Adler tät sich wiegen,
die Schwingen ausgespannt,
mit stolzen Wendeflügen
hoch ob dem deutschen Land.

22. Und rings im Land erklangen
die Glocken all zugleich,
den Segen zu empfangen
fürs deutsche Kaiserreich.

Karl Gerok: Ausgewählte Dichtungen. 1907, S. 273 ff.

Die Landeskirche zwischen 1870 und 1900

Die soziale Frage

Adolf Stoecker

Nach dem Krieg von 1870/1871 brachten französische Tributzahlungen der deutschen Industrie einen gewaltigen Aufschwung. Eine Landflucht setzte ein; die Menschen strömten in die Städte. Es entstand ein oft rechtloses, obdachloses, durch ein rigoroses kapitalistisches System ausgebeutetes Industrieproletariat, dessen Interessen in diesen »Gründerjahren« allein durch die Sozialdemokratie vertreten wurden.
Trotz zunehmender staatlicher Verfolgung erzielten die beiden sozialdemokratischen Parteien – der Allgemeine Deutsche Arbeiterverein und die Sozialdemokratische Arbeiterpartei – Stimmengewinne bei den Reichstagswahlen von 1874. Ein Jahr darauf schlossen sie sich in Gotha zur Sozialistischen Arbeiterpartei Deutschlands zusammen. Ungeachtet des Verbots der Partei und der Entlassung sozialdemokratischer Arbeiter stiegen die Mitglieder- und Wählerzahlen an.
Die Kirche fühlte sich durch Armut und Not des vierten Standes anfangs kaum herausgefordert. Anders der aus kleinen Verhältnissen stammende Berliner Hofprediger Adolf Stoekker, der als Leiter der Stadtmission die Lebensverhältnisse der Arbeiter vor Ort kennengelernt hatte:

Die Kirche als solche rührt sich nicht. Die Professoren studieren. Die Pastoren schweigen. Das Volk bleibt unkirchlich... Man sagt, Gott kann und wird helfen. Gewiß hilft Gott. Dazu hat er die Kirche gestiftet. Aber wenn sie nicht kämpft, wenn in ihr der prophetische Geist schläft, wie soll er helfen?

Adolf Stoecker: Wach auf, evangelisches Volk. Berlin, S. 375 f.

Da Stoecker erkannte, daß Evangelisation und Innere Mission die sozialen Probleme nicht lösen konnten, rief er am 3. Januar 1878 in der Berliner Gaststätte »Eiskeller« zur Gründung einer »Christlich-sozialen Arbeiterpartei« auf. Den in der Überzahl anwesenden Sozialdemokraten versuchte er, sein Konzept praktischer Reformen verständlich zu machen: eine Politik der kleinen Schritte, beginnend mit einer Arbeiterschutzgesetzgebung. Das Drängen der Sozialdemokraten nicht nur auf soziale Besserstellung, sondern auch auf Gewährung gleicher politischer Rechte lehnte er ab. Er warnte davor, eine Veränderung gesellschaftlicher Strukturen anzustreben, was nur zu blutiger Revolution führen könne. Stoekker schloß mit den Worten:

Wenn Sie in Ihren Blättern wieder die schnöde Rede von Pfaffen lesen, die das Volk nicht lieb haben, dann glauben Sie der Lüge nicht. Ich meine es treu, ehrlich und gut mit dem Arbeiterstande, so wahr mir Gott helfe.

A. Stoecker: Christlich-Soziale Reden. Hg. von Oertzen, Bd. 1, Berlin 1885, S. 143 ff.

Seiner Ablehnung der Sozialdemokratie hatte Stoecker zuvor noch deutlicheren Ausdruck verliehen, indem er ihr Haß gegen Vaterland und Christentum vorwarf. Für ihn, den natio-

nal-konservativ geprägten Mann, war das Streben nach internationaler Veränderung gesellschaftlicher Strukturen gleichbedeutend mit Vaterlandslosigkeit; ferner konnte er die sozialdemokratische Ablehnung einer Kirche, die zur Not der Arbeiter schwieg, nur als Atheismus verstehen. Anders als Stoecker machte Jahre später Christoph Blumhardt auf die Hintergründe dieser Kirchenfeindschaft aufmerksam und stellte fest, daß in der Sozialdemokratie Gott nicht geleugnet werde, »jedenfalls nicht mehr als in allen anderen Ständen und Klassen«.

Die Eiskellerversammlung endete mit einer leidenschaftlichen Ablehnung von Stoeckers Programm durch den führenden Berliner Sozialdemokraten Johannes Most. Auch bei der Reichstagswahl im Juli 1878 kam Stoeckers »Christlich-soziale Arbeiterpartei« nicht zum Zuge, obwohl sie viele Forderungen der Sozialdemokratie übernahm wie Einführung des Normalarbeitstages, Verbot der Sonntagsarbeit, Arbeiterschutz, Beseitigung der Frauen- und Kinderarbeit in den Fabriken und eine progressive Einkommensteuer. Dagegen konnten die Sozialdemokraten ihren Stimmenanteil weiter vergrößern.

Stoecker begrüßte das von Bismarck initiierte »Sozialistengesetz« vom 21. Oktober 1878, das die »gemeingefährlichen Bestrebungen der Sozialdemokratie« verbot:

Vereine, welche durch sozialdemokratische, sozialistische oder kommunistische Bestrebungen den Umsturz der bestehenden Staats- oder Gesellschaftsordnung bezwecken, sind zu verbieten. Dasselbe gilt von Vereinen, in welchen sozialdemokratische, sozialistische oder kommunistische auf den Umsturz der bestehenden Staats- oder Gesellschaftsordnung gerichtete Bestrebungen in einer den öffentlichen Frieden, insbesondere die Eintracht der Bevölkerungsklassen gefährdenden Weise zu

Tage treten. Den Vereinen stehen gleich Verbindungen jeder Art.

E. R. Huber: Dokumente zur deutschen Verfassungsgeschichte, Bd. 2. Stuttgart 1964, S. 364

Als Abgeordneter agitierte Stoecker aggressiv gegen Kapitalismus und Sozialdemokratie und schreckte auch vor antisemitischer Propaganda nicht zurück. Die Existenz jüdischer Millionäre und die jüdische Herkunft von Karl Marx genügten ihm für seine Behauptung, durch »extremsten Kapitalismus« und »extremste Sozialdemokratie« beabsichtigten die Juden die Vernichtung des deutschen Volkes.
Wegen des Engagements für die Arbeiter wurde Stoecker als Hofprediger 1890 von Kaiser Wilhelm II. entlassen, der später dazu äußerte:

Politische Pastoren sind ein Unding. Wer Christ ist, ist sozial; christlich-sozial ist Unsinn und führt zur Selbstüberhebung und Unduldsamkeit... Die Herren Pastoren sollen sich um die Seelen ihrer Gemeinde kümmern, aber die Politik aus dem Spiele lassen, dieweil sie das gar nichts angeht.

Nach: Blätter für Württ. Kirchengeschichte 1959, S. 7

1890 gründete Stoecker zusammen mit dem liberalen Professor Adolf von Harnack, mit dem Leiter der Evangelischen Arbeitervereine, Ludwig Weber, und den Nationalökonomen Adolf Wagner und Max Weber den »Evangelisch-sozialen Kongreß«. Dieser stellte sich die Aufgabe,

die sozialen Zustände unseres Volkes vorurteilslos zu untersuchen, sie an den Maßstäben der sittlichen und religiösen Forderungen des Evangeliums zu messen und diese... für das heutige Wirtschaftsleben... wirksamer zu machen als bisher.

1896 trennte sich Stoecker vom Kongreß, da sich die Jungen um Friedrich Naumann von ihm lösten. Im gleichen Jahr schied er aus dem Reichstag aus.
Stoecker predigte öfter auch in Stuttgart und hielt Vorträge. In der Liederhalle sprach er am 12. April 1888 über »die sozialen und kirchlichen Notstände in großen Städten«:

Die großen Städte entstehen durch Zuwanderung und durch den Überschuß der Geburten ... Oft sind überhaupt geeignete Quartiere nicht zu haben, und der Arbeiter muß sich in das Risiko stürzen, eine größere Wohnung zu nehmen in der Hoffnung, daß er die überflüssigen Räume weiter vermietet. Gelingt ihm das nur einige Monate nicht, so ist er sehr bald in seinen Verhältnissen zerrüttet ... Er hat zu wenig Lohn; dadurch wird seine Lebenshaltung gefährdet, er selbst unzufrieden, Weib und Kind gefährdet. Es gibt in Deutschland auch in den großen Städten noch viel Betriebe, die den Arbeitern keinen größeren Lohn gewähren als 2 bis 3 Mark ... Aber ich finde es nicht recht, daß man bei der sozialen Frage meist nur die Männer, ihre Forderungen und Bedrängnisse beachtet, weil sie Sozialdemokraten werden und eine Faust machen können. In den großen Städten ist die Zahl erwerbsbenötigter Frauen nicht viel geringer als die der Männer ... So treten die sozialen Notstände, die organischen wie die unorganischen, die gewöhnlichen wie die krankhaften, vor unser Angesicht. Mit ihnen hängen aufs innigste die kirchlichen zusammen; aus den zerrütteten natürlichen Fundamenten erhebt sich die Verwüstung des Glaubens und der Gottesfurcht ... Nachteilig ist der Mangel der Seelsorger ... Die Predigt allein aber ist nicht imstande, unkirchliche Massen wieder zum Glauben zu führen ... Was der Christ bedarf, ist der Besuch des Geistlichen, die Fürsorge in der Not ... Für die Hebung des kirchlichen Notstands ist es das Nötigste, den einzelnen Menschen wieder unter den Eindruck des göttlichen Wortes zu bringen... Die Liebeskraft allein kann jeden Nostand, den Umsturz wie die Gottlosigkeit, verscheuchen. Das ist auch die wachsende Überzeugung aller Patrioten und Christen.

A. Stoecker: Die sozialen und kirchlichen Notstände... Stuttgart 1888

1892 sprach Stoecker auf dem Internationalen Kongreß für Sonntagsfeier in Stuttgart über den »Sonntag als sozialer Friedensstifter«:

Wenn Stuttgart mich ruft, komme ich immer; zumal wenn es einer großen Sache gilt, wie die Rückeroberung der Sonntagsruhe und Sonntagsheiligung für die christliche Welt. ... Es ist erschütternd zu beobachten, wie der Mammonismus der Zeit Mann, Weib und Kind einfach als seine Unterthanen behandelt und ihnen... die Sonntagsruhe genommen hat. ... Ich finde, die soziale Frage hat in unseren Tagen viel weniger darin ihre Schwierigkeiten, daß es Sozialdemokraten giebt, die viel Lohn bei weniger Arbeitszeit fordern und mit Revolution drohen, als darin, daß die Naturordnungen, welche Gott ... gesetzt hat, beinahe zerstört sind. Auf irdischem Fundament aber ist ein Neubau der sozialen Ordnung nicht möglich.

A. Stoecker: Zwei Reden. Stuttgart 1894

Stoeckers Wirkung auf die Arbeiter war äußerst gering, groß dagegen in bürgerlichen Kreisen, bei der Jugend, den Studenten und bei jungen Theologen. Theophil Wurm, der 1899 Pfarrer der Evangelischen Gesellschaft wurde und die bei Stoecker gemachten Erfahrungen in die Stadtmissionsarbeit einbrachte, schrieb über ihn:

Theodor Traub [Gründer des Evangelischen Arbeitervereins in Württemberg], späterer Stadtdekan in Stuttgart, ... konnte nicht genug erzählen von dem Auftreten und den gewaltigen Wirkungen des Hofpredigers Stoecker. Ich selbst kam erst ein Jahrzehnt später mit Stoecker in Berührung im Jahr 1893, als ich... nach Berlin kam..., um an Harnacks kirchengeschichtlichem Seminar teilnehmen zu können. Sie sehen daraus schon, daß ich nicht ein unbedingter Stoeckeranhänger war ... Aber der Mann fesselte mich vom ersten bis zum letzten Tage, nicht bloß um seiner sozialen Wirkung willen, sondern auch als Prediger und Kirchenmann... Als Hofprediger stand er der Gemeinde ferne, als Leiter der Stadtmission gewann er durch eigene Hausbesuche... einen Einblick in die innere und äußere Lage weiter Volksschichten. Und dieser Einblick erschreckte ihn so sehr. ... Was hat er erreicht? Verschwindend wenig im Verhältnis zu seinem Wollen ... Er hat erreicht, daß innerhalb der evangelischen Kirche die Sorge um Recht und Gerechtigkeit... nicht mehr als eine Grenzüberschreitung betrachtet wird, sondern als eine Aufgabe, die zum Innersten der Kirche gehört.

Theophil Wurm in: Wege zum Wort. Heft 6/1952

Friedrich Naumann

Erst in Zusammenarbeit mit Stoecker, dann getrennt von ihm suchte Friedrich Naumann einen Weg zur Lösung der sozialen Frage. Nach zwei Jahren als »Oberhelfer« an dem von Wichern gegründeten »Rauhen Haus« in Hamburg trat der junge sächsische Theologe 1886 seine erste Pfarrstelle in Langenberg bei Zwickau an. Die christliche Freudenbotschaft auch den Arbeitern zu bringen, dies setzte sich Naumann zur Aufgabe.

Herausgefordert durch den wachsenden Einfluß der Sozialdemokratie auf die Arbeiterschaft, studierte er die Schriften von Bebel, Liebknecht, Lassalle, Engels und Marx. Naumann erkannte, daß die Not der Arbeiter durch karitative Unternehmungen allein nicht beseitigt werden konnte. Die Einsicht, daß die gesellschaftlichen Strukturen nach einer Umgestaltung verlangten, bedeutete den entscheidenden Schritt über Wichern hinaus; auch die Trennung vom konservativen Entwurf Stoeckers war hier bereits angelegt.
Naumanns Ausführungen über »Die Zukunft der innern Mission« (1888) gaben dieser Erkenntnis Ausdruck:

Die bisherige Geschichte der innern Mission ist eine Illustrirung des Satzes: Aus der Enge in die Weite, aus der Tiefe in die Höhe. Eng und tief war die innere Mission vor 50 Jahren, ein schönes Geheimnis kleiner gottseliger Kreise... Liest man alte Berichte von Rettungshäusern aus der Zeit vor 1848, so wird man angeweht von dem Hauche der Stillen im Lande, welche mit vielen Gebeten schwer erworbene Groschen wirklich opfern für eine Sache, an der ihr ganzes Herz hängt... Alles dachte nur an Seelenrettung; von sozialer Not war wenig die Rede... Die Zeit der kleinen Kreise verwandelte sich in die Periode, in der die innere Mission zum Werke der Kirche wurde... Aber schon ist... eine dritte Periode der innern Mission angebrochen... Die innere Mission wird schließlich Volkssache im allgemeinen werden und dabei den Charakter des religiösen Unternehmens vollständig verlieren... Privater Anfang, kirchliche Fortführung, staatliches Ende! Erst Willkür, dann Gewohnheit, endlich Gesetz!...
Der Staat, welcher die innere Mission in Empfang nehmen wird, kann nach allem bereits Gesagten nur ein Staat sein, der alles mögliche selbst in die Hände nimmt: Arbeitsstätten, Herbergen, Krankenpflege, Pflegerbildung. Dieser zukünftige

Staat muß Arbeitgeber, Hausvater, Erzieher im größten Maßstabe sein. Vom bloßen Rechtsstaate kann bei ihm nicht die Rede sein; nein, die Entwicklung der innern Mission lenkt unser Nachdenken auf einen Verwaltungsstaat in höchster Potenz, um es mit kurzen Worten zu sagen: auf einen sozialistischen Staat. Auf den sozialistischen Staat arbeitet jetzt bewußt oder unbewußt alles hin.

Die Zukunft der innern Mission. In: Die christliche Welt 1888, S. 403 f., 421

Als »sozialistisch« bezeichnete Naumann ein Staatswesen, das sich die »Entlastung der Bedrängten« zum Ziel setzt: Die zu tragenden Lebenslasten müssen unter den gesellschaftlichen Gruppen neu und gerecht verteilt werden. Dem »sozialistischen Grunddogma«, daß die Produktionsmittel in Gemeineigentum zu überführen seien, widersprach er nicht. Anders als die Sozialdemokratie seiner Zeit beharrte Naumann jedoch darauf, daß der sozialistische Staat nicht mit einem Male, auf revolutionärem Wege, zu schaffen sei. Er legte dar,

wie wir die allmähliche und ruhige Verwirklichung des sozialistischen Grunddogmas uns vorstellen ...:
Erstens wird das ... Kapital am Wachstum zu verhindern sein, damit es die menschliche Arbeit nicht tot macht. In dieser Richtung liegen: Erbschaftssteuer, Börsensteuer, Luxussteuer u.s.w.
Zweitens muß sich neben das Eigentum der Dinge ein neues Eigentum der Rechte stellen. Solche Eigentumsrechte sind die Rechte auf Krankengeld, Invalidenversorgung, Altersrente, vor allem das Recht auf gute Wohnung und lohnende Arbeit.
Drittens müssen sich neben die Eigentumsrechte zur Behütung der Schwächern Schutzrechte stellen. Dahin rechnen wir

z. B. Verbot der Industriearbeit der Ehefrauen und Kinder, des zu langen Arbeitens, der Sonntagsbeschäftigung u.s.w.
Ob mit dem Verfolgen dieser drei Richtungen der befriedigende sozialistische Zustand bereits erreicht werden wird, ist mit theoretischen Erwägungen nicht abzumachen. Welche Riesenaufgaben aber in diesen drei Richtungen noch vor uns liegen, braucht kaum hervorgehoben zu werden.

Die Zukunft der innern Mission. In: Die christliche Welt 1888, S. 421 f.

Dieser künftige sozialistische Staat sollte jedoch, so legte Naumann im »Arbeiterkatechismus« dar, das Deutsche Reich und die Institution des Kaisertums nicht in Frage stellen. Den internationalen Zielen der Sozialdemokratie setzte er seinen Aufruf zur Bildung einer patriotisch gesinnten, christlichen Arbeiterbewegung entgegen. Ein soziales Kaisertum sollte an der Spitze des neuen Staates stehen. So schließt der »Arbeiterkatechismus« mit den Versen:

Der Arbeitersache gilt unsere Müh',
Von Kaiser und Reich wir weichen nie,
Vor dem ewigen Gott wir beugen die Knie!

Von Anfang an arbeitete Naumann mit im »Evangelisch-sozialen Kongreß«; hier nahm er später eine führende Rolle ein. Den Maßstab für das christlich-soziale Handeln der Gegenwart erblickte er anfangs im historischen Jesus:

Jesus war kein Nationalökonom, kannte keine Statistik, er denkt nicht an Gesetze, er politisiert nicht, aber er hat für das sittlich Unerträgliche die offensten Augen, die es je gegeben hat. Unerträglich aber ist seinem zarten und tiefen Gefühl das Nebeneinander von Überfluß und Mangel. Was heute tausend

Gewohnheitschristen ohne Grauen täglich ansehen können, daß Schwelgerei und Hunger in derselben Straße wohnen, das beunruhigte die Seele Jesu. Wenn es ihn nicht beunruhigt hätte, so würde er nicht immer wieder von reich und arm geredet haben, so hätte er nicht den Mann im Purpur und den Mann mit den Schwären zu einem ewigen Bilde vereinigt.

Jesus als Volksmann. 1894

Ab 1895 kündigte sich eine deutliche Wende in Naumanns Denken an. Um sozialpolitische Reformen durchsetzen zu können, gründete er 1896 eine Partei, den »National-sozialen Verein«. Sein Pfarramt gab er auf. Als Parteipolitiker wurde ihm die Vereinbarkeit von christlicher Ethik und Politik, von Nachfolge Jesu und »Eigengesetzlichkeit« des auf Macht angewiesenen Staates zum bedrängenden Problem. Naumanns christlich-soziales Jesusbild zerbrach; für sein gesellschaftliches Handeln wurden andere Maßstäbe wichtig. Die Geltung Jesu reduzierte er nun auf das persönliche Leben des einzelnen:

In dieser Welt gibt es für das Christentum im Grunde nur zwei Möglichkeiten. Entweder es erklärt: Der Jünger Jesu Christi kann mit den schaffenden und erwerbenden Tätigkeiten dieser Zeit nichts zu tun haben und wird Mönch, oder der Jünger Jesu Christi wird sich der Begrenztheit seines Christentums bewußt. Er sagt: ich will Christ sein, so viel und so gut es in dieser Welt möglich ist! ... immer ist es unsere Gebundenheit, unsere Unfreiheit, die wir beklagen... Wir rütteln an den Stäben unseres Gefängnisses – und drüben, im lichten Nebel der Vergangenheit, geht der freie Mann, Jesus von Nazareth, da geht die Persönlichkeit selber, der Traditionslose, Gesellschaftslose, Erwerbslose... An dieser ewigen Persönlichkeit richten wir uns auf.

Briefe über Religion, Nr. 19 und 27. Berlin 1903, S. 61 und 84f.

Naumann bejahte die Flottenrüstung des Deutschen Reiches und gab so machtpolitischen Erwägungen den Vorrang vor der Botschaft des Nazareners; damit erntete er Kritik auch in ihm sonst nahestehenden Kreisen, etwa im »Kirchlichen Anzeiger für Württemberg«. Selbst die Parole Wilhelms II.: »Pardon wird nicht gegeben, Gefangene werden nicht gemacht«, ausgegeben bei der Entsendung deutscher Truppen gegen die aufständischen »Boxer« in China (1900), rechtfertigte Naumann aus der Überlegung heraus, die Bewachung zahlreicher Gefangener mache das deutsche Expeditionskorps kampfunfähig.

Als der National-soziale Verein bei den Reichstagswahlen 1903 erfolglos blieb, schloß sich Naumann der linksliberalen »Freisinnigen Vereinigung« an. Nach dem Ersten Weltkrieg arbeitete er, als Mitglied der Nationalversammlung und des Verfassungsausschusses, mit an der Weimarer Reichsverfassung. Auch in Württemberg fand Naumann Anhänger, vor allem unter jungen Theologen, welche seine Zeitschrift »Die Hilfe« seit 1895 mit Begeisterung lasen. Der Stuttgarter Stadtpfarrer Theodor Traub und andere gründeten die dem Evangelisch-sozialen Kongreß nahestehende »Evangelisch-soziale Konferenz für Württemberg«; auf deren erster öffentlicher Versammlung am 2. Mai 1895 in Stuttgart hielt Naumann ein Referat. Als der Evangelisch-soziale Kongreß 1896 in Stuttgart tagte, forderte Naumann dort mehr Rechte für die Arbeiter:

Von den unruhigen Elementen im Volksleben sollte man aber

nicht sagen: Macht sie mit Gewalt stille! sondern: treibet sie nur recht in die Arbeit hinein. Es gebe kein besseres Mittel, einen Menschen zu einem ruhigen Staatsbürger zu machen, als wenn man ihn zur ernsten Mitarbeit berufe; so sei es ja auch in einem Verein, in einer Gemeinde. Dann forderte Naumann die volle Koalitionsfreiheit für die Arbeiter: sie müßten als selbständige, geschlossene Macht den Unternehmern gegenübertreten dürfen. Das patriarchalische Verhältnis wie zwischen Fürst und Volk, so zwischen Arbeitgeber und Arbeitnehmer sei nun einmal dahin, und darin sei die Weltgeschichte unbarmherzig: was einmal verwelkt ist, das bleibt verwelkt... Die Arbeiter sollen mitraten und mitthaten bei der Verwaltung der Fabriken und Unternehmungen. Sollen die Arbeiter aber diese Stellung wirklich ausfüllen können, so müssen sie für eine sorgfältige Berufsbildung sorgen, in welcher die älteren, erfahrenen Arbeiter Unterrichts- und Erziehungsarbeit an den jüngeren thun.

Evangelisches Kirchenblatt für Württemberg, 6. Juni 1896, S. 178

Paul Lechler

Nach abgeschlossener Kaufmannslehre und einem längeren Auslandsaufenthalt bei Großhandelsfirmen trat der 22jährige Stuttgarter Paul Lechler 1871 in die noch kleine väterliche Lackfabrik in (Stuttgart-)Feuerbach ein. Durch sein kaufmännisches Geschick wuchs der Betrieb rasch. 1875 verpflichtete er sich, den zehnten Teil des jährlichen Gewinns für Arme und Bedürftige zu verwenden. In einer »Damaskus-Stunde« wurde ihm drei Jahre später klar, daß die Fabrik seinem Verlangen nach Heilsgewißheit im Wege stand; er überließ sie, fast geschenkt, seinen Mitarbeitern.

Lechler stellte sich der Stadt Stuttgart als freiwilliger Armenpfleger zur Verfügung. Im Arbeiterviertel auf der Prag lernte er krasse wirtschaftliche und sittliche Not kennen. Diese Tätigkeit behielt er über 50 Jahre lang bei, auch während späterer ausgedehnter Unternehmungen. Bei Hausbesuchen hatte er Gelegenheit, mit Geld, aber auch mit persönlichen Gesprächen zu helfen.
1879 gründete Lechler eine neue Firma. Kurz darauf hatte er mit dem weltweiten Vertrieb eines Holzschutzmittels (Karbolineum) überraschende Erfolge; eine Handelsgesellschaft wurde gegründet. Auch mit der Produktion und dem Vertrieb weiterer chemischer und technischer Artikel entstanden wirtschaftlich gesunde Firmen.
Getreu seinem Wahlspruch: »Nur was du dem Himmel lebst, / Dir an Schätzen dort erstrebst, / Das ist Gewinn« zog Lechler aus seinen Erfahrungen als Armenpfleger weitreichende Konsequenzen. Er gründete ein Büro für unentgeltliche Arbeitsvermittlung in Stuttgart und einen »Verein zur Hilfe in außerordentlichen Notstandsfällen auf dem Lande«. Daneben setzte er sich für eine weitgehende Reform des Armenrechts ein, mit dem Ziel, die Armenfürsorge größeren Gebietsverbänden zu übertragen, weg von der kleinlichen und beschämenden Ortsarmenpflege:

Die Ortsarmenbehörde, welche in Armensachen Beschluß faßt, besteht aus dem Gemeinderat und dem Ortsgeistlichen... Zwar hat nach dem Wortlaut des Gesetzes der Ortsvorsteher die Pflicht, über den Zeitpunkt der Sitzung der Ortsarmenbehörde sich mit dem Ortsgeistlichen zu verständigen; aber gar oft werden die Verhandlungen über Armensachen der Gemeinderatsitzung angehängt und in dieser erledigt, so daß der Pfarrer nur noch den schon vollendeten Beschlüssen zuzustimmen hat. Daß dabei oft mehr die Auslagen und weniger die Interessen der Humanität in Betracht kommen, ist eine leidige Thatsache, welcher der Pfarrer vielfach machtlos gegenübersteht. Wo eben ausreichende Mittel fehlen, ist die Möglichkeit seiner Fürsprache zu Gunsten der Hilfsbedürftigen naturgemäß begrenzt...

Zur Fortbildung der öffentlichen Armenpflege. In: Zeitschrift für die gesamte Staatswissenschaft 58 (1901). Sonderdruck 1902, S. 9f., 25

1924, über zwei Jahrzehnte danach, wurde Lechlers Forderung in Württemberg erfüllt; man faßte das ganze Land zu einem einzigen Fürsorgeverband zusammen.
Noch weitreichender waren seine Bemühungen um den Bau gesunder und billiger Wohnungen. Angeregt durch Pastor Friedrich von Bodelschwinghs Siedlungsunternehmen für die Brüder von der Landstraße, forderte Lechler ein gesamtdeutsches soziales Wohnungswerk. Die Mittel dazu sollte der private Kapitalmarkt aufbringen, wobei der Staat eine Zinsgarantie für die auszugebenden Pfandbriefe zu übernehmen hatte. Sein Vorschlag erregte großes Aufsehen. 1899 legte er ihn dem Reichstag vor, unterstützt von Albert Schäffle, dem einstigen Tübinger Professor und österreichischen Handelsminister. Beistand leisteten später auch die Evangelischen Arbeitervereine, der Bodenreformer Adolf Damaschke und Friedrich Naumanns National-sozialer Verein. Die Gründe für sein Engagement legte Lechler 1892 dar:

Als das einzige Mittel, mit dem der religiöse und soziale Niedergang unseres Volkes aufgehalten werden kann, ist von den maßgebenden Seiten bei jeder Gelegenheit die Wiederaufrichtung und Pflege eines gesunden deutschen Familienlebens betont worden. Die materielle Grundlage dazu ist eine ausreichende, freundliche und gesunde Wohnung. Wie viele Unterlassungssünden nach dieser Richtung Staat und Gemeinde, Industrielle und Kapitalisten auf dem Gewissen haben, geht aus jeder Erörterung der Arbeiter-Wohnungsfrage zur Genüge hervor... An manchen Plätzen ist die Wohnungsnot nicht die Ausnahme, sondern die Regel, und welch' trauriges Bild wird entrollt, wenn aus einer deutschen Stadt berichtet wird: »Die meisten Arbeiterfamilien bewohnen in Summa nur eine Stube, in welcher geschlafen, gewohnt, gekocht, gegessen, gewaschen u.s.w. wird, und in welcher kleine und große Familienangehörige sich zusammendrängen. Z. B.: eine einfenstrige Stube wird im ganzen von 12 Personen dauernd bewohnt. Der Mann ist Schneider, die Frau Strohnäherin, beide arbeiten unermüdlich an dem einen Fenster; die 10 Kinder stehen im Alter von 1 bis 16 Jahren. Vorhanden sind nur 4 Bettstellen, es schlafen also in jedem Bette 3 Personen. Welche Luft im Winter, wo das Fenster nicht geöffnet werden kann, und welche sittliche Gefahren!«

Wohlfahrts-Einrichtungen über ganz Deutschland. Stuttgart 1892. S. 1. 15

Die Verwirklichung dieses Plans erlebte Lechler nicht mehr. Jedoch widmete er sich mit rastloser Energie weiteren Vorhaben: Seinem Armenpflegebezirk auf der Prag schenkte er 1889 ein Gemeindezentrum (Martinsgemeinde); in Freudenstadt betrieb er den Bau eines Erholungsheims für Diakonissen und des »Kurhauses Palmenwald«, das auch weniger Bemittelten Erholung bieten sollte. 1898 ließ eine Begegnung mit dem Missionsarzt Dr. Eugen Liebendörfer in Lechler den Plan reifen, die ärztliche Mission in den Missionsgebieten und den deutschen Kolonien zu fördern. Bald war der »Verein für ärztliche Mission in Stuttgart« gegründet, welcher die Arbeit der Basler Mission unterstützte. 1909 erreichte Lechler die Einrichtung eines »Instituts für ärztliche Mission« in Tübingen, das der tropenmedizinischen Ausbildung von Missionsärzten, Missionaren und Pflegekräften diente. Einige Jahre darauf gründete er, ebenfalls in Tübingen, eine Klinik für Tropenkranke (Paul-Lechler-Krankenhaus). 1910 umriß er im Berliner Reichskanzlerpalais die Bedeutung der ärztlichen Mission:

Ein unheilvoller Fatalismus verdunkelt [in den Missionsländern] Verstand und Sinne und lähmt den Willen, so daß er sich nicht aufschwingen kann zu einem überlegten Kampf gegen Krankheit und Seuchen. Ein unabweisbares Bedürfnis nach Missionsärzten liegt in allen deutschen Schutzgebieten vor. ...
Aber nicht bloß die Eingeborenen, sondern auch die Missionare mit ihren Angehörigen genießen die Segnungen der Arbeit des Missionsarztes... Nach einer vor kurzem erfolgten Zusammenstellung starben in den letzten achtzehn Jahren von 561 Missionaren, deren Todesursache man kennt, 349, das heißt 62 Prozent, an sogenannten verhütbaren Krankheiten. Die meisten von ihnen starben, ohne ihren Feind überhaupt zu kennen oder zu wissen, wie sie sich hätten vor ihm schützen sollen. Welcher Verlust für die Missionen und welcher Antrieb, schon in deren eigenem Interesse, zur Gründung von ärztlichen Stationen!...
Der Arzt, der an eine Missionsgesellschaft angegliedert ist, soll aber nicht bloß wissenschaftlich und praktisch tüchtig, taktvoll und aufopferungsvoll sein, er soll auch bei seiner Arbeit den Patienten die Kraft und den Segen des Christentums vor Augen führen. Daß die Notlage und die Widerstandslosigkeit der Kranken in zarter Weise zu berücksichtigen sind, ist dem Missionsarzt selbstverständlich; denn er weiß, daß seine Hilfe umsomehr Eindruck macht, je rücksichtsvoller

und selbstloser sie geleistet wird. In der Behandlung der Patienten wird kein Unterschied gemacht, gleichviel ob einer sich freundlich oder feindlich zum Christentum stellt.

Die ärztliche Mission und ihre Bedeutung für die kulturelle Entwickelung unserer Schutz-Gebiete. Berlin o.J., S. 10f.

Paul Lechler, der dynamische, weltoffene Kaufmann und Sozialreformer, behielt jedoch gegenüber seinen Mitarbeitern die patriarchalische Haltung bei, welche der damaligen Zeit entsprach. Berührungen mit der sich emanzipierenden Arbeiterschaft vermied er. Nicht dadurch ist er wegweisend geworden, wohl aber durch die praktische Bewährung seines christlichen Glaubens.

Äussere Mission und Kolonialismus

Während des 19. Jahrhunderts arbeitete die Basler Mission zuerst 20 Jahre lang im russischen Kaukasus, dann, nach einem kurzen Versuch in Liberia, seit 1828 an der Goldküste (Ghana). Weitere Missionsfelder waren seit 1834 Südindien, seit 1847 Südchina und seit 1886 Kamerun. Die Arbeit geschah also nicht nur wie in Kamerun in einer deutschen Kolonie, sondern wie in Ghana und in Indien auch im englischen Kolonialgebiet; dazu kam mit China ein dem Westen feindselig eingestelltes Land.

Als Versuch, zu einem Gesamtbild der kolonialen Verhältnisse im 19. Jahrhundert zu gelangen, sind Texte über die gesellschaftlich-politische Verantwortung der Christen, über die Einstellung zu nicht westlichen Kulturen und zum Themenkreis »Spiritualität, Berufung und Glaube« ausgewählt.

Die Württemberger im Dienst der Basler Mission verstanden

von ihrer ländlichen Herkunft aus ihre christliche Berufung sehr handfest. Sie hatten das Ziel, auf dem Boden Afrikas und Asiens christliche Gemeinschaften zu gründen. Das im Jahr 1855 in Ghana gegründete Christendorf Abokobi wurde von einem 1872 ankommenden Missionar etwas idealisierend beschrieben, es kann wie ein »afrikanisches Korntal« wirken:

Das Dörfchen Abokobi... bietet ungefähr 150 Christen ein trautes Heim. Kommt man von der Küste her an das Südende des Orts, so liegt die von Süd nach Nord sich hinziehende Hauptstraße der Christenansiedlung vor einem. Sie ist mit prächtigen Bäumen besetzt, deren breites Laubdach den sauberen Kiesweg überschattet... Der Hauptweg ist rechtwinkelig durchschnitten von drei ebenso breiten Nebenstraßen, die mit Fruchtbäumen Mango, Orangen und Limonen besetzt sind und deren Blüten und reifende Frucht dem Ankömmling ihr Aroma zuströmen...
Um den Mittelpunkt der Kirche und der Missionshäuser her gruppieren sich die zirka 30 sauberen Hüttenanwesen der Christen. Sie haben alle die nötigen Räume, denn hier gebricht es nicht an Raum... An der Hauptstraße hat ein Schmied und ein Schreiner seine offene Werkstatt aufgeschlagen, und es ist ein fröhliches Pinken und Hämmern am Tage zu hören. Zwar sind es nur einfache Erzeugnisse der Kunst in Eisen und Holz, die da geliefert werden, aber wer hätte nicht seine Freude am Schaffen der schwarzen Handwerker. An der Spitze des kleinen christlichen Gemeinwesens handhabt ein schwarzer Schultheiss, der »Dorfvater«, die bürgerliche Ordnung, während ein Kirchenrat mit den beiden Missionaren die inneren Angelegenheiten leitet und überwacht. Und betrittst du des Morgens früh das stille Dörfchen, so tönt dir, noch ehe der Morgen graut, aus der Kirche vielstimmiger Gesang entgegen. Da haben sich die christlichen Bewohner Abokobis

zum gemeinschaftlichen Morgensegen versammelt, ehe sie mit dem Buschmesser in der Hand und der Flinte auf der Schulter den Weg zur Pflanzung antreten. So hält man's Tag für Tag. Am Sonntagmorgen aber, wenn das Kirchenglöcklein ertönt, da wandern sie von allen Seiten zum Gotteshaus. Selbst aus den Nachbardörfern erscheinen einzelne Familien, darunter der alte Schmiedjakob und sein greiser Bruder, der blinde Moses mit seinem hohen Bambusstock, sorgsam geführt von einem Knaben. Ihr erster Gang ist zum Missionar, um diesen auf der schattigen Veranda seiner Wohnung zu begrüßen und einige Worte mit ihm und den Seinigen zu wechseln. Mit Eifer streifen sie, wie dies der Negeranstand verlangt, das wallende Umschlagtuch von der linken Schulter herunter und reichen jedem die nervige Rechte. Dann folgen sie dem Ruf der Glocke ins nahe Gotteshaus...

P. Steiner: Im Heim des afrikanischen Bauern. 2. Auflage. Stuttgart 1922, S. 26–29

Gemeinschaften zu gründen, in denen die Menschen täglich Gott loben und auf dem eigenen Land für den eigenen Unterhalt aufkommen, ist kein leichtes Unterfangen in der modernen Weltgeschichte, sei es in der Dritten Welt oder hier. Die Einstellung der Basler Mission zur Macht der westlichen Nationen in Afrika und Asien war daher Aufforderung und Mahnung zugleich; es galt, christliche Verantwortung in der Kolonialpolitik zu beachten.

So findet man Elias Schrenk, damals Basler Missionar auf der Goldküste und später Evangelist in Württemberg, im Jahr 1865 in London bei der Ausübung einer regelrechten politischen Tätigkeit. Er stand vor einem Ausschuß des Unterhauses, der darüber zu befinden hatte, ob England nicht besser die Goldküste aus finanziellen Gründen aufgeben sollte. Die

Aufgabe hätte aber politische Konsequenzen gehabt, die der Mission sehr abträglich gewesen wären. Schrenks Votum für das Unterhaus wurde in der Sprache der politischen und wirtschaftlichen Führungskreise Englands verfaßt. Es sagt aber vieles über das damalige evangelische-missionarische Verständnis des politischen Berufs unter Gott sowie in seinem Abriß der Arbeit der Basler Mission über die Ganzheitlichkeit des Missionsverständnisses. Der Missionar forderte die Kolonialmacht auf, christlich und verantwortlich zu handeln. Und er hatte keinen Zweifel, daß der Aufbau des Rohstoffhandels als bewußter Ersatz für Sklaverei ein Gebiet sei, wo Mission und Kolonialmacht an demselben Strang zogen:

[Ihr Land] verdankt seine bevorzugte Stellung unter den Völkern der Vorsehung Gottes. Als evangelisches Land hat es einen besondern göttlichen Auftrag unter den unzivilisierten Völkern erhalten. Dieser Auftrag muß notwendigerweise zum Eingreifen führen, nicht durch das Schwert, aber durch friedliche Anwendung moralischer und kommerzieller Überlegenheit. Würde Großbritannien seinem von der Vorsehung empfangenen Auftrag untreu, würde es sich selbst aufgeben. 300 Jahre lang haben die englische und andere europäische Nationen Afrika viel Böses zugefügt. Es ist nun insbesondere Englands Pflicht, den Schaden an diesem Lande wieder gutzumachen, dessen neue Ära mit dem Ende des amerikanischen Krieges beginnen wird.
Es wäre ein Unrecht, die Goldküste im gegenwärtigen Zustand der Unordnung, in dem sie sich seit dem Asantekrieg befindet, sich selbst zu überlassen. Die britische Regierung ist dafür verantwortlich, daß zwischen den Nachbarstämmen friedliche Beziehungen wiederhergestellt werden, ehe sie das Recht hat, ein Aufgeben des Protektorates auch nur zu erörtern...

Im östlichen Gebiet legten die Basler Missionare während zehn Jahren verschiedene Kaffeeplantagen mit rund 21000 Bäumen an, deren Ertrag von vorzüglicher Qualität zu sein scheint. Einige Eingeborene folgten ihrem Beispiel, und es ist zu hoffen, daß dieses Produkt für den Export bald eine wichtige Rolle spielen wird. Am nordöstlichen Ufer des Voltaflusses, im nominell unter britischer Herrschaft stehenden Krepeland, haben Kaufleute in Verbindung mit der Basler Mission seit mehreren Jahren die Bevölkerung ermuntert, Baumwolle zu pflanzen. Mit Erfolg, denn 1863 konnten sie ungefähr 24000 Pfund reine Baumwolle nach England exportieren, 1864 sogar 40242 Pfund. Das ist ein vielversprechender Anfang...

Vor 20 Jahren gab es an der Küste nicht viele Eingeborene, die lesen und schreiben konnten. Es bestand keine Literatur in einheimischen Sprachen. Die Zahl der Christen war klein, und die öffentliche Meinung wurde kaum durch das Licht des Christentums beeinflußt. Das hat sich seither geändert. Viele Eingeborene wissen heute zu unterscheiden zwischen einem unmoralischen Europäer und einem christlichen Charakter und verlangen von einem Europäer in dieser Hinsicht mehr als vor 20 Jahren. Sie beginnen die Bildung zu schätzen, und entlang der Küste können Tausende lesen und schreiben. Ein guter Anfang in Literatur in einheimischen Sprachen ist gemacht, und die Zahl der Christen nimmt jährlich zu...

Die Basler Missionsgesellschaft hat im östlichen Teil der Goldküste sieben Stationen, die sich ungefähr 100 Meilen weit ins Innere erstrecken und gegenwärtig von 45 europäischen Missionaren und Missionarinnen besetzt sind. Sie arbeitet unter vier Stämmen mit vier verschiedenen Sprachen, wovon die Missionare drei erlernt haben. Einer hat fast die ganze Bibel in die Accra-Sprache übersetzt, ein anderer das Neue Testament und verschiedene Teile des Alten in die Asantesprache. Schulbücher werden in zwei Sprachen gedruckt. In den Schulen wird sowohl die einheimische Sprache als auch Englisch unterrichtet. Vor 18 Monaten eröffnete die Basler Mission zwei Mittelschulen mit zusammen 26 Knaben. Die Ausbildung, die sie hier erhalten werden, wird sie befähigen, später eine Anstellung bei der Regierung oder Geschäftsleuten anzutreten. Mit großer Hoffnung blicken wir auf ein Seminar im Inland, wo eingeborne Missionare herangebildet werden. Alles in allem zählen wir in unsern Gemeinden 956 Christen. 610 Kinder und Erwachsene besuchen unsere Schulen. In Christiansborg und Accra eröffnete die Basler Mission im Laufe der letzten acht Jahre verschiedene Industrieschulen für Schmiede, Schlosser, Schreiner, Wagner und Schuhmacher, und wir hoffen, daß sich zwei dieser Werkstätten noch von diesem Jahre an selbst erhalten können. In den christlichen Eingeborenengemeinden schaffte die Basler Mission vor zwei Jahren Sklaverei und Pfändung ab. Kein Sklavenhalter gehört zur Gemeinde...

Ferner erstellten die Basler Missionare einen Fahrweg von Christiansborg aus etwa 35 Meilen weit ins Innere und würden ihn gerne weiterführen, wenn ihnen die Mittel dafür zur Verfügung stünden...

Christliche Zivilisation ist das Werk des Friedens, sie wird mächtig fortschreiten durch eine gerechte englische Verwaltung, die Kriege verhindert.

Ein wichtiges Dokument aus der Geschichte der Goldküste. Fritz Raaflaubs Übersetzung des ursprünglich englischen Memorandums von Elias Schrenk »What shall become of the Gold Coast?« Evangelisches Missionsmagazin 1958, S. 28–40

Am Ende des Jahrhunderts, als die Basler Mission ihre Arbeit in der deutschen Kolonie Kamerun aufbaute, stand sie wieder für wirtschaftlich selbständige christliche Dorfgemeinschaf-

ten und für den einheimischen Bauernstand ein – eine schwierige Stellung gegenüber der Politik der Plantagen- und Eisenbahngesellschaften, die das Land vereinnahmen und über die Bewohner als billige Taglöhner verfügen wollten. Aber die innere Kontinuität mit Schrenks Votum in London ist klar: Afrikaner sollten als Handelnde in Wirtschaftsbeziehungen wirken. Auch darf man hier vielleicht besondere schwäbische pietistische Werte spüren, die Hochschätzung der wirtschaftlichen Selbständigkeit der Familie und die Abneigung gegen derer Abhängigkeit.
Diese wichtige Episode in der Geschichte der Basler Mission wurde nach 1918 weitgehend vergessen, vor allem, weil die Missionsleitung in der deutschen Kolonialzeit sehr zurückhaltend war, wenn es darum ging, in der Öffentlichkeit Stellung gegen die Kolonialregierung in Kamerun zu beziehen; sie wirkte am liebsten hinter den Kulissen. In einem Brief an einen Abgeordneten des Deutschen Reichstags trug der Basler Missionsinspektor Oehler im Jahr 1905 seine Bedenken gegen die deutsche Kolonialpolitik vor:

Gestatten Sie mir, Ihnen im Blick auf die bevorstehenden Reichstagsverhandlungen über die Kameruneisenbahn einige Bedenken vorzulegen, die sich an die Absicht knüpfen, der die Bahn bauenden Gesellschaft große Landkonzessionen zu machen.
Wir kennen diese Dinge durch die Erfahrungen am Kamerunberg. Es ist vor allem ein Unrecht, das man den Eingeborenen dadurch tut, daß man das Land, auf dem sie wohnen, an europäische Spekulanten vergibt. Allerdings bestehen gesetzliche Verordnungen zur Wahrung eines für ihren Unterhalt genügenden Besitzstandes der Eingeborenen. Sie haben es aber nicht verhindert, daß man in der rücksichtslosesten Weise fast alles Land an den West- und Südabhängen des Kamerungebir-

ges den Eingeborenen genommen hat. Die Kolonialleitung in Berlin hat dann allerdings das Unrecht wieder gut zu machen gesucht und hat zur Wahrung der Rechte der Eingeborenen auch Missionare in die Landkommission berufen. Aber wer einen Einblick in die Verhältnisse hat, weiß, welch starke Einflüsse und Gegenwirkungen draußen sich geltend machen, um die besten Absichten der Kolonialleitung nicht zu voller Geltung kommen zu lassen...

Aber auch die friedliche Entwicklung der Kolonie wird durch solche Riesenkonzessionen in Frage gestellt. Will man nichts aus dem Aufstand in Südwestafrika lernen? Meint man, die Eingeborenen in Kamerun seien Lämmer? Begreift man nicht die furchtbare Erbitterung, die die Vergewaltigung bei ihnen hervorruft? Es liegen mir Berichte vor, die zeigen, daß man reichlich dafür gesorgt hat und noch sorgt, daß Zündstoff da ist. Will man ihn noch reichlicher anhäufen und fortmachen, bis es zur Explosion kommt? Weiß man nicht, daß man im Innern mit zahlreichen und kräftigen Stämmen zu tun hat? Und ist es kolonialwirtschaftlich richtig, die Großplantagenwirtschaft einseitig zu begünstigen? In demselben Maß, als das geschieht, wird die Erziehung eines freien Bauernstammes gehemmt. Welche Entwicklung hat in den letzten Jahren der Kakaobau auf der Goldküste genommen, ohne Plantagenbetrieb, einfach durch freie Bauern. Ein freier, selbständiger Bauernstand ist doch gewiß für eine Kolonie mehr wert als ein Proletariat von Plantagenkulis. Und die Gewinnung der Arbeiter für Plantagen, mit wie viel Übervorteilung, Vergewaltigung, Betrug, Mißhandlung der Eingeborenen ist sie verbunden...

Archiv der Basler Mission, E 2. 19,1

In einer Mission, wie sie die Basler Mission darstellt, befassen sich engagierte Christen mit ihrem Verhältnis zu Menschen, die ihr Leben in nichteuropäischen Kulturformen gestalten. Wie sich europäische Christen zu Kultur im allgemeinen und zu einzelnen uns fernstehenden Kulturen im Besonderen einstellen sollen, ist eine ungelöste Frage. Daß die alte Basler Mission andere Kulturen ablehnen konnte, belegt der Text eines unbekannten Verfassers, der in einer Missionszeitschrift als Kommentar zu einem der ersten Bilder, die die Zeitschrift aus China abdruckte, veröffentlicht wurde:

Das obenstehende Bild versetzt uns in eine Straße der großen chinesischen Stadt Kanton. Betrachtet man da die beiden Frauen rechts mit ihren Kindern und die zwei Männer links, die in eifrigem Gespräch ihre Straße ziehen, und den geschäftigen Händler in der Mitte mit den vor ihm stehenden Kunden, und über dies Alles die netten Häuser mit ihren Balkonen, Blumen, Laternen und aufgehängten Linnen – betrachtet man das Alles, so bekommt man den Eindruck von einem friedlichen, gesitteten und gebildeten Volksleben, wie man es nicht schöner selbst in der Christenheit treffen könnte. Allein hinter dieser freundlichen Außenseite liegt ein dunkler Abgrund von Sünde und Verderben. Denn die Chinesen sind bei aller feinen äußeren Bildung eben dennoch ein Heidenvolk mit einem ganz und gar heidnischen Sinn.
Als Israel drei Tage lang durch die wasserlose Wüste Sur gewandert war, da kamen sie an die schöne, prächtige Quelle von Mara. Was mag das für das halbverschmachtete Volk ein herrlicher, erquickender Anblick gewesen sein! Da lag ja das glänzende, klare Wasserbecken, umgeben von einem Saum saftigen Graswuchses und farbenreicher Blumen. Wie mag das dürstende Volk dahin geeilt sein, um mit vollen Zügen von dem klaren einladenden Quell zu trinken! »Aber sie konnten das Wasser zu Mara nicht trinken, denn es war bitter«, bitter trotz all seiner Schönheit und Lieblichkeit. Erst als

Mose ein vom Herren ihm gewiesenes Holz in die Quelle warf, erst da wurde das Wasser süß. Ist's nicht gerade so mit China? Dieses große menschenwimmelnde Reich bietet in seiner äußeren Erscheinung ein so überraschend schönes und wohlgeordnetes Bild dar, mit seiner Bildung, mit seinen Künsten und Gewerben, mit seinem civilisirten Volksleben, mit seinem feinen Anstand und seinen höflichen Sitten, daß man einen Eindruck erhält ähnlich dem, was Israel beim Anblick der Quelle von Mara mochte empfunden haben. Aber das Wasser ist bitter, sehr bitter, und ehe die Natur dieses Wassers durch das vom Herrn verordnete Holz des Lebens, d. h. das Evangelium, verändert und neu gemacht ist, kann es nicht süße werden. Ja, wie schwer es hält, bis dieses bittere Wasser selbst dann, wenn die Heilkraft des Evangeliums ihm nahe gebracht wird, ganz durchsüßt und erneuert ist, das kann ein Fernestehender kaum recht verstehen.

Der Evangelische Heidenbote. Dezember 1859, S. 101 f.

Die Einstellung der Mitarbeiter der Basler Mission zu den Kulturen, unter denen sie arbeiteten, war aber nicht völlig ablehnend. Berühmt sind sie in allen ihren Gebieten für ihre Sprachforschung und ihr Engagement für einheimische Sprachen, nicht zuletzt in Südindien, wo Hermann Gundert in Malayalam und Ferdinand Kittel in Kannada Wörterbücher und Grammatiken verfaßten, die bis heute Ehrfurcht unter einheimischen Gelehrten, Christen und Nicht-Christen, hervorrufen. Die Ausrichtung der missionarischen Spracharbeit kann uns allerdings überraschen wie diese kurze Absichtserklärung des Schorndorfer Missionars Christian Gottlieb Christaller an die Leser seiner Zeitschrift für Gemeinden in Afrika, die sich nicht mit einem heutigen Interesse für nichtwestliche Kulturen deckt. Christaller berichtet von einem Ein-

griff in die Sprache, damit sie als Mittel zur politischen Einheit zersplitterter Stämme sowie zur modernen Kommunikation dient:

... Die Twi sprechenden Menschen der Goldküste müssen ein christliches Volk werden, ... und ein sehr wirksames Hilfsmittel dazu ist, daß sie durch eine gemeinsame Buchsprache vereinigt werden. Wenn das Twi-Volk unter christlichen zivilisierten Völkern aufgenommen werden soll, muß seine Sprache gepflegt, entwickelt und verfeinert werden, so daß alles Wissenswerte von gebildeten Menschen in ihrer eigenen Sprache angemessen und passend ausgedrückt werden kann.

Christian Reporter for the Natives of the Gold Coast. Bd. 1 (1893), Nr. 5 & 6

Wenn wir fragen, wo sich das Zentrum der Basler Mission im 19. Jahrhundert befand, können wir das Missionshaus in Basel nennen, wo ein Inspektor das Werk leitete, 50 bis 100 »Zöglinge« sich auf die Missionarslaufbahn vorbereiteten und das Basler Komitee jede Woche zusammenkam, um die sich aus den Briefen aus Übersee ergebenden Fragen zu beraten.

Wir können aber auch auf ein anderes Herz der Basler Mission hinweisen, auf die Spiritualität und auf den Glauben der Überseemitarbeiter und -mitarbeiterinnen, die die Reise in eine ihnen unbekannte und auf jeden Fall gefährliche Welt als Boten des Evangeliums unternahmen. Dabei mußten sie auf die Hoffnung einer Rückkehr »nach Hause« verzichten: ihr Dienst war prinzipiell lebenslang. Was sie trug, war ihr Glaube an ihre Berufung durch Gott in die Mission, eine Berufung, die sie schon zu Hause vor einer Meldung zum Missionsdienst unter den Stundenleuten spüren und prüfen muß-

ten. Einer von ihnen schrieb 1862 in einem gar nicht untypischen Bericht nach Basel:

Mit blutendem und zerrissenem Herzen habe ich Ihnen mitzutheilen, daß der Herr ein drittes Opfer von mir verlangt hat. Er nahm unser Schmerzenskindlein Johanna Maria, das mir meine theure Selige als theuerstes Kleinod hinterlassen hatte und das ich mit doppelter Liebe liebte, am 14. Juli wieder zu sich. Es starb an Krämpfen und wurde am 15. Abends 5 Uhr neben den sterblichen Überresten seiner Mutter beerdigt. Das letzte Vierteljahr ist das schwerste in meinem Leben gewesen...

Drei Gräber habe ich nun in Odumase, in denen die sterblichen Überreste meiner Liebsten auf Erden ruhen, bis sie auferstehen werden in Herrlichkeit. Vier Palmen überschatten die drei Grabhügel. Die Mutter ruht in der Mitte, zu beiden Seiten unsere Kinder. Sie sind daheim bei dem Herrn; ich aber bin noch hier unten und stehe einsam und verlassen da. Mein Herz blutet und ist zerrissen. Ich schreie zu Gott; wenn Er mir nicht hilft, so muß ich untergehen. Er aber hilft mir; Er hat mir geholfen und wird mir ferner helfen; und wenn Berge weichen und Hügel brechen, so weicht doch Seine Gnade nicht von mir, und Sein Friedensbund kann nicht gebrochen werden. Von dieser Seiner Gnade und Seinem Friedensbund will ich nun zeugen in [diesem Land] Krobo, wo meine Liebsten auf Erden ruhen und wo mein liebstes Plätzlein auf Erden ist. Meine theure Selige mag nun in jener Welt unter dem Krobo-Völklein [dort] arbeiten, während ich es hier unten thue, bis auch ich bei dem Herrn sein werde...

Der Evangelische Heidenbote. Dezember 1862, S. 123f.: Quartalbericht vom Gerlinger Missionar Jakob Heck in Odumase im Gebiet Krobo/Ghana vom 29. Juli. Heck selbst starb vier Jahre später.

Wir neigen oft dazu, nur die europäische Seite der Missionsgeschichte zu sehen. Dagegen zeigt ein vom Gerlinger Missionar Johannes Zimmermann für einen ghanaischen König verfaßter Nekrolog (es handelt sich um Nene Odonkor Azzu von Manya Krobo, der am 26. September 1867 starb) etwas von der menschlichen Größe, die einem Missionar in Afrika begegnen konnte, und etwas von der Ernsthaftigkeit des Dialogs, der über dem Wort Gottes entstehen konnte.
Der König zog sich dreimal vom Taufunterricht zurück, weil seine volle Anerkennung der christlichen Ethik die Einheit seines Volkes gefährdet hätte. Der Tonfall, in dem der Missionar darüber berichtet, zeigt jedoch, wie viel Achtung der Gegebenheiten des afrikanischen Lebens es unter Missionaren geben konnte:

Der Herr hat... in unserem Krobo-Volk und auch in der Krobo-Mission einen großen Riß gerissen und am 26. September abends 5 Uhr unseren lieben alten König unerwartet schnell und nach nur 4tägiger Krankheit, obwohl in Frieden und bei vollem Bewußtsein, weggenommen. Er starb, wie er gelebt, still, friedlich, gefaßt, aber – unentschieden... Er war ein Fürst, weis und gut wie keiner in Westafrika!... [Ihm kam, der] schon vor seiner Bekanntschaft mit dem Christenthum an natürlicher Erleuchtung, Weisheit, Mäßigung, Frieden, Ruhe etc. seinem Geschlecht voran war, keiner gleich. So wurden die Missionare noch von keinem aufgenommen, gehegt, gepflegt, geliebt und behandelt...
Als wir vor 12 Jahren das erste Mal zum Umschauen nach einem Platz für eine neue Station hieher kamen, nahm er uns nicht nur mit seinem Volk auf wie Engel Gottes, sondern gab uns Unbekannten auch sofort seinen Sohn (Christian) Tei mit, der noch im selben Jahr der Erstling der Krobo-Mission wurde. Ihm folgten im nächsten seine [zwei] schon erwachse-

nen Brüder... Seit wir hier sind, war der König unser Freund, Beschützer, und wir genossen Frieden.
Aber er blieb unentschieden: dreimal war er unter den Taufkandidaten und sollte in derselben Woche auch getauft werden, und dreimal ging er zurück, ohne einen anderen Grund anzugeben als: »Ich will noch ein wenig warten.« Er war ein fleißiger Besucher des Gottesdienstes, ein aufmerksamer Zuhörer, er dachte viel über das Wort Gottes nach, er hatte große Erkenntniss, er folgte ihm in vielem, er betete viel. Er förderte das Reich Gottes, ermahnte andere zum Kommen zum Gottesdienst, hielt in Osuer Fort [in Accra], wo er $^{1}/_{2}$ Jahr als Staatsgefangenen saß, Morgen- und Abendandachten. Er war treu, auch wo es ihm schwer gemacht wurde, z. B. gegen verbündeten Fürsten (besonders die englische Regierung). Er entschied oft im Gericht nach dem Wort Gottes, nach Recht und Gerechtigkeit. Er war barmherzig und mild und gut oft bis zum Übermaß und zur Schwäche etc., aber er entschied sich nicht...
Freilich war er ein afrikanischer Fürst von 60–70 Jahren, ehe er mit dem Wort Gottes bekannt wurde, und hatte von Heiden und Christen, Schwarzen und Weißen, Nahen und Fernen mit furchtbaren Hindernissen zu kämpfen. »Er ist einem gerechten Richter in die Hände gefallen, der Niemand unrecht tut!« Das genügt uns.

Quartalbericht von Johannes Zimmermann, 1. Oktober 1867. Archiv der Basler Mission, Sign. D-1.19b. Odumase 15

Die Entfaltung des kirchlichen Lebens in Vereinen und durch den Kirchengemeinderat

Nach den Erschütterungen der versuchten Revolution in den Jahren 1848/1849 ist der Aufbruch der Erweckungsbewegung zum Erliegen gekommen. Es war deutlich geworden, daß die Kirche noch für eine nicht absehbare Zeit auf dieser Welt sich einzurichten hat. So ging man daran, durch kirchliche Zusammenschlüsse und Vereine Organe auszubilden, in denen die Kirche sich ihrer Aufgabe bewußt werden und mit denen sie in die säkular werdende Gesellschaft wirken konnte. Die Trennung der kirchlichen Gemeinde von der bürgerlichen und die Schaffung des Kirchengemeinderats im Jahr 1887 bezeichnen einen vorläufigen Abschluß dieser Entwicklung.

Der Altpietistische Gemeinschaftsverband

Als erste der kirchlichen Gruppen fanden die Altpietisten zu einem Zusammenschluß auf Landesebene. Am 17. März 1857 traf sich in Stuttgart ein Kreis von etwa 70 Brüdern zu einer Landeskonferenz, die sich das Ziel setzte, »zur Stärkung der Gemeinschaften alter Richtung zusammenzuwirken«, »aus dem unerschöpflichen Schatz des Wortes Gottes etwas zu bringen zur Erfrischung, zur Stärkung im Glauben, zur Erneuerung in der Liebe, zur Belebung der Hoffnung, zur Selbstprüfung, zum Ansporn, der Heiligung nachzujagen, und zur Warnung bei den bedenklichen Zeichen der Zeit«:

...Wir halten fest an dem einzigen Grund der Schriftlehre unter Anschluß an die evangelischen Bekenntnisse. Wir glauben, daß die zugerechnete Gerechtigkeit das wahre Brautkleid der Heiligen ist, woraus die Heiligung hervorgehen muß, weil es der Wille Gottes ist, daß die Gläubigen in einem Stande guter Werke erfunden werden. Unser Hoffnungsziel ist das Jerusalem, das droben ist, wiewohl wir darauf warten, daß der Herr Jesus sein Friedensreich auch auf Erden aufrichten wird. Wir begehren in einer brüderlichen Gemeinschaft mit allen denen zu stehen, die Jesum Christum lieb haben; wo wir uns aber in engerem Anschluß verbinden, da verlangen wir unter keiner menschlichen Autorität zu stehen, sondern setzen als Grund unserer brüderlichen Vereinigung Lauterkeit, Einigkeit, Freiheit. Wir halten es für wünschenswert, daß die an einem Ort verbundenen Seelen auch mit den Gemeinschaften anderer Orte einen geordneten regelmäßigen Zusammenhang haben zu gegenseitigem Segen, ohne der Menschen Knechte zu werden. Wir wollen nicht etwa die Gemeinschaften unter die Pfarrer stellen, weil es bekanntlich auch unbekehrte Pfarrer gibt und weil auch die besten sterben oder mit der Zeit weggerückt werden, daher die Gemeinschaft in ihrem Dasein oder Nichtdasein unabhängig sein muß. Wir wollen nicht polemisieren, auch nicht zentralisieren, aber die Brüder stärken und die Gemeinden stärken.

Berufen zur Gemeinschaft. 125 Jahre Altpietistischer Gemeinschaftsverband. Stuttgart 1983, S. 65–67

Es wurde ein Ausschuß gebildet, der ab 1858 die »Erbaulichen Mitteilungen« herausgab. 1889 nahmen die Gemeinschaften eine feste Ordnung an für ihren Zusammenschluß als Altpietistischer Gemeinschaftsverband, der sich wiederum dem 1888 gegründeten Gnadauer Verband für Evangelisation und Gemeinschaftspflege anschloß. Rektor Christian Dietrich, die treibende Kraft beim Zusammenschluß der Gemeinschaften, schrieb 1887 über deren Aufgabe:

Ich sah den Abfall von Gott und Christus ringsumher wuchern, sah den Unglauben frech sein Haupt heben und sein allezeit großes Maul aufreißen, sah unsere Jugend ohne Halt dem Verderben entgegenstürmen, unsere Schulen sich an den Weltgeist ausliefern, unsere Theologen zweifeln an den Grundwahrheiten des Evangeliums, unsere Kirche in ihren Wurzeln benagt und unser Volk aus tausend Wunden blutend. Da brauchen wir eine intensivere Seelsorge. Die Verkündigung muß zur Buße und zum Glauben rufen. Unsere Gemeinschaften müssen gestärkt werden durch liebevolles Zusammenarbeiten von Geistlichen und Laien. Die Evangelisation braucht neue Belebung.

Berufen zur Gemeinschaft. 125 Jahre Altpietistischer Gemeinschaftsverband. Stuttgart 1983, S. 76

Im Altpietistischen Gemeinschaftsverband sind heute über 600 Gemeinschaften mit etwa 1000 Gliedern verbunden; er erstreckt sich über ganz Württemberg und das Allgäu.

Der Christliche Verein Junger Männer

Aus der Erweckungsbewegung wuchsen in den Jahren nach 1820 in Stuttgart verschiedene Kreise junger Erwachsener heraus; Handwerksgesellen, Bedienstete, Soldaten und Gymnasiasten kamen zur Bibelarbeit zusammen und besuchten gemeinsam den Gottesdienst. Eine zentrale Stellung nahm auch dabei Ludwig Hofacker ein:

Er hütete sich dabei vor einseitiger Einwirkung auf das jugendliche Gefühl, ermahnte sie aber vor allem zu redlicher Selbstprüfung vor dem Herrn, zu ernstem, kindlichem Gebet um seinen heiligen Geist und besonders zu fleißiger, ungekünstelter Betrachtung der Schrift.

Unter Jugend und Männerwelt einer Großstadt. Festschrift über 50jähriges Wirken des Christlichen Vereins junger Männer Stuttgart. Stuttgart 1911, S. 5

Angeregt durch die Jünglingsvereine im Rheinland und in Wuppertal kam es 1861 zur Gründung eines Vereins in Stuttgart, der im Haus der Evang. Gesellschaft auch Vorträge veranstaltete und die ersten Anfänge für ein Wohnheim schuf. Im Jahr 1885 wurde ein Vereinssekretär angestellt, 1889 konnte das Vereinsgasthaus »Herzog Christoph« eingeweiht werden, ein Jahr später nahm man den Namen »Christlicher Verein junger Männer« an. Im Land und in Stuttgart wurden ähnliche Vereine, Zweigvereine und besondere Jugendabteilungen gegründet. Schließlich konnte im Jahr 1903 das Neue Vereinshaus in der Stuttgarter Furtbachstraße eingeweiht werden.
Die Notwendigkeit der Arbeit mit den jungen Männern und eines eigenen Heims ist in einem Aufruf geschildert, der zwar die Betreuung Neuzugezogener in den Vordergrund stellt, aber doch grundsätzlich für die gesamte Arbeit gilt:

Warum müssen wir uns der jungen Männer annehmen?

Jahraus jahrein kommen Hunderte junger Leute hierher gezogen, unerfahren und fremd, ohne Anschluß und Beratung. Wer nimmt sich ihrer an? Das städtische Leben und Treiben übt einen starken Zauber auf den Jüngling, der, eben der elterlichen Zucht ledig geworden, nun neugierig in die ihm fremde Stadt hineintritt, entweder schüchtern und unbestimmt oder mit dem stürmischen Jugendmut, der das Leben genießen will. An zweifelhaften Freunden, an verführerischen

Einladungen zu Vergnügungen jeglicher Art fehlt es nicht, und unversehens ist die abschüssige Bahn betreten! Wie schnell lockern sich dann die Begriffe von Ordnung, Zucht und frommer Sitte! Wie schwinden mehr und mehr Arbeitslust und Tüchtigkeit, Zuverlässigkeit und selbst strenge Ehrenhaftigkeit, und wie bald ist einer untergegangen im Strudel des städtischen Lebens!

Wer bietet da dem fremden, unerfahrenen jungen Mann die Bruderhand und steht ihm bei mit Rat und Tat in aufopfernder, liebreicher und selbstloser Weise? Wo findet er Anschluß an gutgesinnte christliche Altersgenossen? Wo öffnet sich ihm als Ersatz fürs Elternhaus ein freundliches Heim, da er stets willkommen ist, da er ohne den leidigen Wirtshaus-Getränkezwang seine freie Zeit verbringen und Erbauung, Unterhaltung, Belehrung, Freundschaft und edle Geselligkeit finden kann?

Es ist der *Christliche Verein Junger Männer*, der sich die Erfüllung dieser wichtigsten Aufgaben zur besonderen Pflicht gemacht hat. Schon lange hat er nach dieser Richtung in reichem Segen wirken dürfen, und die Zahl der Fälle ist wahrlich nicht klein, die mit inneren und äußeren Anliegen das Jahr über seinem Vorstand, den Vereinssekretären mit der Bitte um Beratung und Hilfeleistung vorgetragen werden. Was getan werden kann, geschieht dann auch selbstverständlich. Aber wie viel leichter und sicherer ist die Bewahrung auf dem rechten Wege, als die Zurückleitung eines Abgeirrten!

Mit dem Wachstum unserer Stadt geht nun auch die Ausdehnung des Vereins und seiner Aufgaben Hand in Hand, und wenn das Werk nicht zurückgedrängt werden soll, muß der Verein über genügend große, einladende Räume verfügen können, die in ihrer freundlichen Behaglichkeit schon an sich eine Anziehungskraft ausüben und nicht hinter dem zurückstehen, was dem jungen Mann anderweitig geboten wird. Solche Räume können aber nicht mehr gemietet, sondern nur in einem eigenen Vereinshaus den Bedürfnissen entsprechend eingerichtet werden...

Unter Jugend und Männerwelt einer Großstadt. Festschrift über 50jähriges Wirken des Christlichen Vereins junger Männer Stuttgart. Stuttgart 1911, S. 92–94

So, wie die Pfarrer der Landeskirche sich 1892 zum Evang. Pfarrverein zusammenschlossen, bejahten sie auch die Bildung der anderen kirchlichen Vereine und waren zur Mitarbeit bereit:

Die Jünglingsvereine wollen den Grundstock von Männern heranbilden, den wir für unser Gemeindeleben brauchen, soll dasselbe anders kräftig werden und mehr sein als eine bescheidene, zu 75% oder mehr aus Frauen bestehende kirchliche Zuhörerschaft. Wir müssen nicht bloß einen gediegenen Nachwuchs haben, aus dem richtige, kirchlich fühlende, arbeitsfreudige Kirchengemeinderäte erwählt werden können; das christliche Vereinsleben, das nun einmal überall, eine notgedrungene Forderung der Zeit, vorhanden ist, erheischt mitarbeitende Männer...
In Stuttgart stehen gegenwärtig 7–800 junge Leute in der bewahrenden, sammelnden, erziehenden Arbeit des Jünglingsvereins. Besuchen wir den wichtigsten der sieben Stuttgarter Zweigvereine, den »Chr. Verein junger Männer« im Herzog Christoph, sehen wir nur sein Wochenprogramm durch, wir finden eine Mannigfaltigkeit der Arbeit, die uns in Staunen setzt. Da ist alles, was jungen Leuten frommt und was ein junges Blut suchen darf: Gelegenheit zu Spiel im Saal und im Freien, Turnen, gemeinsame Ausflüge, Stellenvermittlung, Wohnungsnachweis, Kost und Wohnung im Hause, Unterrichtskurse, Sparkasse, Krankenkasse und doch – das lehrt

jede Wand der schön und wohnlich eingerichteten Vereinslokale und lehrt jeder Abend des Vereinslebens – wohl wirds dem jungen Mann hier nur werden, wenn der christliche Geist, der alles durchzieht und beherrscht, wenn das kirchliche Erziehungsziel, dem zu lieb alles da ist, seine Billigung findet, sein Herz gewinnt.

Das erste, über das man einig werden muß, ist das: Die *Bibelstunde* allein bildet den Rückgrat eines Jünglingsvereins, sie allein hält die Leute zusammen. Da und dort hat ein jüngerer Amtsbruder das Religiöse nur als Ornament, als verschämte Ein- und Ausleitung zur Unterhaltung hereingenommen. Damit kommt man auf den Sand... Das zweite kommt aber gleich daneben: das Vereinsleben muß eine Reihe im guten Sinne *weltlicher* Bestrebungen enthalten, alles, was der Jugend von Rechtswegen gebührt, was zur Erholung, Unterhaltung, Belehrung dient; alles dienstbar gemacht dem christlichen Geist, welchen die Bibelstunde pflegt. Das dritte ist: *Mitarbeit*.

Der Pfarrer nehme sich des Jünglingsvereins an *um der Gemeinde willen*... Wer im Jünglingsverein gewesen ist, kann und soll mit seiner Verheiratung nicht im großen Meer passiver Gemeindeglieder untertauchen. Dem einen entspricht nachher der intimere, Erbauung pflegende Kreis eines Männervereins eher, der andere fügt sich lieber in die evangelisch-sozialen Gebilde der Neuzeit ein. Der Konventikel wird von dem »moderneren« d. h. der Not der Zeit angepaßten Verein abgelöst...

Kirchlicher Anzeiger für Württemberg, 8. 9. 1892

Der Gustav-Adolf-Verein

Nach einer vorbereitenden Versammlung in Leipzig im Jahr 1842 wurde ein Jahr später in Frankfurt der deutsche Gustav-Adolf-Verein gegründet. Ziel war die Unterstützung der kleinen, meist armen evangelischen Gemeinden, die in einer mehrheitlich katholischen Umgebung lebten, durch den Bau von Kirchen, Pfarrhäusern, Schulen und Anstalten. Die Arbeit erstreckte sich in Europa auf Italien, Spanien, Frankreich, Belgien, die katholischen Gebiete Deutschlands, auf die österreichisch-ungarische Monarchie bis Kroatien und Galizien, aber auch auf Nordafrika und auf die deutschen Kolonisten in Brasilien.

In Württemberg bildete sich im Jahr 1843 ebenfalls ein Gustav-Adolf-Verein, dem örtliche Vereine, Frauenvereine und ein akademischer Verein angeschlossen waren. Das Hauptfest des württembergischen Vereins, das seit der Gründung bis heute jährlich stattfindet, zeigt etwas von der erfinderischen Liebe, die der Gustav-Adolf-Verein bei den Gliedern der Landeskirche weckte.

Über die Unterstützung der evangelischen Gemeinden in Goisern, Hallstadt und Gosau im Salzkammergut konnte den Mitgliedern des württembergischen Vereins berichtet werden:

In Goisern betrug die Seelenzahl bis zum Jahre 1865 3000 Seelen. In Folge von Auswanderungen nach Amerika ist die Seelenzahl auf 2919 gefallen.

Die Gemeinde sammelte sich um den Mittelpunkt Goisern, dem schönsten Thale im Salzkammergute. 34 Ortschaften, wozu auch Ischl gehört, zählen zu der Gemeinde. Die stattliche, einfach gebaute Kirche ist geräumig... In der Nähe der Kirche befinden sich rechts das Pfarrhaus und links das Schulhaus. Ein zweites Schulhaus steht in St. Agatha, eine Stunde

Weges aufwärts im Thale; ein drittes befindet sich in Reiterndorf bei Ischl.

In der evangelischen Gemeinde Goisern in Oberösterreich besteht seit fünf Jahren eine Kleinkinderschule, die als Privatanstalt im evang. Pfarrhause errichtet wurde. Zu ihrer Gründung und Erhaltung hatte die Anstalt bis auf den heutigen Tag keine anderen Mittel als Liebesgaben, die alljährlich erbeten werden müssen, zu denen aber sowohl einzelne Glaubensgenossen (meistens außerhalb Österreich), als auch mehrere Gustav-Adolf-Frauenvereine freudig ihren Theil beisteuern.

Diese Kleinkinderschule wurde gegründet, weil von den vielen noch nicht schulpflichtigen Kindern der 2920 Seelen zählenden Gemeinde ein großer Theil – besonders während der Sommermonate – ohne Aufsicht und Pflege blieb und die Folgen dieser Verwahrlosung oft recht sichtlich zu erkennen waren. Diesen Kindern namentlich sollte die Anstalt Aufsicht und Pflege bieten und sie sollten hier in den Stand gesetzt werden, später als lernfähige Schüler in die Volksschule eintreten zu können...

Da nun aber der Raum im Pfarrhause zur Unterbringung von 50 Kindern schon sehr beschränkt ist und für eine Handarbeitsschule kein passendes Zimmer mehr geschafft werden könnte, so stehen wir im Begriffe, ein Grundstück als Eigenthum der Kleinkinderschule anzukaufen, welches hinter dem Pfarrhause liegt und sich sehr gut dazu eignen wird...

Der Zweck der Handarbeitsschule ist der: die Mädchen im Stricken, Flicken und Nähen geschickt zu machen, sie in der evangel. Erkenntniß, so weit uns zukommt, zu fördern, und sie so an uns zu ziehen, daß wir mit Gottes Hilfe vielleicht in ihren Jugendjahren noch Einfluß auf ihre Herzen behalten, und sie in allem, was keusch, ehrbar und züchtig ist, stärken und befestigen können...

Die evang. Kirche dort hat keine Kirchengüter, sie hat keinen hohen Adel, der ihr seine Güter zur Verwendung anbietet; die evang. Gemeinden stehen dort einzig auf dem Grunde der gegenseitigen, herzlichen, brüderlichen Liebe, sie wissen: »So Ein Glied leidet, so leiden alle Glieder mit, und so Ein Glied wird herrlich gehalten, so freuen sich alle Glieder mit.«

Mitteilungen aus dem Gebiet des Gustav-Adolf-Vereins Nr. 12/1868, S. 14–16; Nr. 13/1869, S. 11–13

Als besonderes Aufgabengebiet des württembergischen Gustav-Adolf-Vereins galt die Unterstützung der evangelischen Diasporagemeinden im Land selber:

Ohne Zweifel war es hohe Zeit, daß den Evangelischen jener Gegend [Oberschwaben] nicht blos ein Sammelpunkt gegeben war, an welchem sie regelmäßig, Sonntag um Sonntag die Verkündigung des göttlichen Wortes hören und von einem Diener des Evangeliums seelsorgerlich sich berathen lassen konnten, sondern noch mehr, daß den in weitem Umkreis von Wangen zerstreuten ev. Familien durch immer wiederkehrende Besuche ihres ev. Pfarrers zum Bewußtsein gebracht wurde, wir sind – obwohl in der Zerstreuung lebend – von unserer Mutterkirche nicht vergessen, nicht verlassen; sie denkt an uns, sie ruft uns zu sich und lädt uns ein zu ihren schönen Gottesdiensten, und wenn wir nicht kommen können, sei's daß der Weg zu weit oder daß wir zu arm, um in dem strengen Gebirgswinter 4–5 Stunden zu reisen, oder daß wir krank, so kommt sie zu uns in unsere Bauernhöfe mitten im Wald oder in unsere Gesindestuben; sie geht uns nach, sie sucht uns aus hunderten von katholischen Knechten und Mägden heraus, sie betet nicht allein für uns, nein, sie sorgt auch im Leiblichen für uns mit Aufopferung, sie hält uns zusammen und macht uns damit stark gegen so manchen Anlauf, dem wir Einzelne leicht unterliegen würden, und wenn die bösen Tage der Krankheit oder des Sterbens kommen, so sendet sie ihre Friedensboten und ihren Trost und läßt uns in des Lebens schwersten Stunden laben mit dem Erquickendsten für ein verlassenes, armes, evangelisches Kind in der Diaspora – mit Christi Leib und Blut – und wenn wir die Augen schließen, wenn das Grab uns deckt – sie pflanzt auf unseren Gräbern das Kreuz auf zum Zeichen, daß Christen hier ruhen, und verkündet über unserem Grabe zum Segen auch für Viele, die es noch nie gehört, das Wort von der Gerechtigkeit, die aus dem Glauben kommt ohne des Gesetzes Werk.

Otto Schmid-Sonneck: Die Evang. Diaspora Württembergs. Stuttgart 1879. S. 8f.

Der Verein für christliche Kunst

Der Verein für christliche Kunst bemühte sich in Württemberg um ein religiöses Verständnis der Kunst. Eine rein ästhetische Auffassung wurde abgelehnt, die Verbindung des Heiligen und Schönen betont; gleichzeitig sollte die Liebe zur altdeutschen Gotik wieder geweckt werden. Damit war die Grundlage gelegt für das Entstehen der neugotischen Kirchenbauten und für eine neue sakrale Kunst.
Über die Einbeziehung von Kunst im weitesten Sinn in den Gottesdienst und in das kirchliche Leben schrieb das »Christliche Kunstblatt«:

...Hier liegt der wesentliche innere Zusammenhang des Kultus mit der Kunst. Nichts im Gottesdienste darf sich freilich als bloße Kunstleistung geben. Der Gesang des Chors darf nicht den Charakter einer musikalischen Produktion tragen, der Bilderschmuck der Kirche darf nicht des ästhetischen Ge-

nusses wegen aufgestellt sein und das Kirchengebäude selbst darf nicht als stolzer Prachtbau prangen. Nichts kommt überhaupt im Gottesdienste zur Ausführung, weil es schön ist, sondern allein deßhalb, weil sich der Glaube der Gemeinde mit innerer Nothwendigkeit darin ausspricht...
Wo das Heilige die Form ganz durchwirkt, da wird auch diese von jenem verklärt. Und die innere Harmonie, welche in der friedevollen Liebesgemeinschaft der Seele mit ihrem Gott und Heiland waltet, die stellt sich von selbst hiemit zugleich als äußere Harmonie dar. Darin aber besteht eben das Wesen der Schönheit. Weil das Christlich-Heilige in sich selbst schön ist, muß auch seine wahre, vollkommene gottesdienstliche Darstellung das Gepräge der Schönheit tragen. Und hiebei ist das nicht zu übersehen, daß sich eben erst hiedurch wiederum das Leben des Heiligen in sich selbst vollendet. Denn das reine Ebenmaß in der äußeren Darstellung wirkt auch reinigend und fördernd auf das Innere zurück, indem es von der Seele das Falsche, Krankhafte, Excentrische, Disharmonische fern hält und sie zu dem gleichen Ebenmaße, zur gleichen heiligen Anmuth und Ruhe des Innern leitet.
So eng also ist das Schöne mit dem Heiligen verknüpft! Und da es nun der Beruf der Kunst ist, die Schönheit zu verwirklichen, so erhellt, wie die Äußerung des Heiligen, wie der Gottesdienst, wenn er seinem Wesen wahrhaft entspricht, nothwendig vom Walten und Wirken der Kunst begleitet sei. Ja, werden wir nicht annehmen dürfen, daß alle Künste in diesen Dienst des Kultus treten müssen, wie die bildende Kunst in allen ihren Zweigen, so auch die Dicht- und Tonkunst?

Christliches Kunstblatt 1865, S. 7 f.

Entsprechend dem Wachstum der städtischen Bevölkerung ergab sich nach der Mitte des Jahrhunderts die Aufgabe, in den neuen Stadtteilen Kirchen zu errichten. Über die Grundsteinlegung der Johanneskirche im Stuttgarter Westen schrieb das »Christliche Kunstblatt«:

Die St. Johanniskirche in Stuttgart

Am 30. October 1866 ist in zahlreicher Versammlung, in deren Mitte auch der König mit seiner in der Hauptstadt anwesenden Familie erschien, der Grundstein einer neuen Kirche gelegt worden.
Stuttgart, dessen Einwohnerzahl sich jetzt auf 65000, mit Einschluß der drei mit der Stadt vereinigten Weiler auf 70000 beläuft, worunter 50000 Evangelische sich befinden, besitzt seit dem fünfzehnten Jahrhundert nur drei große Kirchen, die Stifts-, die Hospital- und die St. Leonhardskirche, außerdem die von Herzog Christoph im Jahr 1560 erbaute, von König Karl im Jahr 1865 wiederhergestellte Schloßkapelle des Alten Schlosses, eine sehr beschränkte Garnisonskirche...
Solange Stuttgart kaum über 20000 Einwohner hatte, konnten die vorhandenen Kirchen ausreichen. Aber in den letzten Jahrzehnten eines überraschenden Zuwachses der städtischen Bevölkerung machte sich bei dem erfreulichen Sinn für kirchliche Sitte die Noth immer mehr geltend. Nicht lange nachdem im Jahr 1851 das presbyteriale Institut in der württembergischen Kirche zur Einführung gekommen war, fieng der Gesammtpfarrgemeinderath der Stadt an, freiwillige Beiträge zum Behufe der Erbauung einer vierten evangelischen Parochialkirche zu sammeln. Der Erfolg der Sammlung entsprach jedoch der in Aussicht genommenen großen Aufgabe nicht. Unter diesen Umständen trat im Jahr 1850 eine Anzahl von Bürgern und Beamten zu einem Vereine zusammen, der nicht bloß die Sammlung von Beiträgen, namentlich regelmäßig wiederkehrenden, unternahm, sondern dessen Zweck auch

sein sollte, die Erbauung der Kirche selbst in die Hand zu nehmen...

Um Entwerfung eines Bauprogramms war schon früher der Verein für christliche Kunst in der evangelischen Kirche Württembergs ersucht worden. Dieser Verein hatte bei Übermittelung des Programms zugleich auf den eines solchen Bauwerks würdigen Künstler, Oberbaurath Leins in Stuttgart, hingewiesen. Mit der Genehmigung des Programms erfolgte im März 1864 auch der Auftrag an den genannten Architecten und im Februar 1865 wurden die von demselben vorgelegten Risse gutgeheißen...

Christliches Kunstblatt 1867, S. 8–14

Die Evang.-kirchliche Vereinigung

Im Jahr 1895 bildete sich die Evang.-kirchliche Vereinigung als Zusammenschluß der Kreise, die in den theologischen Auseinandersetzungen das Festhalten am Bekenntnis der Kirche betonten. Während man bei der liberalen Theologie eine Preisgabe der biblischen Botschaft zugunsten eines sittlich-religiösen Lebens sah, wollte man selber beim alten Glauben der Christenheit bleiben. Der »Kirchliche Anzeiger für Württemberg« wurde von der Vereinigung als ihr Sprachrohr übernommen. Über die Ziele der Vereinigung und der Zeitschrift schrieb der Vorsitzende der Evang.-kirchlichen Vereinigung, Dekan Christian Römer in Nagold:

An unsere Leser!

... Mit dem aufrichtigsten und besten Willen ist in der Gegenwart die Absicht nicht durchzuführen, das Blatt einen

Sprechsaal sein zu lassen, in welchem die Schriftleitung bescheiden zurücktritt und jeder Stimme, wie sie kommt, das Wort überläßt: das hat die bisherige Redaktion erfahren und wir haben es mit erlebt. Sich offen gegeneinander aussprechen, ist gut. Aber dazu gehört zuallererst, daß wir es uns und einander offen gestehen: es bestehen innerhalb unserer Kirche in der Gegenwart fundamentale Unterschiede und Gegensätze, die wir tragen, aber nicht innerlich miteinander versöhnen können. Es ist verlorene Liebesmüh zu meinen, die Eintracht der Herzen werde dadurch gewahrt, daß jedem »Ja«, das heute gesprochen wird, ein entschiedenes »Nein« in der nächsten Nummer sich entgegensetzen dürfe.

Das »Ev. Kirchenblatt« wird hinfort seinen eigenen Standpunkt nehmen und wahren, ausgehend von der Überzeugung, daß es gilt, die in der hl. Schrift und den reformatorischen Bekenntnissen unserer Kirche geschenkte Wahrheit gerade in der Gegenwart hochzuhalten, wo viele sie gleichgültig wegwerfen, viele sie leidenschaftlich bekämpfen und viele wohlmeinend dran herumbessern. Wir aber, weil wir keinen Rat wissen, ohne diese Wahrheit getrost zu leben und selig zu sterben, wollen für sie eintreten und in unserem geringen Theil thun, was wir können, damit sie in unserer Kirche und durch diese unter unserem Volk erhalten bleibe...

Gerade in den brennendsten Fragen, der sozialen und der konfessionellen, ist eine klare Stellungnahme nicht möglich, ehe wir *darin* klar Stellung genommen haben: was haben wir nach dem Wortlaut des Neuen Testaments für die Gemeinde und für die Welt zu erwarten und zu thun? und: ist uns dieser Wortlaut oder ist nur der »Geist« des Neuen Testaments maßgebend für unser Leben und für die Beurteilung der Menschheitsgeschichte? An solchen Fragen scheiden sich die Geister, ob wir wollen oder nicht, mit innerer Notwendigkeit. Wir werden uns bemühen, durch Aufsätze, Berichte und

Übersichten über das, was unsre Zeit bewegt, zu orientieren...

Evang. Kirchenblatt für Württemberg 1896, S. 1f.

Die Statuten der Evang.-kirchlichen Vereinigung lauteten:

1. Die ernste Lage der evangel. Kirche, insbesondere auch unserer württemberg. Landeskirche, legt in der Gegenwart das Bedürfnis eines Zusammenschlusses Gleichgesinnter dringend nahe.

2. Die »Evangel.-kirchliche Vereinigung« sucht ihre Mitglieder zunächst unter den Geistlichen, behält aber im Auge, auch andere Glieder der Kirche zum Beitritt einzuladen.

3. Von den Mitgliedern wird vorausgesetzt, daß sie sich auf den Grund der göttlichen Offenbarung stellen, wie sie uns in der heiligen Schrift des Alten und des Neuen Testaments gegeben ist, und daß sie festhalten am Bekenntnis unserer Kirche, wie es grundlegend in der Augsburgischen Konfession ausgesprochen und wie es in Württemberg jedem Gemeindeglied aus Katechismus und Konfirmandenbüchlein bekannt ist. Im Mittelpunkt steht uns dabei das Bekenntnis zu Jesus Christus als dem ewigen Gottessohn, der um unsertwillen Mensch geworden, für uns gestorben und auferstanden ist und einst wiederkommen wird in seiner himmlischen Majestät zum Gericht.

4. Die »Evangel.-kirchliche Vereinigung« will dem brüderlichen Zusammenschluß und dadurch der Stärkung und Förderung im gemeinsamen Glauben und in christlicher Erkenntnis, zugleich aber auch dem offenen Zeugnis für die unserer Kirche anvertraute göttliche Heilswahrheit dienen. In den Fragen, die jeweilen unser evangelisches Volk und unsere Kir-

che bewegen, möchte sie brüderliche Besprechung und gegebenen Falls durch übereinstimmendes Handeln ermöglichen.

Evang. Kirchenblatt für Württemberg 1896, S. 118

Die Trennung der kirchlichen und bürgerlichen Gemeinde – Der Kirchengemeinderat

Durch das staatliche Gesetz vom 14. Juni 1887 erhielten die evangelischen und katholischen Gemeinden Württembergs die Anerkennung als Körperschaften des öffentlichen Rechts. Die Mitglieder des für die evangelischen Kirchengemeinden neugeschaffenen Kirchengemeinderats wurden als Vertretung der Gemeinde von den Gliedern der Kirche gewählt. Dem Kirchengemeinderat war vor allem die kirchliche Vermögensverwaltung aufgetragen, als Nachfolger des Pfarrgemeinderats hatte er aber auch kirchliche Aufgaben im engeren Sinn wahrzunehmen. Über die Notwendigkeiten, die zur Bildung des Kirchengemeinderats führten, und über die Folgen der Neuregelung schrieb der »Christenbote«:

... Solange Staat und Kirche so eng verbunden waren wie bisher, ganz besonders in Württemberg, war das alles ganz gut. Aber in einer Zeit, wo sie – man mag es beklagen oder begrüßen, leugnen kann's niemand und hindern noch weniger – so auseinandergehen wie gegenwärtig, muß die evangelische Kirche bedacht sein, möglichst auf eigenen Füßen stehen zu können. Da muß man von unten, von der einzelnen Gemeinde anfangen und ihr eine Vertretung schaffen, die es bloß mit kirchlichen Dingen zu thun hat. Daß aber die Vertreter der Gemeinde selber zur Mitarbeit herangezogen werden sollen, das ist eine Erkenntnis und eine Forderung, die durch die ganze evangelische Kirche hindurchgeht und überall in andern deutschen Landeskirchen schon länger durchgedrungen und erfüllt ist. Die *besonderen* Ursachen aber, die bei uns diese Änderung nötig gemacht haben, sind folgende. ... Wenn die kirchlichen Mittel nicht zureichten, hat die bürgerliche Gemeinde das Defizit gedeckt; dazu liegt nun nach neueren gerichtlichen Entscheidungen keine Verpflichtung mehr ob. Ein solches Defizit wurde mit den Gemeindeumlagen auf alle Einwohner umgelegt. Nun sind aber namentlich unsere Städte in konfessioneller Hinsicht immer gemischter geworden, und die Glieder einer Konfession können nicht für eine andere Kirche als für ihre eigene besteuert werden... Dieser Kirchengemeinderat wird also, nachdem das Vermögen der Kirche ausgeschieden worden, ihre freilich dann meist nicht mehr großen, oft unzulänglichen Mittel und Stiftungen verwalten, nötigenfalls Umlagen auf die Konfessionsmitglieder beschließen und die niederen Kirchendiener überwachen.

Der Christenbote 1887, S. 28 f.

Im Anschluß an das staatliche Gesetz übertrug dann das kirchliche Gesetz vom 29. Juli 1888 die bisher dem Pfarrgemeinderat zugewiesenen Aufgaben auf den Kirchengemeinderat. Die Trennung der kirchlichen und der bürgerlichen Gemeinde wurde zunächst in weiten Kreisen der Landeskirche mit Argwohn betrachtet. Zu diesen Bedenken schrieb das »Evang. Kirchenblatt für Württemberg«:

Es handelt sich darum, die evangelische Kirche aus einer sie im Innersten berührenden Zwangslage und unwürdigen Abhängigkeit mit der Zeit zu lösen. Auch heute noch ist es der Fall, daß Pharao das Volk Israel mit allem, was drum und dran, nicht gerne ziehen läßt; im Grunde will er sich nur scheiden, wo er sich beschränkt fühlt, aber herrschen, auch wo er sich scheidet. Auch heute und künftig mag es geschehen, daß das Volk selbst sich noch manchmal nach den Fleischtöpfen Ägyptens sehnen wird, denn der seitherige Stand hatte auch sein Bequemes. Doch ist die Scheidung auf geistlicher wie weltlicher Seite zu tief begründet, als daß es sich um mehr als um eine etwaige Verzögerung handeln könnte. Entschieden besser wird es aber jedenfalls nicht, wenn nicht zuvor ein regerer, aufrichtigerer evangelischer Geist und Trieb in der Masse sowohl als besonders auch in den höheren leitenden Ständen lebendig wird. Was da der Hirte nicht vermocht oder versäumt, das muß mitunter der Wolf thun. Vielleicht daß erst im Feuer größerer Not und mit Beihilfe des glaubensfeindlichen Anarchismus wie des glaubensfanatischen Ultramontanismus die Sprödigkeit der Geister bei uns zu schmelzen und all das Getrennte, Vielgeteilte zu einer rechten, opferwilligen Einmütigkeit zusammenzurinnen beginnt. Vielleicht daß die Kirche aus all den endlosen Nörgeleien und Drückereien nur frei wird, wenn sie, die Schranken der einzelnen Landeskirchen durchbrechend, zu einer selbstständigen evangelischen deutschen Kirche sich zusammenfügen lernt.

Evang. Kirchenblatt für Württemberg 1888, S. 52

Das staatliche Gesetz vom 14. Juni 1887 wurde im Jahr 1906 durch eine Neufassung ersetzt. Gleichzeitig erschien am 22. Juli 1906 das Evang. Kirchengemeindegesetz, das die Kirchengemeinde, ihre Organe und ihre Vermögensverwaltung, den Wirkungskreis des Kirchengemeinderats sowie das Aufsichtsrecht des Staates über die Kirchengemeinden behandelte.
Die anfänglichen Bedenken waren nun gewichen, man hatte sich in den neuen Verhältnissen zurechtgefunden. Der Kirchengemeinderat gewann ein immer größeres Gewicht.

In der zweiten Hälfte des 19. Jahrhunderts mehrten sich in der wissenschaftlichen Theologie die Stimmen derer, die eine Beschäftigung mit der empirisch faßbaren Geschichte des Christentums für geeignet hielten, um dessen »Wesen« neu und besser ans Licht zu bringen. Anders als der Dogmengeschichtler Ferdinand Christian Baur, der seine Forschungsergebnisse in den Rahmen der spekulativ gewonnenen Hegelschen Ideengeschichte spannte, ging Albrecht Ritschl allein vom »biblischen Stoff» aus, um auf empirischem Wege allgemeine Aussagen zu gewinnen. Sein Schüler Adolf Harnack hat diesen Weg eigenständig weiter beschritten. In seiner dreibändigen »Dogmengeschichte« (1886–1889) und Vorlesungen über das »Wesen des Christentums« (1900) wollte er die Zeitgebundenheit der Dogmen (Glaubenssätze), besonders der Trinitätslehre und der Lehre von göttlicher und menschlicher Natur Jesu, erweisen und so auf eine Überwindung des Dogmas hinarbeiten. Die Gottessohnschaft Jesu war für Harnack ein Produkt späterer Dogmenbildung, aber nicht Gegenstand von Jesu Verkündigung. Auch der Glaube der Jünger an den auferstandenen Herrn gründete sich nach Harnacks Meinung nicht auf eine wirkliche Auferweckung Jesu, sondern war nur Nachhall des überwältigenden Eindrucks, den die Gemeinschaft mit dem historischen Jesus bei ihnen hinterlassen hatte. Harnack warf Paulus vor, dieses Ostererlebnis zum Gegenstand einer besonderen Spekulation gemacht und damit der altkirchlichen Dogmenbildung vorgearbeitet zu haben, die zum Ende der brüderlichen Gemeinschaft und zur Verfolgung Tausender führte. Diese »traurige Geschichte« kann, so Harnack, nur beendet werden durch eine Besinnung auf das »Wesentliche« des Christentums, das er definierte als »etwas Hohes, Einfaches und auf einen *Punkt Bezogenes:*

Ewiges Leben mitten in der Zeit, in der Kraft und vor den Augen Gottes«. Harnacks gründliche Erforschung der historischen Quellen war mit dieser Vorentscheidung über das »Wesentliche« verbunden, die er selbst nicht kritisch hinterfragte. Im Zusammenhang mit der dogmenkritischen Tendenz dieser sogenannten »liberalen Theologie« stand der Streit um das Apostolische Glaubensbekenntnis, welcher sich in Württemberg 1891 an dem Verhalten des Leuzendorfer Pfarrers Christoph Schrempf entzündete. Nach jahrelangen inneren Kämpfen entschloß sich Schrempf, eine Taufe ohne das dabei vorgeschriebene Apostolikum zu vollziehen. Der vorgesetzten Kirchenbehörde legte er dar, daß seine Auffassung von den kirchlichen Symbolen (Bekenntnissen) und den darin enthaltenen Dogmen es ihm aus Gewissensgründen verbiete, das Apostolische Glaubensbekenntnis in seiner pfarramtlichen Praxis zu verwenden:

In den Symbolen sehe ich wichtige Äußerungen christlicher Überzeugung aus früheren Tagen, nicht aber Formeln und Normen für mein christliches Denken und Reden. Ich finde also nicht, daß ich sie oder an sie »glauben« müßte, verstehe aber wohl, daß ich mich ihrer Einwirkung gewissenhaft offen halten muß, wenn ich meine christliche Überzeugung sorgfältig ausbilden will...
Das sogenannte »apostolische Glaubensbekenntnis« kann ich nicht für einen vollständigen Ausdruck des Christentums halten, da die »Nachfolge« Christi, das praktische Lernen von Christus, in ihm gar nicht erwähnt ist. Andererseits enthält es – ein Bekenntnis, das nur die Elemente christlicher Überzeugung enthalten will – durchaus Überflüssiges und berührt Punkte, die nicht für das Grundverhältnis zu Christus, sondern nur für eine spätere Reflexion über Christus und das Heil in ihm in Betracht kommen können. So gehört dazu, daß

man zu Jesus in ein Jüngerverhältnis tritt, nicht eine bestimmte Anschauung über seine [Jesu] Entstehung und seine Erhöhung, über die Art, wie er für die schon Verstorbenen Bedeutung gewinnt [Höllenfahrt], über die Art, wie wir in das ewige Leben übergehen [Auferstehung des Fleisches]. Dies wird durch Jesu eigene Praxis bei der Berufung und Ausbildung seiner Jünger bewiesen. An allen diesen Punkten kann ich in dem apostolischen Glaubensbekenntnis auch nicht den Ausdruck meiner Überzeugung finden: daß Jesus empfangen sei vom heiligen Geist, zwischen Tod und Auferstehung in den Hades gefahren sei, gerade durch Wiederbelebung seines erstorbenen Leibes am dritten Tage und durch sichtbare Auffahrt in den Himmel erhöht worden sei, »von dannen« »wiederkommen« werde; daß »der Leib« (oder »das Fleisch«) auferstehen werde: das scheinen mir weder zu Glaubenssätzen taugliche noch vielleicht überhaupt richtige Vorstellungen zu sein.
... Es wäre ja für mich sehr angenehm, wenn ich »gläubiger« würde; dann wäre meine und meiner Familie Zukunft in einer für mich ganz angenehmen Weise nach menschlichem Ermessen gesichert. Daß mir aber eine Wendung zu »positiverer« Theologie eine ruhigere Zukunft gewährte, das macht mir eine solche gerade sittlich verdächtig und empfiehlt mir, lieber zu »negativ« als zu »positiv« zu sein...
Wenn ich die Überzeugung gewonnen hätte, daß meine Stellung zu Bibel, Symbol und Dogma ein Abfall wäre von Jesus Christus und von dem Christentum, zu dem Christus seine Jünger und diese ihre Gemeinden erzogen, oder ein Bruch mit der christlichen Gesinnung Luthers und der Reformatoren, oder eine Entfremdung von unsrer gegenwärtigen evangelischen Kirche Württembergs: so würde ich für meine Pflicht halten, in aller Stille mein Amt niederzulegen, aus der Kirche auszutreten und anderswo eine religiöse Wirksamkeit zu su-

chen ... Ich kann nicht erkennen, daß Christus mich wegen meines »Unglaubens« abgewiesen hätte, noch daß die Apostel mich ausgeschlossen hätten ... Ich habe also auch keine Ursache, mich selbst aus unsrer Landeskirche auszuschließen.

Christoph Schrempf: Akten zu meiner Entlassung aus dem württembergischen Kirchendienst. 1892, S. 7 f., 11–13. Vgl. Die Christliche Welt 1892, Sp. 759 ff.

Schrempf bat darum, den Pfarrern den Gebrauch des Apostolikums freizustellen, um Gewissenszwang zu vermeiden. Als in der Gemeinde Gerüchte auftauchten, er verwerfe die Kindertaufe und glaube gar nichts, hielt er es für notwendig, die Leuzendorfer im Gottesdienst über seine Ansichten zu informieren. Darauf beschwerten sich Gemeinderat und Kirchengemeinderat beim Konsistorium; Schrempf wurde die Amtstätigkeit in Leuzendorf untersagt.
Schrempf protestierte gegen diesen Erlaß; er verlangte, daß die Gemeinde auch durch die kirchliche Oberbehörde über die Schwierigkeiten der liberalen Theologie mit den Bekenntnissen aufgeklärt werde. In der Antwort vom 27. Oktober 1891 erkannte das Konsistorium Schrempfs »tief sittlichen Ernst« an, verweigerte aber den erbetenen fakultativen Gebrauch des Apostolikums:

Die Oberkirchenbehörde ist sich dabei der großen Schwierigkeiten wohl bewußt, mit welchen in unserer Zeit ein Theologe zu kämpfen hat, um sich eine wissenschaftlich haltbare und zugleich den Anforderungen des praktischen Kirchendienstes entsprechende Glaubensüberzeugung zu erringen. Sie hat daher auch stets der theologischen Entwickelung des Einzelnen einen möglichst weiten und freien Raum gelassen und den Eintritt in den Kirchendienst auch solchen nicht versagen zu sollen geglaubt, die, wie seinerzeit Pfarrer Schrempf, mit an-

erkennenswerter Aufrichtigkeit zu erkennen gaben, daß ihre persönliche Ansicht mit der Lehre und dem Bekenntnis der Kirche in manchen Punkten noch nicht im Einklang stehe, wenn nur ihre Geistesrichtung und ihre sittlich religiöse Gesinnung dafür Bürgschaft zu geben schien, daß sie mit ernstem Streben nach tieferer Erkenntnis der christlichen Wahrheit die gebührende Achtung vor dem Bekenntnis der Kirche und vor dem auf dieses Bekenntnis sich gründenden Glauben der Gemeinde vereinigen werden.
Solche Achtung vor dem Bekenntnis der Kirche kann und muß aber von jedem erwartet werden, der überhaupt in den Dienst der Kirche treten will, und ebendarum fordert die Kirche von demselben bei seiner Verpflichtung für das Amt das ausdrückliche Versprechen, sich bei seinen Vorträgen keine Abweichungen von dem evangelischen Lehrbegriff zu erlauben.

Schrempf: Akten, S. 30–32

Da Schrempf bei seiner Überzeugung blieb, wurde die Entlassung aus dem Kirchendienst eingeleitet. Er stellte daraufhin am 11. Januar 1892 fest:

Die Verpflichtung des evangelischen Geistlichen in Württemberg ist unter den gegenwärtigen kirchlichen und theologischen Verhältnissen eine Schlinge für das Gewissen; das Verlangen, daß der Geistliche sich unbedingt in die Lehr- und Gottesdienstordnung der Kirche fügen müsse, ist unter den gegenwärtigen kirchlichen und theologischen Verhältnissen eine sittlich sehr bedenkliche Zumutung; die württembergische Lehr- und Gottesdienstordnung ist gegenwärtig eine Decke, die eine böse sittliche Unordnung sorgsam verhüllt.

Schrempf: Akten, S. 51

Am 3. Juni 1892 wurde er wegen »Verfehlung wider die übernommene Dienstpflicht« entlassen. In der Folgezeit verfocht Schrempf seine Überzeugungen als Schriftsteller; ab 1897 unterrichtete er an einer Höheren Handelsschule in Stuttgart. 1906 wurde er Professor an der Stuttgarter Technischen Hochschule.
Der »Fall Schrempf« erregte Aufsehen, als sich die Presse der Sache annahm. Während die der liberalen Theologie nahestehende »Christliche Welt« Schrempf verteidigte, griffen Vertreter einer »positiven«, am Wortlaut der kirchlichen Bekenntnisse festhaltenden Theologie ihn und seine Lehrer scharf an. Das »Stuttgarter Evangelische Sonntagsblatt« erhob schwere Beschuldigungen gegen evangelische Fakultäten; hier verlören viele Studierende ihren christlichen Glauben. Als das »Sonntagsblatt«, über die Bekenntnisfrage hinausgehend, die wissenschaftliche Bibelkritik von Schrempfs Lehrer, dem Tübinger Professor Karl von Weizsäcker, angriff, antwortete E. Bossert im »Kirchlichen Anzeiger für Württemberg«, dem Organ des Evangelischen Pfarrvereins:

Nicht Mißtrauen sollte man säen, sondern Vertrauen pflanzen und es für möglich halten, daß auch ein wissenschaftlicher Theolog und Lehrer, je gründlicher er forscht, und je mehr er an persönlichen Erfahrungen reich wird, auch in seinem theologischen Erkennen und in seinem Herzensglauben weiterschreitet. ... Wir sollten endlich einmal aufhören, vor der Wahrheit Angst zu haben, und der guten Zuversicht sein, daß die evangelische Kirche vor keiner wirklich ernsten historischen Kritik und vor keiner in die Tiefe gehenden Philosophie zu Schanden werden kann.

Kirchlicher Anzeiger für Württemberg, 25. 8. 1892, S. 33–35

Auf eine Anfrage von Studenten, ob es ratsam sei, aus Anlaß des Falles Schrempf eine Petition an den preußischen Oberkirchenrat zu richten, das Apostolikum aus der Verpflichtungsformel der Geistlichen und dem gottesdienstlichen Gebrauch zu entfernen, antwortete Adolf Harnack, derzeit Professor in Berlin:

... Ich teile mit den Fragestellern die Ansicht, daß es der evangelischen Kirche ziemen würde, an die Stelle des Apostolikums oder neben dasselbe ein kurzes Bekenntnis zu setzen, das das in der Reformation und in der ihr folgenden Zeit gewonnene Verständnis des Evangeliums deutlicher und sicherer ausdrückte und zugleich die Anstöße beseitigte, die jenes Symbol in seinem Wortlaut vielen ernsten und aufrichtigen Christen, Laien und Geistlichen, bietet...

Die Anerkennung des Apostolikums in seiner wörtlichen Fassung ist nicht die Probe christlicher und theologischer Reife; im Gegenteil wird ein gereifter, an dem Verständnis des Evangeliums und an der Kirchengeschichte gebildeter Christ Anstoß an mehreren Sätzen des Apostolikums nehmen müssen. Allein umgekehrt darf man auch von dem gereiften und gebildeten Theologen erwarten, daß er soviel geschichtlichen Sinn besitzt, um sich von dem hohen Wert und dem großen Wahrheitsgehalte des Apostolikums zu überzeugen und eine positive Stellung zu seinem Grundgedanken zu gewinnen, die es ihm ermöglicht, ein altes Zeugnis seines eignen Glaubens in dem Apostolikum zu erkennen.

Auf alle einzelnen Sätze des Symbols in ihrer wörtlichen Fassung läßt sich diese positive Stellung allerdings nicht ausdehnen... [Harnack kritisiert vor allem das »Empfangen vom Heiligen Geist, geboren aus der Jungfrau Maria«.] ... Allein es steht nicht so, daß die Gewissenhaftigkeit solcher Männer [wie Schrempf] allgemeines Gesetz werden müßte. Wenn um eines einzelnen Satzes willen, der mindestens nicht im Zentrum des Christentums steht, die Fähigkeit, die Gemeinde, in die man hineingeboren ist, zu erbauen und an ihrem innern Leben teilzunehmen, aufgehoben sein sollte, so könnte eine religiöse Gemeinde überhaupt nicht bestehen. Denn wie wäre es möglich, Institutionen der Lehre und des Kultus zu schaffen, die in jedem Stück die Überzeugung aller wiedergeben und niemandem zum Anstoß gereichen...? Es ist also nicht Gewissenlosigkeit, sondern eine haltbare und sittlich zu rechtfertigende Position, die der einnimmt, der in der Kirche, sei es auch als Lehrer, bleibt, der an jenem Stück und an ähnlichen Anstoß nimmt...

Anhang. Der wesentliche Inhalt des Apostolikums besteht in den Bekenntnissen, daß in der christlichen Religion die Güter »heilige Kirche«, »Vergebung der Sünden«, »ewiges Leben« geschenkt sind, daß der Besitz dieser Güter dem Glauben an Gott, den allmächtigen Schöpfer, an seinen Sohn Jesus Christus und an den heiligen Geist zugesagt ist und daß sie durch Jesus Christus unsern Herrn gewonnen sind. Dieser Inhalt ist evangelisch.

Die Christliche Welt, 18. 8. 1892, Sp. 768–770

Trotz seiner maßvollen Stellungnahme wurde Harnack von der konservativen Presse heftig angegriffen. Der »Evangelische Kirchenanzeiger für Berlin« schrieb, Harnack versuche, »an den Fundamenten der Kirche zu rütteln, die preußische Landeskirche zu sprengen«. Differenzierter, aber nicht weniger entschieden legte Christian Römer im »Evangelischen Kirchen- und Schulblatt für Württemberg« den Standpunkt der Positiven dar:

Die Frage ging an beim Apostolikum und das nicht von ungefähr. Mit seinen scharf und unzweideutig ausgesprochenen Sätzen fordert es ein Für oder ein Wider, und das macht es in unserer Zeit dogmatischer Verschwommenheit zu einem Schibboleth, an dem man sich orientieren kann und muß. Wenn es gegenwärtig aussieht, als fühlte man sich in weiten Kreisen durchs Apostolikum gedrückt, so sei es auch einmal ausgesprochen: Wir fühlen uns ans apostolische Glaubensbekenntnis dankbar gebunden und halten daran fest als an Grundwahrheiten des Christentums...

Stückwerk ist das Apostolikum freilich, aber wenn auch ein Apostel Paulus käme und uns ein Bekenntnis aufsetzte, bliebe es noch Stückwerk: 1.Kor.13,9f. ...

Der Hauptanstoß aber ist, wie Harnack sehr richtig herausgehoben hat, der 3. Artikel [nach Römers Zählung: »Empfangen vom Heiligen Geist, geboren von der Jungfrau Maria«]. Wie gern wollten wir diesen Artikel umgehen, um so mancher Gewissensnot namentlich junger Theologen abzuhelfen, wenn es ginge und wenn damit geholfen wäre. Aber hier steht der Wortlaut der Evangelien zu klar und fest vor uns, und sieht man genauer zu, so kommt an diesem Artikel zu Tage, daß der heutige Zeitgeist weder die neutestamentliche Auffassung von der Sünde noch die vom Wunder begreift und erträgt. »Was vom Fleisch geboren wird, das ist Fleisch«, und vom Fleisch, d.h. von der menschlichen Natur, wie sie einmal ist, erntet man Verderben (Gal. 6,8). Erlösung von der Sünde und vom Verderben giebt es nur auf übernatürlichem Wege, und unsere Rettung basiert auf der wunderbaren Thatsache: »Das Wort ward Fleisch«... Darum sind wir nicht von denen, welche im 3. Artikel ein gewisses, erlaubtes »Plus« der orthodoxen Anschauung sehen, sondern wir halten ihn für den Ausdruck einer Fundamentalwahrheit des Christentums...

Zur Bekenntnisfrage. Evang. Kirchen- und Schulblatt für Württemberg, 22.10.1892, S. 345f.

153 Geistliche wandten sich mit der Bitte an den württembergischen König Wilhelm II., den Bekenntniszwang zu erleichtern; eine Eingabe von 72 Laien vom Mai 1893 unterstützte sie in diesem Anliegen. Dagegen brachten 1894 positive Kreise etwa 12000 Unterschriften zusammen für eine Laienpetition an den König; man befürwortete die Errichtung einer weiteren positiven Professur und die entsprechende Erziehung junger Theologen in einem Predigerseminar. Das Begehren beider Seiten wurde nicht erfüllt; sie wandten sich daher an die 1894 tagende Landessynode. Auch hier standen den Eingaben von liberaler Seite wieder einige tausend Unterschriften derer gegenüber, die um die »Aufrechterhaltung des Bekenntnisstandes der evangelischen Landeskirche« ersuchten:

Hohe Landessynode!
Nachdem an die Synode von mehreren Seiten das Ansinnen gestellt worden ist, die Verpflichtung der Geistlichen und die kirchlichen Lehrbücher für die Jugend abzuändern und weitere Parallelformulare für die Taufe und Konfirmation einzuführen, ... erachten auch wir als Glieder der evangelischen Kirche uns verbunden, gegen ein solches Vorgehen Verwahrung einzulegen, und dies um so entschiedener, als klar zu Tage liegt, daß die gewünschten Änderungen nicht etwa auf Grund der heiligen Schrift, sondern auf Grund einer kritischen Stellung zu derselben verlangt werden. Auch wir sind überzeugt, daß nicht nur die Gesamtkirche, sondern auch unsere Gemeinden berechtigt sind zu verlangen, daß im Gottesdienst nichts dargereicht werden dürfe, als was mit dem Bekenntnis unserer Kirche in vollem Einklang steht, und nichts vorenthalten werden darf, was darin enthalten ist.
Je länger die Angriffe innerhalb unserer Kirche gegen den alten Glauben fortdauern, ohne daß denselben die rechte Abfer-

tigung zu teil wird, um so größer wird die Gefahr allmählicher Einräumungen und damit der Auflösung unserer Landeskirche...

Kirchlicher Anzeiger für Württemberg, 1. 11. 1894, S. 288

Konsistorium und Landessynode bemühten sich um eine Versöhnung beider Seiten. Man nahm von der liberalen Theologie offiziell Notiz; das Recht freier theologischer Forschung wurde nicht bestritten. Zugleich aber versicherte man den Positiven, daß der Bekenntnisstand nicht geändert werden solle. Der Inkonsequenz dieser Entscheidung war man sich, wie Prälat von Wittich erklärte, bewußt.
Anders als in Württemberg hatte 1892 in Preußen das Begehren nach Einrichtung einer positiven Professur Erfolg. Der Neutestamentler und Dogmatiker Adolf Schlatter wurde von Greifswald an die Berliner Universität berufen:

Die Ereignisse, die mich von Greifswald lösten, begannen damit, daß der König von Preußen im Jahre 1892 anordnete, daß an der theologischen Fakultät von Berlin ein neuer Lehrstuhl errichtet werde, der der von der Kirche vertretenen Theologie zu dienen habe. Den Anlaß dazu gab Harnack dadurch, daß er vor Studierenden den Wunsch aussprach, daß die apostolische Bekenntnisformel aus dem kirchlichen Gebrauch entfernt werde. Soweit dieser Streit kirchenrechtliche und liturgische Fragen umfaßte, war ich nicht an ihm beteiligt, da dabei die besonderen Verhältnisse Preußens zu erwägen waren. Mir lag es wie damals, als ich nach Bern ging, an Jesus, einzig an ihm, nicht am preußischen Kirchentum, nicht am gesetzlich fixierten Bekenntnisstand, nicht an der Unbeweglichkeit der gottesdienstlichen Sitte. Ob uns Jesus gezeigt wurde, wie er ist, ob wir sahen, was er uns verleiht, oder ob das Neue Testament hinter unserer »Wissenschaft« verschwand, das war die Frage, die zwischen mir und den Liberalen stand.

Adolf Schlatter: Rückblick auf meine Lebensarbeit. Neuauflage 1977, S. 159 f.

Trotz Schlatters Ablehnung der liberalen Theologie war es gerade Harnack, mit dem er sich – als einzigem unter den Berliner Kollegen – persönlich verbunden fühlte. Im Herbst 1897 nahm Schlatter einen Ruf nach Tübingen an; dort hatte sich inzwischen das Drängen auf Errichtung eines positiven Lehrstuhls durchgesetzt. Über drei Jahrzehnte lehrte er in Tübingen als eine der bedeutenden Gestalten der dortigen Fakultät.
Der Streit um das Bekenntnis gegen Ende des 19. Jahrhunderts warf Probleme auf, ohne sie lösen zu können. Die liberalen Theologen wiesen darauf hin, daß die Bekenntnisse der Väter immer wieder neu angeeignet werden müssen; dies ist ohne kritische Prüfung nicht möglich. Ein unfehlbares Lehrgesetz gibt es im Protestantismus nicht. Die Kritiker waren jedoch nicht in der Lage, ein alternatives Glaubensbekenntnis zu formulieren, das dem Apostolikum an Bibeltreue, Allgemeinverständlichkeit, Klarheit und Kürze überlegen gewesen wäre. Harnack mußte einräumen, daß »die Kraft zu einer neuen reformatorischen That oder eine neue reformatorische Persönlichkeit« nicht in Sicht war. Eine weitere Schwäche der liberalen Position machten die Positiven deutlich: Eine Prüfung der Dogmen und Bekenntnisse, welche alles bestritt, was vor dem Forum menschlicher Vernunft keinen Bestand hatte, konnte nicht die Grundlage sein, auf der sich ein neues Bekenntnis erarbeiten ließ.

An der Wende zum 20. Jahrhundert

Die Jahrhundertwende bot Gelegenheit zu einem Rückblick auf die Vergangenheit und zu einem Überblick über die Probleme, die in der Zukunft anstehen würden. Wie sehr die damaligen Äußerungen vom Standpunkt des Beobachters und vom Geist der Zeit geprägt waren, wird erst dem Späteren ganz deutlich.
Der »Christenbote« betrachtete die Gründung des Deutschen Reiches, das Erstarken des Katholizismus, die Soziale Frage und die sich abzeichnenden weltpolitischen Konflikte als die wichtigsten Ereignisse des zu Ende gegangenen Jahrhunderts. Er schrieb dann:

Die Jahrhundertwende ist überall in Deutschland festlich begangen worden, und an vielen Orten, in Städten und Dörfern hat man auch dem Gott, der die Zeiten kommen und gehen heißt, die Ehre gegeben, die ihm gebührt. Glockenklang, Choralblasen, Choralgesang der auf einem freien Platz versammelten Gemeinde, gottesdienstliche Versammlung in der Kirche, diese und andere Veranstaltungen haben gezeigt, daß die Leute ein Verständnis für die Bedeutung eines solchen Wendepunkts hatten. Gerade das deutsche Volk hat ja auch alle Ursache, bei dem Vergleich zwischen dem Anfang des alten und dem Anfang des neuen Jahrhunderts sich dankbar vor Gott zu beugen: damals Deutschland in seiner tiefsten Erniedrigung und Ohnmacht, jetzt Kaiser und Reich in Macht und Pracht ...
Die Kräfte des Evangeliums haben heute freieren Lauf und offenere Bahn als vor hundert Jahren, und das Interesse für religiöse Fragen und Angelegenheiten ist heute, sei es im freundlichen oder im feindlichen Sinn, bis in die sozialdemokratischen Kreise und Versammlungen hinein so allgemein und so

rege, wie es vor hundert Jahren entfernt nicht der Fall war. Wenn auf der einen Seite der Abfall von Gott und seinem Wort frech, massig und breitspurig dasteht, so sind andrerseits auch die Kräfte des Lichts frisch, freudig und siegesfroh an der Arbeit. Was besonders Württemberg betrifft, so darf man ja nur vergleichen, wie unser Gesangbuch und unsre Liturgie im Jahr 1800 beschaffen war, und wie beides jetzt beschaffen ist; damals rationalistisch verwässert, jetzt der Hauptsache nach gesund biblisch und evangelisch; welcher Zwang damals in diesen Dingen, auch dem Gemeinschaftswesen gegenüber ausgeübt wurde, so daß den Leuten schließlich nichts als Auswanderung übrig blieb, und welcher Freiheit man sich jetzt erfreut – wer das vergleicht, der wird sich gewiß nicht in trübseligen Vergleichungen jener »guten alten Zeit« mit der bösen Gegenwart ergehen, sondern wird Gott danken für das, was wir heute vor jenen Zeiten voraushaben.

Der Christenbote 1900, S. 14

Ohne auf einzelne, unmittelbar anstehende Aufgaben einzugehen, verwies das »Evang. Kirchenblatt für Württemberg« die Pfarrerschaft auf die Notwendigkeit, weiterhin »am Fundament zu arbeiten«:

...Arbeit an der Verinnerlichung und Vertiefung der christlichen Erkenntnis und des christlichen Lebens ist es, was die Zeit als dringendste Aufgabe den Dienern der Kirche zuweist. Nicht Heilversuche an den Symptomen des Krankheitszustandes führen zum Ziel; hier mag man lindern und erleichtern so viel möglich; aber die Hauptkraft muß darauf konzentriert werden, die Offenbarung des ewigen Gottes in seinem untrüglichen Wort, das zukünftige Gericht, dem die Weltgeschichte und jeder Einzelne unaufhaltsam entgegeneilt, den ewigen Gottessohn, unsern einzigen Retter und Richter, gerade in dieser bewegten und wirren Zeit den Herzen nahe zu bringen, ob Gott vielleicht Gnade geben will, daß christliches Verständnis der Zeit und daß christliche Charaktere für die Zeit unter uns erwachsen. Wer, wie wir Pfarrer, berufen ist, am Fundament zu arbeiten, kann nicht zugleich die Einrichtung des Hauses neu herrichten und ordnen helfen. Thun wir aber wirklich grundlegende Arbeit, so kann Gott als Segen dieser Arbeit dem Volke Männer geben, die sichtend, ordnend, ausgleichend, erneuernd für das vielfach zerfahrene und verrottete öffentliche Leben wirken können...

Evang. Kirchenblatt für Württemberg 1900, S. 2

Der »Kirchliche Anzeiger« druckte einen Aufruf des Kongresses für Innere Mission ab, den dieser an das deutsche Volk richtete:

An das evangelische deutsche Volk
Gott hat in dem abgelaufenen Jahrhundert Großes an unserem Volk wie an der Kirche der Reformation gethan...
Das alte Jahrhundert bietet am Schluß den Anblick eines wunderbaren Aufschwungs des gesamten Kulturlebens, das neue bei seinem Anfang die Verheißung des gewaltigen Weiterstrebens. Und während die Völker, in denen einst die Gegenreformation am erfolgreichsten gewirkt hat, immer schwerer um ihre staatliche und nationale Existenz ringen, weiß die evangelische Christenheit, Gott sei Dank, daß alles Große und Herrliche, was sie erreicht hat, ihr zu Teil geworden ist als der Erbin und Hüterin der Güter, die ihr in der Reformation der Kirche Christi geschenkt sind. Dies glänzende Bild hat freilich seine dunkle Kehrseite... Schwere Gebrechen nagen an dem Marke unseres Volkslebens: Zuchtlosigkeit, Fleischeslust und Üppigkeit überwuchern bei Alt und Jung, in allen Ständen den

Sinn für Sittenreinheit und zerrütten das Familienleben, dessen Pflege einst der Schmuck unseres deutschen Volkes war...

Am schwersten machen sich die Wirkungen dieser Notstände auf dem Gebiete der sozialen Bewegung fühlbar. Ohne Zweifel ist der Eintritt der arbeitenden Klassen als mitbestimmender Macht in die christliche Völkerwelt die folgenreichste Erscheinung, die das scheidende Jahrhundert darbietet, und die Überwindung der daraus erwachsenen Kämpfe die schwerste Aufgabe, die es dem aufsteigenden Jahrhundert hinterläßt... Größeres ist not, als bis jetzt geschehen ist. In der evangelischen Christenheit muß das Bewußtsein mächtig werden, daß das Evangelium das einzige Heilmittel ist zur Gesundung unseres Volkslebens wie zur Herbeiführung eines dauernden Friedens in unseren sozialen Kämpfen. Der Opfersinn, der unsere Väter im Glauben dazu trieb, Gut und Blut freudig hinzugeben, muß wieder erwachen. Wer in dem Evangelium von Christo das ewige Gut gefunden hat, wird das irdische Gut als ein anvertrautes Pfund ansehen, für dessen Verwendung zu höheren Zwecken und im Dienste des Nächsten er seinem Gott verantwortlich bleibt. Wer erkannt hat, daß wir Alle, durch Christum mit Gott versöhnt, Brüder sind, wird sorgen, daß aller treuen Arbeit ihr Lohn werde, daß der Starke dem Schwachen diene und jede Not rechtzeitige Hilfe finde... Gottesfurcht und deutsche Treue, Zucht und Sitte im Hause, Gerechtigkeit und Wahrhaftigkeit im öffentlichen Leben gedeihen nur auf dem Boden des Glaubens, der im Evangelium den Frieden des Gewissens und die Kraft eines neuen Lebens gefunden hat.

Kirchlicher Anzeiger für Württemberg 1900, S. 9f.

Register

Personen

Orte, Landschaften und Länder

Die Mitarbeiter

Dr. theol. h. c. Konrad Gottschick (geb. 1913), Oberkirchenrat i. R. 1939 Pfarrer in Stuttgart-Vaihingen, 1950–1979 Mitglied des Evang. Oberkirchenrates (Ausbildungs- und Personalreferat).
Mitherausgeber des Gesamtwerkes. Bearbeiter der Kapitel über wisssenschaftliche Theologie S. 124–140, 283–291.

Dr. theol. Dieter Ising (geb. 1947), 1979–1981 wissenschaftlicher Mitarbeiter an der Universitätsbibliothek Tübingen, seit 1981 wissenschaftlicher Mitarbeiter im Landeskirchlichen Archiv Stuttgart. Mitherausgeber und Herausgeber von Werken und Briefen Johann Christoph Blumhardts. Veröffentlichungen auf bibliographischem Gebiet und zur württembergischen Kirchengeschichte des 18. und 19. Jahrhunderts.
Bearbeiter der kirchengeschichtlichen Kapitel S. 156–169, 304–321, 354–365.

Paul Jenkins MA (geb. 1938), Missionswissenschaftler. 1963–1972 Dozent an der Universität Ghana (Legon), seit 1972 Archivar und bis 1981 auch Bibliothekar im Missionshaus Basel. Verfasser von missionswissenschaftlichen Arbeiten.
Bearbeiter der Kapitel über die Äußere Mission S. 117–120, 321–334.

Otto Kehr (geb 1914), Pfarrer. 1959–1981 Leiter der Evang. Gesellschaft Stuttgart, 1960–1980 Vorsitzender der Evang. Konferenz für Telefonseelsorge in der Bundesrepublik Deutschland, 1970–1981 Mitglied des Diakonischen Rats der EKD, seit 1980 Vorsitzender des Diakonischen Werkes Württemberg.
Bearbeiter der Kapitel über Innere Mission und Diakonie S. 100–116, 304–321.

Dr. theol. Martin Polster (geb. 1938), Pfarrer und Religionspädagoge. 1966 Pfarrer in Stuttgart-Bad Cannstatt, 1973 Dozent am Pädagogisch-theologischen Zentrum in Stuttgart, 1976 Schuldekan für Degerloch und Bernhausen, seit 1988 Dekan im Kirchenbezirk Heilbronn.
Bearbeiter des Kapitels über Kirche und Schule S. 213–228.

Dr. theol. habil. Martin Rößler (geb. 1934), Pfarrer und Kirchenmusiker. 1966 Musikdirektor am Evang. Stift und Organist an der Stiftskirche in Tübingen, 1973 Pfarrer in Hagelloch, seit 1982 in Bronnweiler, 1989 Dozent für Praktische Theologie (Liturgik, Hymnologie und Kirchenmusik) an der Universität Tübingen.
Bearbeiter des Kapitels über Kirchenmusik S. 141–156.

Prof. Dr. phil. Paul Sauer (geb. 1931), Leitender Stadtarchivdirektor. Seit 1957 im staatlichen Archivdienst des Landes Baden-Württemberg, 1962–1986 im Hauptstaatsarchiv Stuttgart, seit 1986 Leiter des Archivs der Landeshauptstadt Stuttgart. Verfasser zahlreicher Veröffentlichungen, vor allem zur württ. Landesgeschichte (Zeit-, Orts- und Familiengeschichte, Wehrkunde).
Bearbeiter der historischen und kirchengeschichtlichen Kapitel S. 13–52, 79–87, 261–276, 292–303.

Dr. theol. h. c. Dr. phil. Gerhard Schäfer (geb. 1923), Archivdirektor i. R. 1956–1988 Direktor des Landeskirchlichen Archivs Stuttgart. Vorsitzender der Historischen Kommission zur Erforschung des Pietismus und des Vereins für württ. Kirchengeschichte. Verfasser und Herausgeber zahlreicher Werke und Aufsätze zur württ. Kirchengeschichte.
Mitherausgeber des Gesamtwerks. Bearbeiter der kirchengeschichtlichen Kapitel S. 88–99, 120–124, 170–192, 229–245, 277–279, 335–353, 366–369.

Dr. theol. Joachim Trautwein (geb. 1940). Vikar, Assistent und Studentenpfarrer in Tübingen und Reutlingen, Lehrer an beruflichen Schulen. Verfasser von Schulbüchern und von Publikationen zur württ. Kirchen- und Landesgeschichte, insbesondere zur Geschichte des württ. Pietismus.
Bearbeiter der kirchengeschichtlichen Kapitel S. 52–79, 192–204.

Prof. Dr. Dr. h. c. Bernhard Zeller, Litt. D. (geb. 1919), 1955–1985 Direktor des Schiller-Nationalmuseums und des Deutschen Literaturarchivs in Marbach. Verfasser und Herausgeber zahlreicher literarhistorischer und landeskundlicher Publikationen und Editionen.
Bearbeiter des kulturgeschichtlichen Kapitels S. 245–261.

Der erste Erntewagen nach den Hungerjahren in Stuttgart 1817 (Stadtarchiv Stuttgart)

Biberach a.d. Riß: Marktplatz und Stadtpfarrkirche

(Kreisbildstelle Biberach)

»Fünf-Brüder-Bild«. Leitende Brüder der M. Hahn'schen Gemeinschaft; ganz rechts: Michael Hahn

(Aufnahme: epd-Bild-S-Kirschner)

Korntal in den Jahren nach der Gründung (Original im Städtischen Museum Ludwigsburg)

»Der breite und der schmale Weg«. Neudruck 1970 nach dem Original von 1866 (Württembergisches Landesmuseum Stuttgart)

Ferdinand Christian Baur. Gemälde von Kornbeck, 1856
(Aufnahme: Landesbildstelle Württemberg)

Vater Werner (Gustav Werner Stiftung Reutlingen)

(Gustav Werner Stiftung Reutlingen)

Im Bruderhaus Reutlingen hergestellte Maschinen und Ackergeräte

(Stadtarchiv Stuttgart/Gustav Werner Stiftung Reutlingen)

Charlotte Reihlen (Evang. Diakonissenanstalt Stuttgart)

Karlshöhe Ludwigsburg, Jahresfest um 1900 (Foto: Privatarchiv)

Das Missionarsehepaar Mohr in Südghana zusammen mit Mädchen, die bei ihnen Unterkunft und Ausbildung erhielten. Foto 1860.
(Archiv Basler Mission)

Ein Missionar in Indien. Illustration aus dem »Evangelischen Heidenboten« 8/1859 (Archiv Basler Mission)

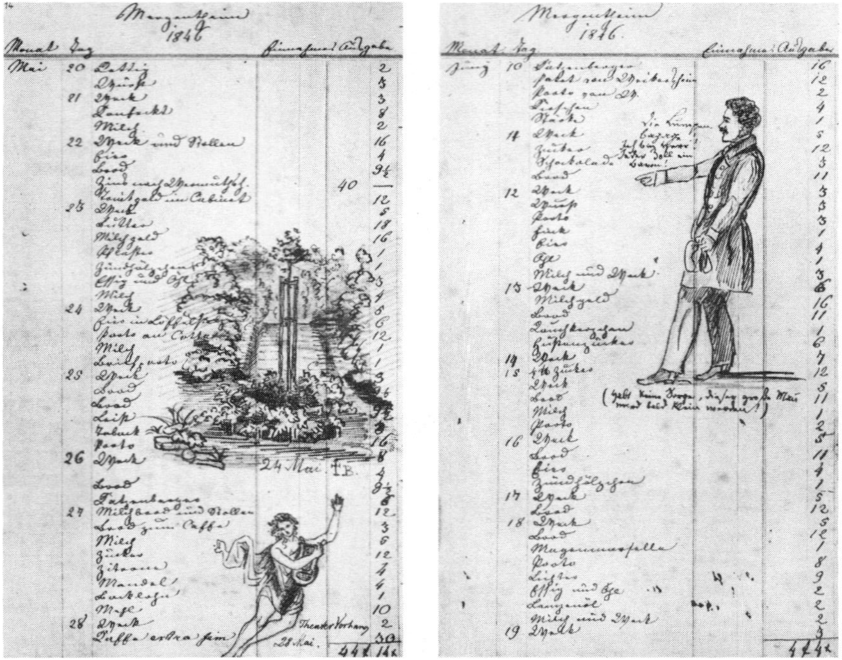

Doppelseite aus Eduard Mörikes Haushaltungsbuch, Bad Mergentheim 1846. Herausgegeben vom Bezirksheimatmuseum Mergentheim 1932

(Vorlage: Landeskirchliches Archiv Stuttgart)

Flugblatt zum »Tag der Arbeit« (Vorlage und Aufnahme: Hauptstaatsarchiv Stuttgart E 150 Bü 2045)

»Die Flucht nach Ägypten«. Illustration aus dem »Christen-Boten«, 7. 1. 1900
(Landeskirchliches Archiv Stuttgart)